DROITS

ET

OBLIGATIONS MILITAIRES

DES OFFICIERS DE RÉSERVE

ET DE L'ARMÉE TERRITORIALE

PARIS ET LIMOGES

Henri CHARLES-LAVAUZELLE

Imprimeur Éditeur Militaire

DROITS

ET

OBLIGATIONS MILITAIRES

DES OFFICIERS DE RÉSERVE

ET DE L'ARMÉE TERRITORIALE

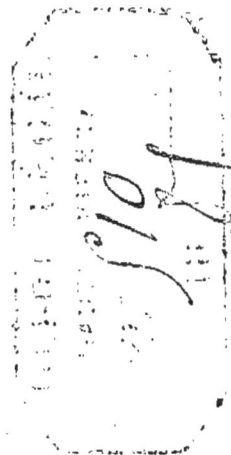

PARIS | LIMOGES
11, Place St-André-des-Arts. | 46, Nouvelle route d'Aixe, 46.

IMPRIMERIE, LIBRAIRIE ET PAPETERIE

Henri CHARLES-LAVAUZELLE

Editeur militaire.

1885

PRÉFACE.

Ce livre n'est pas une œuvre d'imagination ; c'est simplement un recueil de textes officiels. L'instruction refondue du 28 décembre 1879, sur l'administration des réserves, en a fourni les principaux éléments.

Il renferme trois chapitres :

Le premier chapitre concerne MM. les officiers de toutes armes et de tous corps de la réserve et de l'armée territoriale.

Le second intéresse spécialement les cadres supérieurs de la gendarmerie de remplacement.

Le troisième définit les obligations et les devoirs de MM. les officiers classés dans la réserve de l'armée de mer.

Dans l'*Appendice* ont été colligés et classés méthodiquement un nombre considérable de Décrets, de Circulaires et de Notes ministérielles dont la connaissance est indispensable à tout officier occupant un emploi en dehors de l'armée active.

Le lecteur touvera encore quantité de renseignements d'une utilité incontestable principalement dans les notices n° 3, 4 et 5 que je prends la liberté de signaler à sa bienveillante attention.

Bref, telle quelle, cette publication rendra, j'en suis certain, de très réels services. Cependant je n'ai pas la prétention de la donner comme le chef-d'œuvre des chefs-d'œuvre.

Quelque soin que l'on ait apporté à ce travail de compilation, il peut fort bien se faire qu'il renferme des inexactitudes et qu'il présente des lacunes.

Or, comme il est de l'intérêt de tous qu'un ouvrage de cette nature ne comporte ni erreur, ni omission, j'ai l'honneur de prier MM. les souscripteurs de vouloir bien, le cas échéant, me faire part directement de leurs observations critiques.

Il en sera tenu compte, dans la mesure du possible, lors de la publication de la seconde édition.

L'Editeur,
HENRI CHARLES-LAVAUZELLE.

DROITS

ET

OBLIGATIONS MILITAIRES

DES OFFICIERS DE RÉSERVE

ET DE L'ARMÉE TERRITORIALE.

CHAPITRE Ier.

Dispositions générales (1).

Recrutement des cadres.

275. — La loi du 24 juillet 1873 (moins les dispositions transitoires, article 41, qui cessent d'être applicables), celles des 13 mars, 6 novembre, 15 décembre 1875, 22 juin 1878, 23 juillet 1881, et le décret du 31 juillet 1881, déterminent le mode de recrutement du cadre des officiers de réserve et du cadre des officiers de l'armée territoriale.

Officiers de réserve.

276. — Le cadre des officiers de réserve est constitué au moyen :

1° D'officiers en retraite ;

2° Des officiers, fonctionnaires et agents de l'armée de mer retraités ou démissionnaires qui, n'étant pas employés dans le service de la ma-

_____

(1) Ce chapitre est la reproduction exacte du chapitre XX de l'Instruction refondue du 28 décembre 1878.

rine, désireraient être compris dans le cadre des officiers de réserve de l'armée de terre;

3° D'officiers démissionnaires qui demandent un emploi dans le cadre des officiers de réserve;

4° Des anciens élèves des Ecoles polytechnique et forestière qui ont satisfait aux examens de sortie de ces écoles, et des agents forestiers dans les conditions prévues par le décret du 8 août 1884 (1).

5° D'anciens sous-officiers de l'armée active appelés à passer dans la réserve;

6° D'anciens engagés conditionnels réunissant les conditions prescrites par les règlements.

Peuvent, en outre, être nommés officiers de réserve les jeunes gens appartenant à la disponibilité ou à la réserve et exerçant les professions médicale, pharmaceutique ou vétérinaire, à la condition d'être pourvus du titre de docteur en médecine ou de pharmacien de première classe, ou du diplôme de vétérinaire; ils reçoivent des commissions qui les affectent à un service de leur spécialité.

Les officiers retraités ou démissionnaires ne peuvent être pourvus, dans le cadre des officiers de réserve, d'un grade supérieur à celui dont ils étaient investis dans l'armée active.

Propositions.

277. — Les chefs de corps ou de service adressent, par la voie hiérarchique (bureau de l'arme),

---

(1) Les assimilations de grades militaires à conférer aux anciens élèves des Ecoles polytechnique et forestière, classés dans un service public, sont déterminées par le décret du 20 mars 1876. (Voir notice n° 2.)

pour les officiers admis à faire valoir leurs droits à la retraite, un rapport particulier (modèle n° 64), accompagné d'une copie certifiée conforme de l'état des services.

Un rapport analogue est établi pour les officiers démissionnaires. Il doit faire connaître l'intention de l'officier, soit d'être nommé à un emploi de son grade, soit d'être classé comme sous-officier ou soldat.

Chaque année, au moment de l'inspection générale, les chefs de corps signalent, sur la liste nominative annexée au livret d'inspection, les sous-officiers reconnus aptes au grade de sous-lieutenant de réserve. Cette liste est appuyée de feuilles individuelles conformes au modèle joint également au livret d'inspection, d'un état signalétique et des services, ainsi que d'un relevé des punitions des intéressés. Pour les sous-officiers quittant l'armée avant l'inspection générale, la feuille individuelle est établie au moment de leur renvoi dans leurs foyers, et adressée au Ministre (bureau de l'arme) par la voie hiérarchique.

Les sous-officiers des corps stationnés en Algérie, reconnus susceptibles d'être nommés sous-lieutenants de réserve, doivent être consultés pour savoir s'ils désirent être maintenus dans la colonie. Leur déclaration écrite est jointe.

Les sous-officiers du génie peuvent être proposés pour le grade de sous-lieutenant de réserve, soit au titre du génie, soit au titre de l'artillerie, du train des équipages militaires ou de l'infanterie.

Les feuilles individuelles concernant les anciens sous-officiers désignés dans les trois paragraphes précédents, sont adressées par le Ministre à MM. les commandants des corps d'armée sur le territoire desquels ces militaires résident.

Ces officiers généraux font recueillir les divers renseignements qui, en dehors de la question d'instruction militaire, permettent d'apprécier, pour chacun des candidats, la convenance de lui conférer le grade de sous-lieutenant de réserve.

Les mémoires de proposition établis à la suite de cette opération, état C (modèle n° 63), sont adressés au Ministre (bureau de l'arme).

Ils doivent être accompagnés :

D'une copie certifiée conforme de l'état des services ;

D'un extrait d'acte de naissance, sur papier libre ;

D'un extrait de casier judiciaire, sur papier libre.

Les candidats proposés sont portés sur un état récapitulatif A (modèle n° 62).

Les sous-officiers qui, pour une cause quelconque, ne pourraient être l'objet d'une proposition, figurent sur un bordereau nominatif faisant connaître, dans la colonne d'observations, les motifs de l'exclusion. Ce bordereau, établi par arme, est adressé au Ministre (bureau de l'arme), du 1er au 15 octobre de chaque année, accompagné des feuilles individuelles, concernant les sous-officiers non proposés.

Les anciens engagés conditionnels susceptibles de concourir pour le grade de sous-lieutenant de réserve sont invités, en temps opportun, par l'autorité militaire, à faire connaître s'ils désirent être admis à subir les épreuves de l'examen, auquel cas ils ont à produire à l'appui de leur demande :

Une copie certifiée conforme de l'état des services ;

Un extrait d'acte de naissance, sur papier libre ;

Une copie du certificat d'instruction militaire délivré à la fin de leur année de service.

Un extrait de casier judiciaire, sur papier libre.

Ceux de ces jeunes gens dont la demande ne donne lieu à aucune observation sont convoqués devant la commission d'examen chargée d'apprécier leur aptitude à l'emploi qu'ils sollicitent.

Un mémoire de proposition, état C (modèle n° 63), est établi pour chacun des candidats jugés admissibles. Ceux-ci figurent sur un état récapitulatif A (modèle n° 62), établi distinctement par arme, et transmis au Ministre par le général commandant le corps d'armée.

Toutes les fois qu'un jeune homme est reçu docteur en médecine devant une faculté, le Ministre de la guerre en est avisé par un bulletin émanant du ministère de l'instruction publique. Un titre provisoire mettant le médecin à la disposition de l'autorité militaire est adressé à l'intéressé, s'il y a lieu, par le Ministre de la guerre, et, dans le délai d'un mois après cet envoi, un mémoire de proposition pour le grade de médecin aide-major de 2e classe de réserve est établi en faveur du candidat à ce grade. Si quelque motif particulier s'oppose à la nomination définitive au grade, il en est rendu compte au Ministre, et le titre provisoire est retiré également au médecin.

Maintien des officiers de réserve dans le cadre de ces officiers.

278. — Les officiers de réserve appelés, en raison du temps de service accompli, à passer dans l'armée territoriale, peuvent être maintenus dans le cadre des officiers de réserve par une décision du Ministre de la guerre, rendue sur leur demande. (Déclaration modèle n°. 73.)

Officiers de l'armée territoriale.

279. — Le cadre des officiers de l'armée territoriale est recruté parmi :

1° Les officiers en retraite ou démissionnaires de l'armée de terre ;

2° Les officiers, fonctionnaires et agents de l'armée de mer retraités ou démissionnaires qui ne seraient pas employés dans le service de la marine, et qui désireraient être compris dans le cadre des officiers de l'armée territoriale ;

3° Les officiers de réserve qui, ayant atteint l'époque légale de leur passage dans l'armée territoriale, ne sont pas maintenus dans le cadre des officiers de réserve ;

4° Les anciens élèves des Ecoles polytechnique et forestière qui ont satisfait aux examens de sortie de ces écoles, et les agents forestiers dans les conditions prévues par le décret du 8 août 1884 (1).

5° Les adjudants retraités dans les conditions de la loi du 23 juillet 1881 ;

6° Les sous-officiers de réserve au moment de leur passage dans l'armée territoriale ;

_____

(1) Voir le renvoi page 6.

7° Les anciens engagés conditionnels d'un an, visés par l'article 31 de la loi du 24 juillet 1873 ;

8° Les sous-officiers de l'armée territoriale.

Les candidats des trois dernières catégories doivent satisfaire aux examens déterminés par le Ministre de la guerre.

Pour les sous-officiers de réserve, cet examen est subi, autant que possible, pendant leur présence sous les drapeaux, au moment où ils accomplissent leur seconde période d'instruction de réserve.

Les prescriptions relatives aux médecins, pharmaciens et vétérinaires qui désirent obtenir un emploi de leur spécialité dans la réserve, sont applicables à l'armée territoriale.

Propositions.

280. — Les officiers retraités ou démissionnaires sont signalés (bureau de l'arme) au moyen du rapport particulier, modèle n° 64, accompagné d'une copie certifiée conforme de l'état des services et indiquant, indépendamment de l'appréciation de l'autorité militaire, l'intention de l'officier, soit d'être nommé à un emploi dans l'armée territoriale, soit, pour l'officier démissionnaire, d'être classé comme sous-officier ou soldat lorsqu'il ne désire pas être pourvu d'un emploi de son grade.

Les officiers retraités dans les conditions de la loi du 22 juin 1878, qui sont proposés pour le grade supérieur, n'y sont nommés, à moins de raisons tout à fait exceptionnelles, qu'à défaut de candidats déjà titulaires de ce dernier grade, retraités dans les mêmes conditions.

Quant aux officiers démissionnaires, ils ne

peuvent être pourvus, dans le cadre des officiers de l'armée territoriale, d'un grade supérieur à celui dont ils étaient investis dans l'armée active ; mais il est tenu compte, en temps utile, de la proposition dont ils ont pu être l'objet dans le bulletin individuel.

Le passage des officiers de réserve dans l'armée territoriale s'effectue conformément aux dispositions des articles 44 et 55 de la loi du 13 mars 1875, à des époques différentes selon que ces officiers ont commencé leur service avec leur classe ou que, par suite de circonstances particulières (engagements volontaires ou omissions), ils ont accompli leurs neuf années de service dans l'armée active et sa réserve, avant ou après l'entrée dans l'armée territoriale de la classe à laquelle ils appartiennent par leur âge. Pour les mutations de cette nature, les conseils d'administration des corps de troupe signalent, *un mois à l'avance*, par la voie hiérarchique, au moyen de bulletins individuels conformes au modèle n° 72, les officiers de réserve qui, à toute époque de l'année, sont sur le point d'atteindre le moment de leur passage dans l'armée territoriale. La déclaration modèle n° 73 doit être jointe à ces bulletins.

Les chefs de corps ou de service peuvent, en même temps, établir un mémoire de proposition pour l'avancement, en faveur de ceux de ces officiers qui possèdent l'aptitude au grade supérieur, et comptent au moins deux ans d'ancienneté dans leur grade actuel. Mention de cette proposition est faite sur le bulletin individuel.

Les officiers de réserve ne sont rayés des contrôles de l'armée active que lorsque leur affectation à un régiment ou à un service territorial a été notifiée aux conseils d'administration des corps.

Tous les adjudants retraités en vertu de la loi du 23 juillet 1881 ne sont pas de droit sous-lieutenants de l'armée territoriale (avis du Conseil d'Etat, séance du 27 mai 1882); sont seuls nommés à ce grade ceux qui possèdent l'aptitude nécessaire.

En conséquence, il est établi pour chaque adjudant retraité, excepté pour ceux de la gendarmerie et ceux du service de la justice militaire, un rapport conforme au modèle n° 64. A ce rapport sont joints une copie de l'état des services et un relevé des punitions.

Les sous-chefs de musique retraités n'étant pas en possession du grade d'adjudant ne doivent être proposés pour sous-lieutenant dans l'armée territoriale que s'ils remplissent les conditions générales exigées des autres sous-officiers.

Les sous-officiers de réserve dont l'aptitude au grade de sous-lieutenant de l'armée territoriale a été reconnue par la commission d'examen, et qui sont bien notés sous le rapport de la conduite et de la moralité, sont l'objet d'un mémoire de proposition état C (modèle n° 63), et figurent sur un état récapitulatif B (modèle n° 62 *bis*), établi distinctement par arme, et transmis au Ministre par le général commandant le corps d'armée.

Chaque proposition est accompagnée :

D'une copie certifiée conforme de l'état des services ;

D'un extrait d'acte de naissance, sur papier libre ;

D'un extrait de casier judiciaire, sur papier libre.

Les chefs de corps de l'armée territoriale signalent à l'inspection générale les sous-officiers susceptibles d'être nommés sous-lieutenants. Lorsque l'aptitude de ces candidats a été constatée par les commissions d'examen, MM. les généraux commandant les corps d'armée établissent en leur faveur les états C et B qui doivent être annexés à la liste d'avancement. Chaque proposition est accompagnée :

D'une copie certifiée conforme de l'état des services ;

D'un extrait d'acte de naissance, sur papier libre ;

D'un extrait de casier judiciaire, sur papier libre.

Les sous-officiers du génie territorial sont proposés pour sous-lieutenant au titre de leur arme.

Personnels administratifs.

281. — Toutes les dispositions qui précèdent sont applicables au recrutement des officiers de réserve et des officiers de l'armée territoriale dans les personnels administratifs.

Personnel de santé. — Vétérinaires.

282. — Les médecins, pharmaciens et vétérinaires doivent, lorsqu'ils sont démissionnaires de l'armée active, être affectés comme simples soldats, sauf à eux à réclamer un emploi de leur spécialité dans la réserve ou dans l'armée territoriale.

Ceux qui ne sollicitent pas un de ces emplois

ou qui, en étant pourvus, l'abandonnent par démission, restent affectés ou sont réaffectés comme soldats, à moins qu'ils n'aient servi antérieurement en qualité de sous-officiers.

Dans tout état de cause, doit être immatriculé comme soldat *dans un corps combattant,* tout médecin ou pharmacien qui a quitté l'armée active, par voie de démission, avant d'avoir accompli le temps de service stipulé dans son engagement d'honneur.

Commissions d'examen.

283. — Les commissions d'examen chargées de constater l'aptitude des candidats au grade de sous-lieutenant de réserve ou de l'armée territoriale, sont constituées dans les localités désignées par l'autorité militaire avec les éléments dont elle dispose dans la garnison.

Elles sont composées comme suit :

Un officier supérieur, président ;

Deux officiers assesseurs,

tous les trois appartenant à l'arme pour laquelle se présente le candidat et désignés par le général commandant la subdivision de région pour l'infanterie et la cavalerie, par le général commandant l'artillerie de la région pour l'artillerie et le train des équipages militaires, par les commandants du génie des régions ou par les directeurs du génie, pour le génie ;

Un sous-intendant militaire, président ; deux officiers d'administration, assesseurs, dont un pris, autant que possible, dans le service auquel le candidat se destine, pour les personnels administratifs.

Les candidats sont interrogés sur les connaissances exigées d'après les programmes arrêtés par le Ministre de la guerre.

La commission chargée d'examiner les sous-officiers de réserve, pendant la deuxième période d'exercices de la réserve, est composée de trois officiers dont un officier supérieur, président.

Les commissions se réunissent, chaque année, d'après l'ordre de M. le général commandant le corps d'armée, le 1er février et le 1er octobre.

Les résultats des examens doivent parvenir au Ministre (bureau de l'arme), quinze jours après la clôture des opérations.

Dispositions spéciales concernant les candidats qui désirent être admis au titre auxiliaire dans le corps de l'intendance militaire.

1° Officiers de réserve.

284. — I. — Au mois d'avril et au mois de novembre de chaque année, il est ouvert, au chef-lieu de chaque corps d'armée, un concours pour l'admission aux emplois d'officier de réserve attaché à l'intendance militaire (1).

Les examens sont subis devant une commission présidée par l'intendant militaire et dans la composition de laquelle entre un colonel ou un lieutenant-colonel du service d'état-major.

Les opérations des commissions locales sont centralisées par le comité d'administration, qui note les compositions écrites, ainsi que les titres antérieurs des candidats, et établit le classement,

---

(1) Les demandes des candidats doivent parvenir aux généraux commandant les subdivisions dans l'étendue desquelles ils résident avant les 10 mars et 10 octobre, de chaque année.

par ordre de mérite, de tous les candidats jugés admissibles.

Les connaissances exigées des candidats sont indiquées dans le programme n° 1 annexé à la circulaire du 31 août 1880 (1).

Les épreuves comprennent :

1° Une composition écrite, dont le sujet est adressé aux commissions locales par le comité d'administration ;

2° Un examen oral.

II. — Sont admis à prendre part au concours :

1° Les anciens officiers appartenant à la disponibilité ou à la réserve de l'armée active ;

2° Les officiers de réserve ;

3° Les anciens sous-officiers appartenant à la réserve de l'armée active, ainsi que ceux qui appartiennent à la disponibilité et qui se trouvent dans les six mois qui précèdent leur passage dans la réserve.

Les officiers de réserve et les anciens sous-officiers doivent être pourvus du diplôme de licencié en droit.

III. — Les candidats déclarés admissibles sont, jusqu'à concurrence du nombre de places disponibles et suivant l'ordre de leur classement, nommés officiers de réserve attachés à l'intendance militaire, et ils ont droit, en cas de mobilisation, aux allocations du grade de sous-lieutenant, à l'exception des anciens officiers de l'armée active qui auraient été revêtus d'un grade supérieur et qui ont droit à la solde et au grade correspondant à leur ancienne situation.

Toutefois, les anciens sous-officiers qui appar-

_____

(1) Voir ce programme à l'appendice.

tiennent à la disponibilité ne peuvent être nommés officiers de réserve qu'au moment du passage dans la réserve de la classe dans laquelle ils comptent.

IV. — Dans l'année qui suit celle de leur nomination, les officiers de réserve attachés à l'intendance sont tenus de faire, dans les bureaux d'une sous-intendance et dans une place de leur choix, un stage de deux mois qui peut, s'ils le désirent, être partagé en deux périodes d'un mois chacune (1).

Quel que soit le mode d'appel choisi, ils doivent être prévenus deux mois à l'avance de l'époque ; ils seront convoqués par l'autorité militaire. Une fois qu'ils ont accompli leur stage, les officiers dont il s'agit rentrent dans la loi commune, c'est-à-dire qu'ils sont convoqués tous les deux ans, dans les mêmes conditions que les officiers d'administration de réserve.

2° Officiers de l'armée territoriale.

285. — V. — Sont nommés fonctionnaires de l'intendance de l'armée territoriale :

1° Les anciens fonctionnaires de l'intendance retraités dans les conditions de la loi du 22 juin 1878, durant une période de cinq ans, après leur admission à la pension de retraite ;

2° Les officiers de réserve attachés à l'intendance, au moment du passage dans l'armée territoriale de la classe à laquelle ils appartiennent, à moins qu'ils ne soient maintenus, sur leur demande, dans le cadre des officiers de réserve.

(1) Voir les programmes d'étude du 3 juin 1880 à l'appendice.

VI. — Peuvent être nommés, sur leur demande, fonctionnaires de l'intendance de l'armée territoriale (1) :

1º Ceux des fonctionnaires désignés ci-dessus qui désireraient être maintenus au delà de la période durant laquelle ils sont soumis à l'obligation du service ;

2º Les anciens fonctionnaires de l'intendance retraités antérieurement à la loi du 22 juin 1878 ou démissionnaires ;

3º Les anciens officiers retraités ou démissionnaires, depuis le grade de sous-lieutenant jusqu'à celui de lieutenant-colonel ;

4º Les anciens officiers de l'inspection et du commissariat de la marine retraités ou démissionnaires ;

5º Les anciens fonctionnaires de l'intendance, auxiliaires ou provisoires (1870-1871).

VII. — Les anciens fonctionnaires de l'intendance du cadre d'activité, les anciens fonctionnaires auxiliaires ou provisoires et les anciens officiers de l'inspection et du commissariat de la marine, sont admis sans condition d'examen.

Les anciens officiers de l'armée active doivent justifier de leur aptitude devant l'intendant de la région.

Pour les autres candidats, un concours est ouvert au mois d'avril et au mois de novembre de chaque année, dans la forme indiquée pour l'admission des officiers de réserve. Les con-

---

(1) Les demandes d'admission sont adressées, avant les 10 mars et 10 octobre de chaque année, aux généraux commandant les subdivisions dans lesquelles résident les candidats.

naissances exigées sont indiquées dans le programme n° 2 annexé à la circulaire-notice du 31 août 1880.

VIII. — Les anciens fonctionnaires de l'intendance du cadre d'activité sont nommés à des grades égaux ou immédiatement supérieurs à ceux dont ils étaient pourvus dans l'armée active.

Les anciens officiers de l'armée active et ceux de l'inspection et du commissariat de la marine reçoivent des grades correspondant à ceux dont ils étaient pourvus dans le cadre d'activité. Toutefois, les lieutenants et les aides-commissaires sont nommés adjoints.

Les anciens fonctionnaires de l'intendance, auxiliaires ou provisoires, sont nommés sous-intendants de 3ᵉ classe s'ils ont été pourvus en 1870-1871 d'un grade supérieur ou équivalent; autrement ils sont nommés adjoints.

Les autres candidats qui ont pleinement satisfait aux examens sont nommés adjoints.

Les officiers de réserve passent dans l'armée territoriale avec leur grade. Toutefois, ceux qui auront, sur leur demande, subi avec succès les épreuves indiquées au dernier paragraphe de l'article VII ci-dessus, pourront être nommés adjoints de l'intendance militaire de l'armée territoriale.

IX. — A l'exception des anciens fonctionnaires de l'intendance du cadre d'activité, tous les membres de l'intendance de l'armée territoriale sont astreints, dans les trois mois qui suivent leur nomination, à faire un stage d'un mois dans le service auquel ils seraient attachés en cas de mobilisation.

Ceux dont les classes font partie de l'armée

territoriale sont, en outre, astreints à faire, tous les deux ans, un stage d'un mois dans une place de leur choix, jusqu'à l'époque du passage de leur classe dans la réserve de l'armée territoriale.

Ces stages les dispenseront de tous autres appels.

Personnel administratif soldé de l'armée territoriale.

286. — Le personnel administratif soldé de l'armée territoriale affecté aux corps de troupe d'infanterie est rattaché aux bureaux de recrutement des subdivisions régionales et placé sous les ordres des commandants de ces bureaux.

Le personnel administratif affecté à l'ensemble des corps de troupe autres que ceux de l'infanterie relève directement de l'officier supérieur compris dans la section territoriale de l'état-major du corps d'armée qui, aux termes de l'article 16 de la loi du 24 juillet 1873, centralise le service du recrutement de la région.

Le commandant de chaque bureau de recrutement subdivisionnaire et l'officier supérieur de la section territoriale, chefs de service responsables, sont chargés d'assurer l'exécution des mesures relatives à la répartition et à l'administration des hommes.

Les capitaines-majors de l'armée territoriale sont exclusivement choisis parmi les capitaines retraités.

Les emplois d'adjoints aux capitaines-majors sont attribués à des lieutenants ou sous-lieutenants de l'armée active proposés à cet effet à l'inspection générale.

Rapports de ce personnel et du commandant de recrutement avec les chefs de corps de l'armée territoriale.

287. — Les capitaines-majors de l'armée territoriale sont subordonnés aux commandants des bureaux de recrutement, au point de vue des fonctions administratives spécifiées dans le troisième paragraphe de l'article 29 de la loi du 24 juillet 1873; les affaires qui se rapportent à cet ordre de fonctions doivent seules passer par l'intermédiaire des commandants de recrutement.

Quant à celles intéressant le personnel gradé, la discipline, les mesures *spéciales* relatives à la mobilisation, aux appels du régiment territorial, il est d'accord avec les règles générales de l'organisation militaire, auxquelles l'article 52 de la loi du 13 mars 1875 n'a pas eu pour objet de déroger, qu'elles passent par l'intermédiaire du commandant de ce régiment.

Attributions des capitaines - majors régionaux et subdivisionnaires de l'armée territoriale.

288. — Les capitaines-majors régionaux n'ont aucune des attributions des officiers de recrutement et sont, en ce qui concerne les hommes de l'armée territoriale affectés aux armes spéciales, dans une situation analogue à celle des conseils d'administration des corps de l'armée active, relativement aux disponibles et réservistes qui sont attribués à ces corps. Les capitaines-majors des régiments d'infanterie qui reçoivent des hommes étrangers à leur subdivi-

sion se trouvent dans les mêmes conditions, pour ces appoints, à l'égard des circonscriptions de recrutement d'où ils proviennent.

Les capitaines-majors employés dans les bureaux de recrutement sont à la fois officiers de recrutement de l'armée territoriale sous la direction du commandant de recrutement chef de service, et capitaines-majors d'un régiment déterminé. Ils ont donc à tenir concurremment un contrôle spécial par corps et par classe de mobilisation pour tous les hommes de leur subdivision, quel que soit le corps auquel ils sont affectés, et le répertoire général de tous ceux attribués au régiment d'infanterie subdivisionnaire, qu'ils soient ou non domiciliés dans la subdivision.

Immatriculation.

289. — 1° *Officiers de réserve.* Les officiers de réserve sont inscrits sur les registres matricule et du personnel des officiers de l'armée active, dès que leur nomination est notifiée au corps ; une section spéciale leur est réservée sur ces registres.

Quant aux fonctionnaires et assimilés des services administratifs, aux médecins, pharmaciens du cadre de réserve, affectés en cas de mobilisation aux hôpitaux militaires, hôpitaux temporaires et ambulances, dès que leur nomination est notifiée au directeur du service de l'intendance militaire ou au directeur du service de santé, ils sont inscrits sur les registres matricule et du personnel spéciaux à ces services.

L'inscription des officiers de réserve sur le registre matricule des officiers a lieu conformément aux dispositions de la circulaire du 24 septembre 1883, n° 5. (3° Direction. — Services administratifs. — 2° Bureau. — Solde et revues.)

2° *Officiers de l'armée territoriale.* L'immatriculation des officiers et assimilés de l'armée territoriale a lieu de la manière suivante :

Les dossiers des officiers ou assimilés de l'armée territoriale nouvellement nommés ou provenant de la réserve sont envoyés par le Ministre (bureau de l'arme), en communication pour l'établissement des états de service au titre de l'armée territoriale :

1° Aux capitaines-majors subdivisionnaires, pour l'infanterie ;

2° Aux capitaines-majors de région, pour les armes spéciales ;

3° Aux officiers supérieurs chargés du service territorial, pour les officiers affectés, quelle que soit l'arme, aux services d'état-major et des étapes aux états-majors particuliers de l'artillerie et du génie, aux services vétérinaire et des remontes ;

4° Aux directeurs du service de l'intendance militaire, pour le personnel administratif ;

5° Enfin, aux directeurs du service de santé, pour le personnel médical.

Les noms sont immédiatement portés sur le registre matricule ; mais on attend, pour l'inscription de l'état civil et du détail des services, l'arrivée des états de services vérifiés par l'administration centrale de la guerre.

Lorsqu'un officier, après avoir été immatriculé, change de corps ou de service, le soin de faire parvenir au nouveau corps ou service l'état des services et autres pièces, appartient à l'administration du corps ou du service qu'il quitte.

Les pièces à adresser dans cette circonstance sont les suivantes :

1° Le livret matricule, avec l'indication, à l'article *mutation*, de la date et du motif de la sortie du corps ;

2° Les pièces d'archives, telles que : état de services vérifié par l'administration centrale de la guerre ; extrait de l'acte de mariage ; état de rectification de l'état civil, etc., etc..., en un mot, toutes les pièces qui constituent le dossier de l'officier au régiment ou service.

Les prescriptions des 3°, 4°, 5° et 6° paragraphes de l'instruction insérée à la 2° page du 1er feuillet du registre matricule doivent être observées.

Registre du personnel.

290. — Les chefs de corps ou de service tiennent le registre du personnel. Lorsqu'un officier sous leurs ordres change d'affectation, ils sont exclusivement chargés du soin de transmettre le folio du personnel qui le concerne au chef du nouveau corps ou service, par l'intermédiaire de l'officier supérieur chargé de la section territoriale dans la région où l'officier doit être employé.

Cette pièce, ayant un caractère confidentiel, est adressée au destinataire sous pli cacheté avec la mention : « *Nécessité de fermer*. (Confidentiel. — Personnel des officiers). »

L'officier supérieur chargé de la section territoriale dans la région, est considéré comme le chef de service des officiers de réserve ou de l'armée territoriale affectés, quelle que soit l'arme, à un service d'état-major, au service des étapes, aux états-majors particuliers de l'artillerie et du génie, ou aux services vétérinaire et des remontes.

Conformément à l'esprit du règlement sur le service intérieur, lorsque le chef de corps ou de service chargé de la tenue du registre du personnel interrompt ses fonctions pour une cause quelconque, ce registre est remis cacheté aux archives du corps ou service. L'officier chargé du commandement par intérim tient alors une note exacte des punitions infligées aux officiers, et la remet au chef titulaire à sa rentrée en fonctions, ou à l'officier qui vient à remplacer celui-ci.

Une fois par an, du 1er au 15 janvier, les registres du personnel sont soumis au visa du général de brigade, qui s'assure que les officiers sont notés uniquement au point de vue de leur aptitude et de leur conduite militaire et privée.

Livrets matricules.

291. — Les livrets matricules n° 1 sont établis et conservés par les corps ou services dont les officiers ou assimilés font partie ; ceux des officiers ou assimilés placés hors cadre, ou mis à la suite par application de l'article 1er du décret du 3 février 1880, sont adressés au ministère (bureau de l'arme).

Les feuillets matricules et les livrets matricules n° 2 (livrets d'hommes de troupe) des officiers ou assimilés de réserve ou de l'armée territoriale sont, tant que les titulaires demeurent en possession de leur grade ou emploi et qu'ils n'ont pas accompli dans la réserve ou l'armée territoriale le temps de service fixé par la loi, conservés dans les bureaux de recrutement des circonscriptions dans lesquelles ils *ont concouru au tirage au sort.

Les livrets matricules n° 1 des officiers de réserve et des officiers de l'armée territoriale, rayés des cadres et dégagés de toute obligation militaire, sont adressés à l'administration centrale de la guerre (bureau des archives), ainsi que toutes les pièces d'archives.

Les livrets matricules n° 1 des officiers encore astreints à servir dans la réserve ou dans l'armée territoriale sont adressés aux commandants de recrutement, détenteurs du registre matricule, et transmis plus tard au Ministre (bureau des archives) dès que les officiers ont accompli le temps de service auquel ils étaient astreints.

Modifications d'états civils.

292. — Le Ministre de la guerre, seul, autorise, d'après les justifications produites, les modifications à apporter dans les inscriptions des livrets et registres matricules concernant l'état civil des officiers. (Arrêté du 1er mai 1882.) Les modifications sont faites sur les lettres de service au moyen d'une inscription marginale.

Application de certains articles du décret du 31 août 1878.

293. — L'état des officiers de réserve et des officiers de l'armée territoriale est réglé par les décrets des 31 août 1878 et 3 février 1880 (1).

_____

(1) Voir l'appendice page 99 et suivantes,

Art. 1er. Le grade est conféré par décret du Président de la République, sur la proposition du Ministre de la guerre.

Lorsqu'il y a lieu de retirer à un officier de réserve ou de l'armée territoriale le grade dont il a été investi, cette mesure est toujours prise par décret, sauf dans le cas prévu par l'article 2 du décret du 3 février 1880.

Art. 2 et 4. Les officiers de réserve maintenus dans l'armée active à l'époque légale de leur passage dans l'armée territoriale, sont, comme les officiers de cette dernière armée, rayés des cadres à l'expiration du temps de service exigé par la loi du recrutement, à moins que, sur leur demande, ils ne soient, par décision ministérielle, les uns et les autres admis à rester dans la portion de l'armée à laquelle ils appartiennent respectivement.

Tous les officiers de réserve ou de l'armée territoriale qui ont atteint l'extrême limite d'âge fixée par l'article 56 de la loi du 13 mars 1875 (1) sont rendus définitivement à la vie civile, à l'exception des officiers et assimilés retraités dans les conditions de la loi du 22 juin 1878 qui, à cette époque, n'auraient pas accompli les cinq années de service obligatoires.

Il convient de ne pas perdre de vue ces dispositions, et MM. les chefs de corps ou de service doivent apporter le plus grand soin à signaler exactement, *un mois à l'avance*, par l'intermédiaire des commandants de corps d'armée, soit les officiers qui ont intégralement accompli

(1) 65 ans pour les officiers supérieurs; 60 ans pour les officiers inférieurs.

le temps de service prescrit par les articles 36
de la loi du 27 juillet 1872 et 44 de la loi du
13 mars 1875, soit ceux qui, arrivés à l'extrême
limite d'âge déterminée par les articles 18 et 56
de la loi du 13 mars 1875, devront être immédiatement rayés des cadres. A cet effet, on fait
usage des modèles n°s 72, 73 et 74 joints à la
présente instruction.

Au point de vue de l'accomplissement de la
durée légale du service militaire, les officiers
de réserve et les officiers de l'armée territoriale sont traités comme les hommes de leur
classe. Les bulletins (n°s 72 et 74) les concernant doivent donc être transmis au Ministre
(bureau de l'arme), non un mois avant que ces
officiers aient atteint l'âge de quarante ans,
mais un mois avant l'époque à laquelle ils auront accompli les vingt années de service prescrites par la loi.

*Radiation des cadres (réserve, armée territo-
riale) des officiers retraités dans les conditions de la loi du 22 juin 1878.*

294. — Art. 3. Les officiers retraités dans
les conditions de la loi du 22 juin 1878, composent deux catégories :

Ceux qui sont pourvus d'un emploi dans le
cadre des officiers de réserve ou dans celui des
officiers de l'armée territoriale ;

Ceux qui, pour une cause quelconque, sont
restés sans emploi pendant la période des cinq
années obligatoires de service.

Les premiers sont, à l'expiration de la période
dès cinq années complémentaires de service
exigées par la loi, rayés des cadres par décision

présidentielle rendue sur la proposition du Ministre de la guerre et sur le vu des bulletins analogues aux modèles n°s 72 et 74, à moins que, d'après leur demande, une décision ministérielle ne les admette à rester en possession de leur emploi.

Quant aux seconds, s'ils ne demandent pas à être maintenus à la disposition du Ministre au delà des cinq années obligatoires de service, ils sont, sur l'ordre de MM. les généraux commandant les corps d'armée, rayés des contrôles généraux tenus à l'état-major de la région dans laquelle ils sont domiciliés. MM. les commandants de corps d'armée prononcent également la radiation de ce contrôle des officiers retraités qui, ayant demandé à être maintenus à la disposition, ne paraissent pas susceptibles d'être utilement employés.

Le Ministre doit être informé très exactement de la radiation ou du maintien des officiers désignés dans le paragraphe précédent.

Radiation des cadres de l'armée territoriale des adjudants retraités.

295. — Les dispositions de l'article précédent sont applicables aux adjudants retraités dans les conditions de la loi du 23 juillet 1881.

Situation de l'officier.

296. — Les officiers de réserve et les officiers de l'armée territoriale sont, selon le cas, compris *dans les cadres* ou placés *hors cadres*.

ART. 9. Sont compris dans les cadres, tous les officiers faisant partie d'un corps de troupe, ou pourvus d'un des emplois prévus par les articles 38 et 51 de la loi du 13 mars 1875.

Officiers hors cadres.

297. — ART. 10. La position *hors cadres* est celle de l'officier qui, pourvu d'un grade, reste sans emploi, et est temporairement dispensé de tout service.

Les décrets des 24 octobre 1878, 25 septembre 1879, 20 mars 1880 et 26 mai 1882, rendus en exécution du paragraphe 1er de l'article 11 du décret du 31 août 1878 et insérés au *Bulletin des lois,* déterminent la nomenclature des emplois ou fonctions civiles qui peuvent faire placer hors cadres les officiers de réserve et les officiers de l'armée territoriale qui en sont revêtus.

Ce sont :

1° Les fonctions diplomatiques ou consulaires (ambassadeurs, ministres plénipotentiaires, secrétaires et attachés d'ambassade, consuls généraux, consuls, élèves consuls, vice-consuls rétribués, chanceliers, drogmans et interprètes, commis de chancellerie);

2° Les fonctions administratives spéciales : préfets et sous-préfets, conseillers de préfecture, secrétaires généraux ;

3° Les emplois d'officiers du génie, attachés soit au service de la marine, soit à celui des différentes compagnies de chemins de fer ;

4° Les officiers d'artillerie (réserve ou armée territoriale) anciens élèves de l'École polytechnique attachés soit aux différentes compagnies de chemins de fer, soit à l'administration des chemins de fer de l'Etat ;

5° Les anciens élèves de l'Ecole polytechnique

et de l'Ecole forestière et les agents forestiers du grade d'inspecteur adjoint et au-dessus qui ne sortent pas de l'Ecole forestière, investis d'un grade d'assimilation (*réserve ou armée territoriale*) par application du décret du 20 mars 1876 et du décret du 23 juin 1883, qui ne sont pas pourvus d'emploi militaire ;

6° Les anciens élèves de ces mêmes écoles et les agents forestiers du grade d'inspecteur adjoint et au-dessus qui ne sortent pas de l'Ecole forestière, qui, investis d'un grade d'assimilation et pourvus d'un emploi militaire, ne seraient pas maintenus dans cet emploi ;

7° Les officiers (*réserve ou armée territoriale*) nommés à des emplois de commissaire de police.

Les candidats aux grades hors cadres, qui remplissent des fonctions diplomatiques ou consulaires, sont admis, dans les conditions générales des lois précitées, à subir l'examen destiné à constater leur aptitude devant l'attaché militaire de l'ambassade de laquelle ils relèvent, ou de celle la plus proche, dans le cas où il n'y aurait pas d'attaché militaire à leur résidence.

Sur les côtes, et là ou il n'y a pas d'attachés militaires, ces mêmes candidats sont convoqués devant une commission composée de deux officiers et d'un commissaire de marine faisant partie du personnel de l'un des navires de guerre en station dans les parages.

Les mesures ci-dessus ne sont pas applicables aux sujets français résidant à l'étranger qui sollicitent des emplois d'officier de réserve ou de l'armée territoriale, et qui doivent se mettre régulièrement en instance près du général commandant la région dans laquelle ils veulent servir.

La position d'officier *hors cadres* comprend, indépendamment des officiers mentionnés ci-dessus, des officiers momentanément privés de leur emploi, soit en raison d'infirmités les rendant incapables d'exercer leurs fonctions militaires pendant une durée de six mois au moins, soit par suite de suspension par mesure disciplinaire, pour une durée d'un an au moins.

Il convient cependant d'établir une distinction entre les deux catégories d'officiers hors cadres. Les premiers ne sont placés dans cette situation que parce que, revêtus de fonctions soumises à une certaine instabilité, et ne pouvant être affectés à un emploi militaire, il eût été rigoureux de les obliger à servir comme simples soldats, s'ils quittaient leur poste civil. Les autres, au contraire, ne sont classés hors cadres que pour des raisons intéressant directement le service militaire (état de santé, etc.), et devant nécessairement amener, dans un temps donné, une solution définitive, telle que leur radiation des cadres, leur révocation ou leur réintégration (articles 5, 7 et 12 du décret du 31 août 1878).

Les uns et les autres sont d'ailleurs remplacés dans leur emploi (article 10, § 2, et article 15).

Le temps passé hors cadres (1) et celui de la suspension ne comptent pas pour la fixation du rang d'ancienneté (articles 13 et 15).

Par suite, l'officier hors cadres, en raison de

(1) Sauf en ce qui concerne les officiers du génie, ingénieurs des ponts et chaussées, au service de la marine ou à celui des compagnies de chemins de fer, qui conservent, bien que hors cadres, leur rang d'ancienneté.

ses fonctions, continue à figurer à l'*Annuaire militaire* dans une liste nominative, sans indication de la date de sa nomination au grade dont il est pourvu. A sa rentrée dans le cadre, il lui est fait déduction du temps passé hors cadres. L'officier hors cadres, dans les conditions de l'article 11 (paragraphe numéroté 2º) et des articles 12, 14 et 15, ne figure pas à l'*Annuaire*.

Les mutations survenues parmi les officiers de réserve ou les officiers de l'armée territoriale, placés hors cadres en raison de leur nomination à des fonctions diplomatiques ou administratives, et qui viennent à quitter ces fonctions, doivent être très exactement notifiées au Ministre par les intéressés, qui sont tenus d'informer, par lettre, les commandants de corps d'armée des changements de nature à modifier leur situation militaire.

Il en est de même pour les officiers pourvus d'emplois entraînant la mise hors cadres.

Ces officiers avisent l'autorité militaire de leur nomination auxdits emplois. Faute par eux de remplir ces formalités, ils doivent, au moment d'une mobilisation, marcher avec le corps sur les contrôles duquel ils sont inscrits, tous les officiers de réserve et les officiers de l'armée territoriale figurant sur les contrôles d'un corps étant considérés comme disponibles.

Ceux qui occuperont alors des positions autorisant la mise hors cadres ne seront plus admis à réclamer le bénéfice d'une mesure qui leur eût été appliquée dès le temps de paix, s'ils avaient eu le soin de prévenir l'autorité militaire.

Les officiers de réserve et les officiers de

l'armée territoriale hors cadres, en raison de leurs fonctions civiles, doivent, pour être maintenus dans leur grade, soit au moment du passage de la classe à laquelle ils appartiennent dans l'armée territoriale, soit au moment de la libération définitive de cette même classe, faire une demande qu'ils adressent à leur Ministre respectif, qui la transmet au Ministre de la guerre.

Les officiers hors cadres sont administrés par l'administration centrale de la guerre (bureau de l'arme).

Réintégration dans le cadre des officiers placés hors cadres par suspension d'emploi.

298. — En temps de paix, les officiers de réserve et les officiers de l'armée territoriale, quelle que soit leur arme, suspendus de leurs fonctions pendant une année, conformément aux articles 14 et 15 du décret précité du 31 août 1878, sont, à l'expiration de cette année, réintégrés dans un emploi de leur grade, par une décision du Président de la République prise sur la proposition du Ministre de la guerre, sans l'intervention d'un conseil d'enquête.

S'il n'existe pas de vacance d'emploi du grade des officiers dont il s'agit, ceux-ci sont mis *à la suite de l'arme* dans la région, jusqu'à ce qu'ils puissent être replacés.

Leur ancienneté est réduite d'une année, et ils figurent à l'*Annuaire* avec les officiers à la suite.

En cas de mobilisation, il est fait application des dispositions de l'article 16 du décret du 31 août 1878.

Conseils d'enquête.

299. — Les articles 17 et 18 du décret du 31 août 1878 ont été modifiés par l'article 3 du décret du 3 février 1880. En conséquence, lorsqu'il y a lieu de réunir un conseil d'enquête pour émettre un avis sur la situation d'un officier de réserve ou de l'armée territoriale, en dehors de la période d'activité, ce conseil est nommé et fonctionne comme les conseils d'enquête de l'armée active. Il est composé conformément aux tableaux annexés au décret du 29 juin 1878 (1), avec cette différence que l'officier le moins élevé en grade est pris parmi les officiers de réserve ou parmi ceux de l'armée territoriale, selon que l'officier inculpé appartient au cadre des officiers de réserve ou à celui des officiers de l'armée territoriale ; les autres membres sont pris dans l'armée active.

Convocation des officiers de réserve.

300. — 1° *Infanterie et cavalerie.* — Les officiers de réserve d'infanterie et de cavalerie sont astreints à une période d'exercices de vingt-huit jours tous les deux ans, au moment de l'appel des réservistes de l'arme. Ils sont convoqués, pour la première fois, dans l'année qui suit celle de leur nomination, et le sont ensuite régulièrement tous les deux ans, jusqu'à l'époque de leur passage dans l'armée territoriale.

Les officiers de réserve du 19° corps d'armée, *domiciliés en France*, sont convoqués dans les mêmes conditions par les soins du commandement local, qui leur assigne une destination

_____

(1) Voir ce tableau à l'appendice.

dans un des corps de la région. A cet effet, le commandant du 19° corps d'armée et le commandant de la division d'occupation de Tunisie font connaitre aux commandants de corps d'armée intéressés les noms des officiers à convoquer.

Quant aux officiers de réserve *domiciliés en Algérie,* il appartient à M. le général commandant le 19° corps d'armée de régler leur convocation en raison des appels des classes de réserve dans la colonie. Ceux de ces officiers qui comptent au 4° régiment de zouaves, stationné en Tunisie, accompliront leur période d'instruction dans l'un des trois autres régiments de zouaves.

Qu'ils soient en pied ou à la suite, les officiers de réserve d'infanterie convoqués sont affectés aux unités appelées à manœuvrer, dans la mesure des emplois qui leur sont attribués; ceux qui se trouvent en excédent remplacent les officiers du cadre actif absents ou faisant vacance.

A leur arrivée au corps pour y accomplir une période d'instruction, les officiers de réserve de cavalerie sont affectés aux emplois de leur grade vacants dans les escadrons actifs et au dépôt. Ces vacances remplies, les officiers en excédent sont répartis dans les escadrons actifs.

Ces dispositions ne sont pas applicables aux capitaines de réserve d'infanterie qui, jusqu'à nouvel ordre, ne seront l'objet d'aucun appel.

2° *Artillerie.* — Les sous-lieutenants de réserve d'artillerie provenant des engagés conditionnels d'un an sont convoqués pour une période d'instruction dans le courant de l'année de leur nomination. Ces convocations se font de la manière suivante :

1º Les officiers appartenant à des corps appelés à manœuvrer sont convoqués pour l'époque des grandes manœuvres;

2º Les officiers affectés à des régiments qui ne manœuvrent pas doivent être consultés sur le moment qu'ils jugeront le plus favorable au point de vue de leurs intérêts privés, et il sera tenu compte de leurs vœux, en tant que ceux-ci pourront se concilier avec les exigences du service des régiments auxquels ils appartiennent et sur lesquels ils doivent toujours être dirigés. Dans aucun cas il n'est fait d'exception à cette règle.

Les ordres de convocation concernant les officiers de réserve sont adressés par les soins des chefs de corps, qui transmettent au commandement une liste nominative des officiers convoqués.

Les officiers de réserve d'artillerie, anciens élèves de l'Ecole polytechnique, élèves démissionnaires de l'Ecole d'application de l'artillerie et du génie à Fontainebleau, ou élèves de cette dernière Ecole, qui ont donné leur démission avant d'avoir reçu dans les régiments d'artillerie une instruction pratique suffisante, sont astreints à accomplir, dans les trois années qui suivent leur nomination, un stage pratique d'une durée totale de trois mois, ainsi répartis :

1º Pour les élèves ingénieurs et ingénieurs, un mois chaque année ;

2º Pour les élèves et officiers démissionnaires, deux mois la première année, et le troisième mois, soit tout de suite après les deux premiers, soit à une époque plus à leur convenance dans le courant des trois années.

Les uns et les autres font un quatrième stage d'un mois dans la cinquième année à partir de leur nomination dans la réserve, s'ils ne sont pas encore passés dans l'armée territoriale.

Ces stages sont obligatoires; ils ont lieu du 1er au 30 octobre pour les élèves ingénieurs des mines, du 1er au 31 août pour ceux des manufactures de l'Etat. Les ingénieurs choisissent l'époque des stages qu'ils ont à faire, en se conformant aux indications des colonels des régiments auxquels ils appartiennent, et après s'être entendus avec leurs chefs de service civils.

S'il y a lieu d'apporter des modifications aux époques fixées, les directeurs des écoles d'application des mines et des manufactures de l'Etat en informent les commandants de corps d'armée et cette notification est suffisante pour que l'autorité militaire accepte les nouvelles époques indiquées, soit pour tous les élèves ingénieurs d'un service, soit pour quelques-uns d'entre eux, mais il ne peut y avoir de dispense absolue de stage que sur l'autorisation du Ministre de la guerre, et elle ne sera accordée que pour raison de santé dûment constatée, ou dans des cas tout à fait exceptionnels.

Pour les autres officiers de réserve des catégories indiquées plus haut, l'époque des stages est fixée par les colonels des régiments qui ont à tenir compte, dans la limite du possible, des convenances personnelles des intéressés.

Tous ces officiers reçoivent, pendant la durée de ces stages obligatoires, la solde d'activité de leur grade; ils ont droit à l'indemnité de route pour l'aller et le retour et doivent être munis de convocations régulières qui leur permettent de bénéficier des réductions de tarif concédées à l'armée.

En dehors des stages obligatoires qui viennent d'être indiqués, les officiers dont il s'agit peuvent être admis à participer, sur le même pied que les autres officiers de réserve, aux stages volontaires, aux convocations pour les manœuvres d'automne, etc.

Ils sont soumis, en outre, et obligatoirement, à tous les appels généraux des officiers de réserve d'artillerie, mais le commandement peut les dispenser, sur leur demande, dans le cas où ils accompliraient un autre stage obligatoire dans le courant du même exercice budgétaire.

Les stages auxquels ces officiers sont convoqués se font suivant les règles générales posées pour les officiers de réserve. Toutefois les ingénieurs qui auront reçu, dans leur premier stage, une instruction militaire suffisante et qui auront été attachés pour le cas de mobilisation à un établissement ou à un service de l'artillerie, seront, pour les stages suivants, instruits dans cet établissement ou ce service, au rôle qui leur incomberait en cas de mobilisation.

Ces dispositions sont applicables aux élèves externes de l'école des mines pendant la durée de leur séjour dans cet établissement.

3° *Train des équipages militaires.* — Les officiers de réserve du train des équipages militaires sont, en principe, convoqués tous les deux ans. MM. les généraux commandant les corps d'armée restent juges des époques auxquelles les convocations doivent avoir lieu.

4° *Génie.* — D'une manière générale, les officiers de réserve du génie affectés aux régiments, qu'ils soient en pied ou à la suite, sont astreints, comme dans l'infanterie, à une période d'exercices de vingt-huit jours tous les deux ans, au moment de l'appel des réservistes de l'arme.

Les ordres de convocation sont adressés par les soins des chefs de corps, qui transmettent au commandement une liste des officiers convoqués.

Les élèves ingénieurs des ponts et chaussées nommés officiers de réserve du génie accomplissent, dans les trois années qui suivent leur nomination, un stage pratique d'une durée totale de trois mois. Ces stages ont lieu du 15 juin au 15 juillet pour les 1ʳᵉ et 2ᵉ années; à l'époque de l'appel des réservistes de l'arme pour la 3ᵉ année.

Les officiers de réserve du génie, anciens élèves de l'école d'application de l'artillerie et du génie, qui ont donné leur démission dans l'année qui suit leur sortie de cette école et qui sont signalés comme n'ayant pas acquis l'instruction pratique nécessaire à la conduite des troupes, ont également à accomplir un stage de trois mois, à raison d'un mois par année, aux époques fixées par les colonels de leurs régiments, qui tiendront d'ailleurs compte, dans la mesure du possible, des convenances personnelles des intéressés.

Tous ces officiers reçoivent, pendant la durée de ces stages obligatoires, la solde d'activité de leur grade ; ils ont droit à l'indemnité de route pour l'aller et le retour, et doivent être munis de convocations régulières qui leur permettent de bénéficier des réductions de tarif concédées à l'armée.

Quand leurs stages obligatoires sont accomplis, ces officiers restent affectés aux régiments ou sont désignés pour l'état-major particulier de l'arme.

Dans le premier cas, ils rentrent dans la règle commune et sont convoqués régulièrement tous les deux ans, la première convocation ayant lieu dans la 4e année de leur nomination.

Les officiers de réserve des compagnies d'ouvriers militaires de chemins de fer sont appelés chaque année, à l'effet d'accomplir une période d'exercices d'une durée de quinze jours dans les compagnies auxquelles ils sont affectés, à l'époque de l'appel des réservistes desdites compagnies.

Les officiers de réserve de l'état-major particulier du génie, attachés pour le cas de mobilisation à un service du génie, sont appelés tous les deux ans à l'époque de la convocation des réservistes de l'arme ou des manœuvres de forteresse, pour être instruits dans leurs postes d'affectation au rôle qui leur incomberait dès l'ouverture des hostilités. Cette convocation est faite, sur la proposition des commandants du génie des régions ou des directeurs, par les soins des généraux commandant les corps d'armée, qui prennent, au préalable, et en temps opportun, les ordres du Ministre de la guerre, la durée d'appel devant être déterminée d'après les circonstances, les ressources budgétaires et l'importance des fonctions dévolues aux officiers.

5o *Personnels administratifs*. — Les officiers de réserve des quatre services administratifs (*Bureaux de l'intendance militaire, Subsistances militaires, Hôpitaux, Habillement et*

Campement) sont convoqués, par moitié, tous les deux ans, pour accomplir leur période d'instruction de 28 jours, que les corps d'armée auxquels ils appartiennent fassent ou non des manœuvres d'automne. Les généraux commandant les corps d'armée ont la latitude d'échelonner leur convocation pendant toute la durée de l'année, et notamment à l'époque des congés ; à cet effet, ils s'entendent avec les intendants militaires. Toutefois, les officiers d'administration de réserve doivent être avertis assez longtemps à l'avance (2 *mois au moins*) pour qu'ils puissent prendre leurs dispositions de façon à sauvegarder leurs intérêts privés. Leur période d'instruction s'accomplit, soit dans une sous-intendance, soit dans un établissement administratif de leur service, soit enfin, lorsqu'ils sont appelés pendant la période des manœuvres d'automne et si l'autorité militaire dont ils relèvent le juge utile, avec les officiers de l'armée active de leur service respectif qui sont détachés à ces manœuvres.

Les officiers de réserve du 19e corps d'armée, domiciliés en France, sont convoqués dans les mêmes conditions que ceux des corps d'armée de l'intérieur, et ils sont employés dans les bureaux d'une sous-intendance ou dans les établissements administratifs de leur service des régions où ils résident.

Pour les officiers de réserve domiciliés en Algérie, M. le général commandant le 19e corps d'armée règle leur convocation en raison des appels des classes de réserve dans la colonie ; mais elle est également échelonnée pendant toute l'année. Les officiers convoqués sont em-

ployés dans les établissements administratifs de
l'Algérie.   •

6º *Personnel de santé.* — Les officiers de réserve du personnel de santé ne sont convoqués
que sur un ordre spécial du Ministre de la guerre.

Convocation des officiers de l'armée territoriale.

301. — Les chefs de corps et de détachements sont convoqués avant les autres officiers;
ils sont maintenus, ainsi que les membres des
conseils d'administration, les commandants de
compagnie, escadron ou batterie, et les sous-
officiers comptables, vingt-quatre heures après
le départ de la troupe.

Les lieutenants-colonels des régiments territoriaux d'infanterie qui ont des bataillons convoqués en deux séries, peuvent, à leur gré, ren-
trer chez eux ou être maintenus à leur poste
dans l'intervalle des deux séries.

Ils peuvent n'assister qu'à l'une d'elles, mais
dans ce cas ils doivent, en accusant réception
de l'ordre de convocation, faire connaitre celle
des deux à laquelle ils comptent assister.

La durée de chaque convocation est de quinze
jours pour les autres officiers, les sous-officiers
et les caporaux ou brigadiers autres que les
comptables, qu'il est nécessaire de faire venir
avant les hommes pour prendre, avec le concours du corps actif, toutes les mesures prépa-
ratoires, et, en ce qui concerne le gouvernement de Paris, pour composer les cadres de
conduite qui iront chercher à Paris les détachements d'hommes non gradés formés dans les
quatre bureaux annexes de la Seine.

Tous les officiers des corps de troupe, sauf les médecins et vétérinaires, et y compris les officiers d'administration des sections territoriales, sont convoqués, tous les deux ans, avec l'unité à laquelle ils appartiennent.

Les officiers supérieurs commandant les bataillons appelés sont convoqués en même temps que les officiers de ces mêmes bataillons.

Les officiers supérieurs commandant les groupes de batteries sont convoqués l'année où sont appelées le plus grand nombre des unités placées sous leurs ordres.

Les chefs d'escadrons et les adjudants-majors qui marchent avec les escadrons de cavalerie 1 et 3 sont convoqués les années de millésime impair ; ceux qui marchent avec les escadrons 2 et 4, les années de millésime pair.

Les chefs de corps des régiments territoriaux d'infanterie et d'artillerie, les commandants des escadrons territoriaux de cavalerie et du train des équipages, et les commandants des bataillons territoriaux du génie, sont convoqués tous les ans pour toute la durée de l'appel de leur corps.

MM. les commandants de corps d'armée règlent la convocation des chefs d'escadron d'artillerie qui ont une affectation spéciale, de manière qu'ils soient appelés une fois tous les deux ans.

Les officiers et employés de l'état-major particulier du génie de l'armée territoriale ne sont appelés que sur ordre spécial du Ministre de la guerre, s'il est nécessaire de les initier au rôle qui leur incomberait en cas de mobilisation.

Leur convocation a lieu d'après le mode indiqué pour les officiers de réserve, soit à l'époque des manœuvres de forteresse, soit au moment de l'appel des compagnies territoriales de l'arme, et pour une période d'exercices qui ne dépassera, en aucun cas, treize jours.

Les officiers comptables et ceux des dépôts sont, comme tous les officiers des corps de troupe, convoqués une fois tous les deux ans ; la désignation en est faite par les soins des commandants de corps d'armée. Quand il n'est pas constitué de conseil d'administration, les comptables travaillent dans les bureaux des officiers de l'armée active d'emploi correspondant.

De même les fonctionnaires de l'intendance, sauf les anciens fonctionnaires de l'armée active, et les officiers d'administration autres que ceux des sections sont, conformément au principe général, convoqués tous les deux ans. Ils sont répartis, à peu près également, entre les deux années, par les soins des commandants de corps d'armée sur les contrôles desquels ils figurent, et les convocations peuvent être échelonnées pendant toute la durée de l'année, si des nécessités locales l'exigent, afin de mieux assurer leur instruction. Ils font le service dans les bureaux de l'intendance ou dans les bureaux et établissements des différents services de l'administration.

Les médecins, les pharmaciens et les vétérinaires ne sont convoqués que sur un ordre spécial du Ministre de la guerre.

Les officiers nommés dans les cadres de l'armée territoriale pour occuper à titre définitif des emplois de commissaire militaire ou d'adjoint dans le service des étapes de routes, sont convoqués tous les ans aux conférences prescrites par l'article 13 de l'instruction du 22 août 1878.

Les officiers nommés à la suite des corps de troupe peuvent être convoqués une fois tous les deux ans par les commandants de corps d'armée, en cas d'insuffisance numérique des officiers titulaires de ces corps.

En principe, les gardes-mines nommés sous-lieutenants territoriaux d'artillerie sont convoqués pour un stage d'un mois dans le courant de l'année qui suit leur nomination. Ceux qui ne seraient pas suffisamment préparés ou qui ne montreraient pas assez de zèle pourront être convoqués une seconde fois. Le commandement se concerte, pour ces appels, avec le fonctionnaire délégué près de lui par le Ministre des travaux publics. Les seconds stages n'ont lieu que sur un ordre ministériel qu'il appartient au commandement de provoquer, à moins qu'ils n'aient lieu sur la demande de l'officier et avec le consentement de son chef de service.

Les conducteurs des ponts et chaussées nommés officiers du génie, sont astreints aux mêmes obligations. Les officiers en retraite, nommés gouverneurs désignés des places fortes par application de l'article 5 du décret du 23 octobre 1883, sont convoqués individuellement par les soins des généraux commandant les corps d'armée pour une période qui ne dépassera, en aucun cas, treize jours pour prendre part aux travaux des commissions de défense. Ils peuvent, en outre, être autorisés sur leur demande à participer aux manœuvres de forteresse qui auraient lieu dans les places dont le commandement leur sera confié.

Ordres de convocation.

302. — Les officiers reçoivent, par les soins des commandants de corps d'armée, des *ordres spéciaux* de convocation portant récépissés (modèles nᵒˢ 75 et 76). Ces ordres sont établis : pour les officiers des corps de troupe d'infanterie, par les capitaines-majors subdivisionnaires ; pour les officiers des armes spéciales, par les capitaines-majors régionaux ; pour les fonctionnaires de l'intendance et les officiers des services administratifs, par les directeurs du service de l'intendance militaire.

Les ordres portant récépissés sont adressés aux officiers des corps de troupes destinataires par l'intermédiaire des chefs de corps territoriaux ; ces envois se font par la poste, en franchise, dans la forme indiquée par l'extrait du Manuel des franchises postales, en date du 20 décembre 1878 (*Journal militaire officiel*, partie réglementaire, pages 20 et 33). Les ordres destinés aux officiers sans troupe des divers services leur sont adressés par les commandants de corps d'armée, qui emploient le mode d'envoi par la poste en franchise, quand il leur est loisible de le faire en vertu du Manuel des franchises postales, et seulement dans le cas où le contre-seing est réciproque. Dans le cas contraire, l'envoi est fait par l'intermédiaire de la gendarmerie.

L'ordre de convocation conforme au modèle joint à la présente instruction porte un récépissé, qui est rempli par le destinataire et renvoyé au commandant de corps d'armée en passant par les intermédiaires qui ont transmis l'ordre de convocation. Le renvoi est fait par la poste, si l'ordre est arrivé par cette voie ; par l'intermédiaire de la gendarmerie, dans le cas contraire. Un nota, placé au bas du récépissé, fait connaître la manière de procéder dans le cas du renvoi par la poste.

Les ordres de convocation sont libellés de façon à pouvoir, en cas d'absence de tout fonctionnaire de l'intendance, servir de feuille de route aux officiers, pour eux et pour les chevaux qu'ils auraient obtenu l'autorisation d'emmener conformément aux règlements en vigueur (1).

Afin d'éviter le trouble qu'apportent dans les opérations de l'appel les démissions tardives données par certains officiers, le Ministre n'accepte qu'après l'appel les démissions qui sont adressées après l'envoi des ordres de convocation. MM. les commandants de corps d'armée doivent prévenir les officiers qui enverraient leur démission dans ces conditions, qu'ils auront, néanmoins, à répondre à la convocation qui leur aura été adressée.

Pour les mêmes motifs et dans les mêmes conditions, le Ministre ne donnerait suite, qu'après l'appel, aux demandes des ingénieurs des ponts et chaussées, officiers du génie des bataillons territoriaux qui réclameraient leur mise hors cadres après leur convocation aux exercices de leurs troupes.

Stages.

303. — Les officiers de toutes armes du cadre de réserve et de l'armée territoriale, qui dési-

---

(1) Pour être utilisés au retour, ces ordres doivent être revêtus de la signature du sous-intendant militaire.

rent compléter leur instruction militaire, peuvent, dans les limites des crédits budgétaires, être autorisés par les commandants de corps d'armée, à faire un stage d'une durée d'un mois au moins et de trois mois au plus, pour les officiers de réserve, et de quinze jours au moins à un mois au plus, pour les officiers de l'armée territoriale. Le stage est prescrit obligatoirement en cas d'insuffisance d'instruction constatée. Les officiers de l'armée territoriale font ce stage dans le corps de troupe de leur arme le plus à proximité de leur résidence. Dans le cas où l'officier appelé à faire un stage habite une région autre que celle à laquelle appartient son corps ou service, le commandant de cette dernière région se concerte avec celui du corps d'armée de la résidence de l'officier.

En ce qui concerne l'armée territoriale, la faculté ou l'obligation de faire des stages doit être limitée aux grades de capitaine, lieutenant et sous-lieutenant.

En principe, les officiers de l'armée territoriale dont l'instruction militaire a été reconnue insuffisante pendant une période d'appel, sont convoqués pour un stage obligatoire qu'ils accomplissent l'année qui suit cette période d'appel, et au moment de la convocation des unités de l'arme à laquelle ils appartiennent.

Par dérogation à cette règle, et dans des cas exceptionnels laissés à leur appréciation, MM. les généraux commandant les corps d'armée peuvent autoriser les officiers à accomplir le stage obligatoire en dehors de la période normale de convocation.

Les périodes d'instruction et les stages obligatoires ou volontaires accomplis par les officiers de réserve ou les officiers de l'armée territoriale doivent être inscrits *dans la colonne d'observations* de l'état des services et du registre matricule.

Les notes données à la suite d'un stage sont consignées sur le rapport spécial, modèle n° 69, de l'instruction. — Ce modèle n'est pas fourni si l'officier est inspecté pendant le stage. Le feuillet individuel (modèle n° 65) est alors seul fourni dans ce cas.

Sursis d'appel. — Ajournements. — Dispenses.

304. — Dans le but de concilier l'exécution de la loi avec les ménagements que commandent certaines situations dignes d'intérêt, MM. les commandants de corps d'armée sont autorisés à accorder aux officiers de réserve et aux officiers de l'armée territoriale des *sursis*, à la condition que les demandes répondent à des besoins sérieusement constatés.

Tout officier ou assimilé de réserve, qui désire obtenir soit un sursis, soit une dispense, soit l'autorisation d'accomplir sa période d'instruction dans un corps de troupe ou service de sa résidence, adresse une demande à son chef de corps ou de service. Celui-ci la fait parvenir, par la voie hiérarchique, avec son avis, au commandant du corps d'armée. Ce dernier, si l'officier réside en dehors de la région, la transmet, s'il le juge convenable à son collègue du corps d'armée de la résidence, qui statue, étant à même d'apprécier très exactement la valeur des motifs invoqués.

Ces dispositions sont applicables aux officiers ou assimilés de l'armée territoriale.

En principe, les officiers de réserve, qui obtiennent des sursis, sont ajournés à l'année suivante, à l'époque de l'appel des réservistes (1).

Les officiers de l'armée territoriale ayant obtenu des sursis, sont convoqués l'année suivante. Ils sont employés d'après les besoins du service dans une des unités de leur corps (1).

Les officiers retraités, investis d'un grade d'officier supérieur dans l'armée territoriale, qui, pour des motifs sérieux, sont dans l'impossibilité d'assister à la réunion générale, ne sont plus convoqués que lors de la nouvelle réunion de l'unité à laquelle ils appartiennent.

Quant aux autres officiers retraités, ils sont toujours ajournés à l'année suivante (1).

Sont dispensés de la convocation :

1° Les officiers de l'armée territoriale qui, en qualité d'officiers de réserve, ont assisté à une réunion d'exercices dans le courant d'une période de moins de 12 mois avant l'appel de l'unité à laquelle ils sont affectés dans l'armée territoriale ;

2° Les officiers de réserve qui, ayant accompli avant l'époque des manœuvres le temps de service (armée active et réserve) exigé par la loi, ont demandé à passer dans l'armée territoriale et n'ont pas encore reçu une affectation dans cette armée.

MM. les commandants du corps d'armée de la *résidence* peuvent dispenser *exceptionnellement* les ingénieurs des mines et gardes-mines, offi-

_____

(1) Ils ont droit à la solde pendant leur stage.

ciers d'artillerie de l'armée territoriale, qui leur sont signalés, par M. l'ingénieur en chef accrédité auprès d'eux par arrêté du Ministre des travaux publics en date du 20 juin 1876, comme ne pouvant assister à la réunion de l'année.

Par exception au principe général, le Ministre se réserve de statuer sur les demandes de dispenses, sursis, ajournements, présentées par les officiers des compagnies territoriales du génie. Ces demandes doivent être en conséquence adressées au Ministre (4e direction), par l'intermédiaire des commandants de corps d'armée.

Inspection générale des officiers et assimilés de réserve et des officiers et assimilés de l'armée territoriale.

305. — Les officiers et assimilés de réserve et les officiers et assimilés de l'armée territoriale sont inspectés, au moins une fois tous les deux ans, au point de vue de l'aptitude physique, de la moralité et de la conduite.

Ils le sont aussi au point de vue de l'instruction militaire et professionnelle, à l'exception de ceux qui appartiennent aux personnels de santé et vétérinaire.

Les officiers et assimilés des deux catégories ci-dessus déterminées (§ 1), qui font partie des corps ou des fractions de corps et de services appelés à prendre part soit aux manœuvres d'automne, soit à des réunions périodiques d'exercices, ainsi que ceux désignés pour faire un stage, sont inspectés, lors de ces convocations, soit par les généraux de brigade ou de division, soit par les intendants militaires dont ils relèvent pendant la convocation, soit enfin, en cas d'empêchement, par les chefs de corps ou de service désignés à cet effet par le général commandant le corps d'armée.

En ce qui concerne les officiers affectés au service des étapes, on profite, pour les inspecter, des convocations périodiques dont ils sont l'objet pour assister à des conférences.

Il en est de même pour les officiers des personnels administratifs de réserve et de l'armée territoriale, ainsi que pour les officiers des personnels de santé et vétérinaire de réserve et de l'armée territoriale convoqués. Quant à ceux des officiers qui ne prennent part ni aux réunions, ni à un stage, ils sont inspectés par moitié tous les ans, au moment de l'inspection générale ou administrative des services ou établissements de leur spécialité le plus voisin de leur résidence effective.

Les personnels désignés dans le paragraphe précédent sont convoqués à jour fixe, par les soins de l'état-major de la région, au lieu où ils doivent être inspectés.

Ils doivent se présenter dans la tenue du jour.

Ils ont droit, pendant la durée de leur déplacement, qui n'excède jamais trois jours, à la solde de leur grade et aux indemnités prévues par les instructions en vigueur.

Les officiers de réserve et les officiers de l'armée territoriale inspectés dans les corps de troupe, sont interrogés par l'inspecteur, qui s'assure, en outre, sur le terrain, de leur degré d'instruction pratique.

Des feuillets individuels, conformes au modèle n° 65 annexé à la présente instruction, sont adressés, un peu avant l'époque de l'inspection, par leur chef de corps ou de service, aux généraux commandant les subdivisions de région dans lesquelles ces officiers résident.

Les feuillets concernant les officiers ou assimilés qui résident dans le département de la Seine sont adressés, deux mois à l'avance, à M. le général commandant le département de la Seine et la place de Paris, ceux concernant les officiers et assimilés qui résident dans le département de Seine-et-Oise à M. le général commandant ce département.

Pour les officiers de réserve et de l'armée territoriale du génie, il est fait usage du modèle de rapport d'inspection adopté pour les officiers du génie de l'armée active.

MM. les généraux commandant les subdivisions, y compris celles de la Seine et de Seine-et-Oise, inscrivent sur ces feuillets leur appréciation sur la conduite et la moralité de l'officier, et les adressent ensuite, pour être remis à l'inspecteur général, au commandant de la région dans laquelle l'officier doit être inspecté.

L'inspecteur vérifie, en interrogeant l'officier, l'exactitude des énonciations consignées dans la première partie du feuillet individuel (date et lieu de naissance, position, service, etc.).

Les feuillets individuels sont fournis par le ministère de la guerre (*Bureau du Service intérieur*), au même titre que les imprimés de l'inspection générale.

Les feuillets individuels des officiers et assimilés de réserve et de ceux de l'armée territoriale qui ont été inspectés, sont établis en triple expédition, dont l'une est adressée au Ministre par l'inspecteur général et par l'entremise du commandant du corps d'armée auquel appartient le corps ou service dont l'officier fait partie. Ils doivent parvenir, pour les officiers de réserve, le 1er janvier de l'année qui suit l'inspection (sauf pour les officiers de réserve du génie, dont le feuillet est fourni immédiatement après la période d'instruction); pour les officiers de l'armée territoriale, après la période d'instruction ou le stage.

L'inspecteur général signale au commandant du corps d'armée ceux des officiers inspectés qui lui paraissent susceptibles d'obtenir de l'avancement.

Il ne pourra, jusqu'à nouvel ordre, être établi de propositions pour l'admission ou l'avancement dans la Légion d'honneur que dans des cas tout à fait exceptionnels et en tenant compte de services militaires antérieurs bien justifiés. Les candidats devront, dans tous les cas, compter le nombre d'années de service, campagnes comprises, exigées par le décret organique du 16 mars 1852.

Pour l'exécution des dispositions ci-dessus, les officiers et assimilés de réserve et ceux de l'armée territoriale sont tenus de donner exactement leur adresse à leurs chefs de corps ou de service et de leur indiquer leurs changements de domicile. Ils doivent fournir les mêmes indications au général commandant la subdivision de région dans laquelle ils viennent résider et à celui de la subdivision qu'ils quittent.

Dans le département de la Seine, ces renseignements doivent être donnés à M. le général commandant la place de Paris.

Les officiers et assimilés de réserve et ceux

de l'armée territoriale qui, par suite d'absence, de maladie, etc., n'ont pas assisté à l'inspection, sont, quand l'empêchement a cessé, tenus de se présenter, dans un délai de quinze jours, chez le général commandant leur subdivision ou, suivant le cas, chez le général commandant la place, qui les inspecte ou prend les dispositions nécessaires pour qu'ils soient inspectés par l'autorité locale compétente. Les notes résultant de cette inspection sont consignées sur le feuillet individuel et l'inspecteur mentionne la position dans laquelle se trouvait l'officier au moment de l'inspection.

La même disposition est applicable, lors de leur retour en France, aux officiers qui se sont absentés pour aller à l'étranger, après avoir obtenu du Ministre, conformément à l'article 8 de la loi du 18 novembre 1875, une dispense spéciale de se rendre aux manœuvres ou d'assister à la revue d'inspection déterminée par le présent règlement.

Les officiers de réserve et les officiers de l'armée territoriale résidant dans les colonies seront notés par les inspecteurs généraux, dans les colonies soumises à une inspection générale, et par l'autorité désignée chaque année par le Ministre de la marine, dans celles des colonies non inspectées par un officier général.

Par application des dispositions de l'article 4 de la loi du 18 novembre 1875, tout officier ou assimilé de réserve et de l'armée territoriale, qui n'aura pas répondu à la convocation qui lui aura été adressée par l'autorité militaire, en vue de l'inspection générale, ou qui n'aura pas justifié par des documents laissés à l'appréciation de cette autorité, des motifs qui l'ont empêché de répondre à ladite convocation, ou, qui, enfin, en cas d'absence déclarée, ne se sera pas, à son retour, présenté à l'officier général commandant la subdivision de région pour être inspecté, est passible des dispositions disciplinaires qui pourraient lui être appliquées, en vertu de la loi du 18 novembre 1875 et des décrets des 16 mars et 31 août 1878.

Les prescriptions qui précèdent abrogent les dispositions du règlement du 23 mai 1878.

Avancement.

306. — L'avancement dans l'armée territoriale est réglé par le décret du 31 juillet 1881. Aux termes de l'article 3 de ce décret, les nominations par avancement aux différents grades d'officier de l'armée territoriale sont exclusivement faites au choix, d'après les propositions spéciales des commandants de corps d'armée, sur des listes où sont inscrits, par ordre d'ancienneté, les officiers reconnus aptes à passer au grade supérieur.

Dans chaque région il est établi *une liste unique par arme* (Modèles nos 67 et 68).

Emplois de lieutenant faisant fonctions d'officier d'habillement ou de trésorier au dépôt.

307. — Les propositions pour les emplois de cette nature doivent toujours être accompagnées d'un certificat d'aptitude délivré par un fonctionnaire de l'intendance.

Envoi des propositions pour l'avancement.

308. — Le travail de propositions pour l'a-

vancement, accompagné des mémoires modèle n°
66, doit être adressé au Ministre (bureau de l'arme):

Après la réunion des unités convoquées, *pour
les officiers appartenant aux corps de troupe ;*

Le 15 décembre, *pour les officiers sans
troupe et assimilés, et les sous-officiers candidats au grade de sous-lieutenant.*

Peuvent être inscrits sur les listes d'avancement, indépendamment des candidats présentés
au cours de l'inspection générale, les officiers
et sous-officiers qui, bien que n'ayant pas été
convoqués et inspectés, seraient signalés par
leurs chefs hiérarchiques comme réunissant les
conditions d'aptitude au grade supérieur.

Droit au commandement.

309. — Le droit au commandement des officiers de réserve et des officiers de l'armée territoriale est réglé par le décret du 26 octobre 1883
(art. 3) sur le service en campagne, et le décret
du 28 décembre 1883 sur le service intérieur
des troupes d'infanterie (principes généraux de
subordination).

Mariage des officiers de réserve et des officiers de l'armée territoriale (1).

310. — Les officiers de réserve et les officiers de
l'armée territoriale ont le droit de contracter mariage sans autorisation ministérielle, mais ils doivent en informer leur chef de corps ou de service.

---

(1) Pour tout ce qui concerne l'*État civil et politique
des militaires,* se reporter à l'ouvrage de la Petite
Bibliothèque traitant spécialement cette question. (Voir
au catalogue placé *in fine* du volume.)

Lorsqu'un officier de l'armée territoriale a contracté mariage, le capitaine-major du corps auquel il appartient doit en inscrire la mention sur le registre matricule et en rendre compte au Ministre en lui adressant, par analogie, avec les prescriptions de la circulaire du 3 juillet 1840, un certificat spécial constatant la célébration du mariage (modèle n° 77).

MM. les capitaines-majors doivent également se renseigner auprès des officiers de l'armée territoriale de leur corps sur la question de savoir s'ils ont contracté mariage avant leur nomination. Ils procèdent à l'égard de ces derniers comme il est indiqué ci-dessus.

Voyages à l'étranger.

311. — Voir à l'appendice les prescriptions des articles 115 et 194 de l'instruction.

Officiers de réserve et officiers de l'armée territoriale reprenant du service dans l'armée active.

312. — Les anciens sous-officiers, pourvus d'un grade dans le cadre d'officiers de réserve ou dans celui de l'armée territoriale, ayant repris du service dans l'armée active, soit par voie de rengagement, soit en qualité de commissionnés, doivent être mis en demeure d'offrir, dans la forme ordinaire, la démission de leur grade, en même temps qu'avis leur est donné de leur nomination à un emploi dans l'armée active. Cette offre de démission est soumise, par les soins du Ministre, à l'acceptation de M. le Président de la République, et l'intéressé n'en

est pas moins autorisé à prendre, en attendant la notification de la décision présidentielle, possession de son nouvel emploi. Toutefois, afin d'éviter autant que possible l'obligation de recourir à cette mesure, MM. les commandants de corps d'armée sont invités à se faire rendre compte très exactement de la situation des candidats aux emplois d'officier de réserve ou de l'armée territoriale, en faveur desquels des propositions auront été établies, et de signaler ou les changements de résidence ou les modifications de position les concernant, survenus pendant le temps écoulé entre les propositions dont ils ont été l'objet à l'époque de leur nomination auxdits emplois.

Démissions. — Radiations.

313. — Les officiers de réserve et les officiers de l'armée territoriale (à l'exception des officiers retraités dans les conditions de la loi du 22 juin 1878, et des adjudants retraités tant qu'ils n'ont pas accompli les cinq années pendant lesquelles ils sont à la disposition du Ministre de la guerre) peuvent offrir leur démission.

En ce qui concerne les offres de démission adressées par les officiers de l'armée territoriale au moment de la convocation, voir, article 302, « Ordres de convocation. »

L'offre de démission est conçue dans les termes ci-après :

Je soussigné (le nom, le grade, le corps ou le service), offre ma démission du grade qui m'a été conféré dans le cadre des officiers (de réserve ou de l'armée territoriale).

Je déclare, en conséquence, renoncer volontairement et d'une manière absolue aux prérogatives attachées à ce grade et me fixer à département d , arrondissement d

A , le 18 .

A l'offre de démission doit être jointe une lettre du chef de corps ou de service faisant connaître les motifs pour lesquels l'officier demande à se retirer.

L'officier démissionnaire qui n'a pas accompli les vingt années de service est tenu de les achever avec les hommes de la classe à laquelle il appartient.

L'officier démissionnaire ou rayé des cadres de l'armée active, de la réserve de l'armée active ou de l'armée territoriale, pour une cause n'entraînant pas l'incapacité de servir, doit, en conséquence, être affecté dans la réserve ou dans l'armée territoriale, selon le cas.

Les officiers de réserve et les officiers de l'armée territoriale démissionnaires sont, en principe, affectés comme simples soldats. Mais ceux d'entre eux qui ont été sous-officiers antérieurement ou qui sortent d'une école militaire sont affectés avec le grade de sous-officier, s'ils n'expriment point un désir contraire, et sous la condition d'offrir toutes les garanties exigées.

Il en est de même pour les médecins, pharmaciens et vétérinaires (armée active, réserve et armée territoriale), à l'exception toutefois de ceux de l'armée active qui se trouveraient dans le cas prévu par l'article 282 de la présente instruction.

Si l'officier démissionnaire ne se retire pas

dans la subdivision où il a satisfait à la loi, il est néanmoins affecté par le commandant de recrutement de cette subdivision, s'il ne fait en temps utile une déclaration régulière de changement de domicile. Les officiers démissionnaires de l'armée territoriale qui ont servi en qualité d'officiers dans l'armée active peuvent être réadmis dans les cadres d'officiers de l'armée territoriale sur la proposition régulièrement transmise par MM. les généraux commandant les corps d'armée.

Les mêmes dispositions sont applicables, mais pour les grades inférieurs seulement, aux officiers démissionnaires de l'armée teritoriale qui ont fait partie comme officiers d'un corps mobilisé pendant la guerre de 1870-1871.

Les officiers de réserve et les officiers de l'armée territoriale ayant été mis en demeure d'offrir leur démission parce qu'ils occupent des emplois civils incompatibles avec leur grade militaire et qui les oblige à se faire classer comme non-disponibles, peuvent être remis en possession du grade qui leur avait été conféré dès qu'ils se trouvent en mesure d'en remplir les obligations.

Les officiers de réserve et les officiers de l'armée territoriale révoqués doivent être rétablis comme soldats sur les contrôles de leur classe, à moins, bien entendu, que leur révocation n'ait eu pour cause une condamnation de nature à les faire exclure de l'armée.

Les officiers de réserve et les officiers de l'armée territoriale rayés des cadres pour raison de santé et qui sont encore assujettis aux obligations du service militaire doivent également être rayés des contrôles de l'armée.

Décorations.

314. — Toutes les nominations ou promotions, soit dans la Légion d'honneur, soit dans les ordres étrangers, et les diverses distinctions honorifiques dont les officiers de réserve et les officiers de l'armée territoriale peuvent être l'objet, à tout autre titre qu'à celui du département de la guerre, doivent être exactement portées, par les intéressés, à la connaissance des autorités militaires et du Ministre de la guerre.

Les chefs de corps et de service doivent très exactement signaler au Ministre (bureau de l'arme), par bulletin spécial, les nominations et promotions faites dans les conditions ci-dessus indiquées.

Situations nominatives.

315. — Les capitaines-majors fournissent mensuellement, en cas de mobilisation, et trimestriellement en temps ordinaire, un état nominatif de situation et des mutations survenues parmi les officiers de l'armée territoriale.

Cet état doit être établi suivant le modèle n° 70 annexé à la présente instruction, le 1er de chaque mois ou le 1er jour de chaque trimestre, selon le cas, et être adressé immédiatement au Ministre sans lettre d'envoi (bureau de l'arme), le bureau des réserves étant considéré comme bureau d'arme pour l'infanterie territoriale.

Les autres modèles concernant les officiers des différentes armes, préparés par les soins des bureaux compétents de l'administration centrale, sont fournis par les capitaines-majors régionaux pour les armes spéciales; par les officiers supérieurs chargés du service territorial, pour les officiers affectés aux services d'état-major, des étapes, aux états-majors particuliers de l'artillerie et du génie, aux services vétérinaire et des remontes; par les directeurs du service de l'intendance militaire pour le personnel administratif, et par les directeurs du service de santé pour le personnel médical.

Les capitaines-majors chargés de l'établissement et de l'envoi de ces pièces périodiques doivent se conformer aux prescriptions suivantes :

1° Le cadre de justification dudit état doit être de 0m35 de hauteur sur 0m55 de largeur.

2° Pour l'emplacement du corps, il faut, mais en cas de mobilisation seulement, lorsqu'un bataillon n'est pas réuni, indiquer les divers cantonnements qu'il occupe (*voir le modèle de la situation, article Emplacement*).

3° Le grade de chaque officier dans l'ordre de la Légion d'honneur est indiqué, dans la colonne *Décorations*, par les signes ci-après : *Médaille militaire*, Ⓜ; *Chevalier*, ✳; *Officier*, O. ✳; *Commandeur*, C. ✳.

4° Chaque officier doit toujours être l'objet d'une des annotations suivantes :

Pour ceux qui n'ont pas fait mutation, on l'indique par le signe S. M.

Pour ceux qui ont fait mutation, l'indication à porter en cas de mobilisation est l'une de celles que comporte le service actif. En temps ordinaire, on mentionne les décès, les changements de corps, de bataillon, de compagnie, d'emploi, ainsi que les promotions, démissions, enfin les absences temporaires pour aller à l'étranger.

La dernière colonne est remplie par les lettres P ou A, indication de la présence ou de l'absence.

Les vacances d'emplois encore existantes ou survenues dans le mois ou le trimestre auquel se rapportent les mutations, sont, tant qu'elles n'ont pas été remplies, signalées dans la colonne « Noms », par le mot « Vacance ».

Pour la répartition dans les compagnies des lieutenants et sous-lieutenants, il y a lieu de se conformer aux indications des tableaux d'effectifs.

Les officiers affectés à l'un des emplois prévus par l'article 51 de la loi du 13 mars 1875 (états-majors généraux et particuliers, service des étapes et des remontes) n'appartiennent à aucun corps de troupe. Ils sont désignés, dans les documents officiels, sous la dénomination d'officiers de l'armée territoriale...... (l'arme), affectés à un service d'état-major ou au service des étapes ou des remontes (suivant le cas). Ils figurent sur un état de mutations conforme au modèle nᵒ 71, qui est adressé trimestriellement au Ministre. Cet état est établi par arme et par spécialité (service d'état-major, service des étapes, service des remontes). On procède de la même façon à l'égard des officiers de réserve affectés aux mêmes services.

Les mutations survenues dans l'intervalle d'un trimestre à l'autre sont notifiées immédiatement par le bulletin des emplois vacants (modèle nᵒ 78).

Les décès sont toujours notifiés au moyen dudit bulletin.

Contrôle général des officiers par corps d'armée.

316. — Le commandant du bureau de recrutement ne doit pas comprendre les officiers de réserve sur les situations semestrielles de la *réserve* et de la *disponibilité*.

Les situations d'officiers de l'armée territoriale (infanterie, autres armes, services divers) sont établies sans qu'on ait à se préoccuper de la subdivision du tirage au sort, et présentent uniquement la composition des cadres.

Ainsi, un officier ayant concouru au tirage de la subdivision de Nevers et pourvu d'un grade dans le régiment territorial d'artillerie du 1er corps, ne doit figurer que sur la situation du bureau régional de Lille.

Le commandant de recrutement n'a à s'occuper des officiers relevant d'autres subdivisions que pour *transmettre* à qui de droit leurs déclarations de changements de domicile ou de résidence.

Il n'y a point à opérer administrativement de changement de domicile pour les officiers; ils ne sont inscrits à la liste matricule que lorsque celle-ci tient lieu de registre matricule, le bureau de recrutement d'origine restant chargé de les suivre dans toutes leurs positions.

Un contrôle général nominatif, par arme ou service et par grade (modèle n° 79) des officiers et assimilés de réserve et des officiers de l'armée territoriale appartenant aux corps ou fractions de corps (indépendants ou non) *sta-*

tionnés (1) *sur le territoire de la région*, est tenu à l'état-major de chaque corps d'armée et gouvernement militaire sous la direction de l'officier supérieur chargé de la section territoriale, et quel que soit d'ailleurs le domicile ou la résidence de ces officiers. Cet officier adresse trimestriellement au Ministre (4e bureau, réserve et armée territoriale) la situation des officiers et assimilés de réserve (modèle n° 95). Le contrôle général comprend les officiers et assimilés des divers services. On mentionne, à titre de renseignement, dans une colonne spéciale de ce contrôle, l'adresse des officiers ; leurs changements de domicile ou de résidence *n'ont d'autre effet que de modifier ce renseignement.*

Par analogie avec ce qui a lieu pour les officiers de l'armée active, ceux de réserve ou de l'armée territoriale ne doivent avoir en effet que deux points d'attache :

1° Le bureau de recrutement de la subdivision dans laquelle ils ont satisfait à la loi, et qui doit pouvoir les suivre afin de les réaffecter comme soldats ou sous-officiers en cas de démission ou de perte de grade ;

2° Leur régiment ou leur service, représenté par l'état-major du corps d'armée.

Quant aux officiers de toutes armes (réserve

---

(1) En raison des changements périodiques effectués par les divisions d'infanterie des 3e, 4e, 5e et 13e corps d'armée, divisions qui relèvent normalement de ces quatre régions et n'en sont que temporairement éloignées, le contrôle général des officiers de réserve d'infanterie est tenu aux états-majors des 3e, 4e, 5e et 13e corps.

et armée territoriale) placés en dehors des corps de troupe (service d'état-major, d'étapes et remonte) et non encore affectés à une région, on continue à les traiter comme si le lieu qu'ils habitent réellement (résidence) était leur corps d'affectation. Ils n'ont également que deux points d'attache :

1° L'état-major du corps d'armée dans lequel ils habitent ;

2° Le bureau de recrutement du tirage au sort.

Du jour où ils sont affectés, ils cessent de figurer au contrôle de la résidence pour être portés au contrôle du corps d'armée d'affectation (1).

Les officiers ou assimilés de réserve et de l'armée territoriale qui sont désignés comme devant se rendre dans un corps d'armée pour y recevoir, en cas de mobilisation, une affectation définitive, qui ne doit leur être notifiée qu'à ce moment, sont portés, quelle que soit leur résidence, au contrôle général de ce corps d'armée, seul en mesure de constater leur arrivée ou d'informer qui de droit s'ils ne se présentent pas.

Officiers retraités.

317 : — *Contrôle spécial*. — Les officiers retraités dans les conditions de la loi du 22 juin 1878 sont inscrits sur les contrôles généraux par *arme* et par *grade* tenus au ministère de la guerre (bureau de l'arme) et à l'état-major de la

---

(1) Ce dernier corps tient alors pour eux le registre matricule et le registre du personnel.

région dans laquelle ils sont domiciliés. Le chef d'état-major de la région est chargé d'assurer l'exécution de cette disposition (les imprimés nécessaires à cet effet lui sont délivrés par le ministère de la guerre, — bureau du Service intérieur). Ce chef d'état-major est mis, par l'état-major de la région que quitte l'officier retraité, en possession du dossier de cet officier. (Rapport particulier modèle n° 64, et extrait du registre du personnel).

Les pièces (Rapport particulier modèle n° 64, états de service, déclaration d'option et d'élection de domicile) concernant les officiers retraités dans les conditions de la loi du 22 juin 1878, sont adressées à l'administration centrale (bureau de l'arme) par envoi spécial, aussitôt que ces officiers se trouvent en instance de retraite.

Les officiers d'infanterie, ressortissant à deux bureaux différents du ministère (bureau du personnel de l'infanterie pour les officiers de réserve, bureau de l'armée territoriale pour les officiers de cette armée), il est tenu deux contrôles distincts; l'un destiné à l'inscription des officiers de réserve, l'autre à celle des officiers de l'armée territoriale.

Pour les autres armes et services, il n'est établi qu'un seul contrôle; les officiers et assimilés qui y figurent sont affectés, suivant leur aptitude et les besoins du service, et d'après leur demande et la proposition dont ils ont été l'objet, soit à un emploi d'officier de réserve, soit à un emploi d'officier de l'armée territoriale, de leur spécialité autant que possible.

Ces différents contrôles mentionnent les nom,

prénoms, âge et grade de l'officier ou assimilé, la localité où il a déclaré vouloir se fixer, l'emploi qu'il a demandé et la proposition dont il a été l'objet de la part de ses supérieurs hiérarchiques à sa sortie du service, ainsi que son aptitude à cet emploi, enfin, quand il y a lieu, l'emploi ou le grade conféré et les mutations qui surviendront. En regard du nom de ceux des officiers et assimilés retraités qui ne sont pas pourvus d'emplois, on met la mention : « *Disponible* ».

Il est indispensable que le rapport particulier, modèle n° 64, concernant les officiers en instance de retraite, mentionne d'une manière explicite l'emploi régimentaire ou spécial auquel l'officier peut être appelé, en tenant compte du grade qu'il occupe, de ses antécédents militaires et aussi de sa constitution physique.

Dans le cas où un officier en instance de retraite paraîtrait incapable d'être employé, même temporairement, dans un service sédentaire, l'énoncé d'une semblable appréciation est toujours appuyé de certificats de visite et contre-visite médicales.

Officiers en non-activité. — Lorsqu'il s'agit d'un officier proposé pour la retraite pendant qu'il est en non-activité, le rapport particulier qui est joint au dossier de proposition pour la retraite est établi, non par le chef de corps ou de service de l'officier, mais par le général commandant la subdivision de région dans laquelle réside l'officier en non-activité avant sa mise à la retraite, et par les soins de qui il a été inspecté.

Envoi de pièces. — Dès que la notification

de la concession de pension de retraite est arrivée au corps ou service, ce dernier envoie, par la voie hiérarchique, à l'état-major de la région dans laquelle l'officier a déclaré se retirer :

1° L'extrait du registre du personnel concernant l'officier ou assimilé ;

2° Le double du rapport particulier qui avait été joint au dossier de la proposition pour la retraite.

En même temps, le livret matricule n° 1 est adressé au Ministre (bureau de l'arme).

Lorsque l'officier ou assimilé retraité a été nommé à un emploi d'officier de réserve ou d'officier de l'armée territoriale, le livret matricule n° 1 est renvoyé par le Ministre, ainsi que son titre de service, à l'état-major de la région où l'officier est désigné pour servir.

L'officier supérieur chargé de la tenue des contrôles des officiers retraités prend note de l'affectation et envoie aux conseils d'administration des régiments actifs ou aux capitaines majors territoriaux, ou aux chefs de service, suivant qu'il s'agit d'officiers nommés dans le cadre de réserve ou dans l'armée territoriale, le livret matricule n° 1, sur lequel est mentionnée la nouvelle position. Il adresse, en même temps, au nouveau chef de corps ou de service de l'officier, le rapport particulier et l'extrait du registre du personnel. Dans le cas où l'officier dont il s'agit n'est pas domicilié dans la région dans laquelle il est appelé à servir, avis est donné de son affectation *à la région du domicile,* par le corps d'armée d'affectation. Au reçu de cet avis, le corps d'armée de la résidence de l'officier prend note de l'affectation sur son contrôle et

23.

3 3333333333

envoie les pièces qu'il a en instance à la région d'affectation.

Changement de domicile ou de résidence (1). — Tant que les officiers et assimilés retraités restent à la disposition du Ministre, ils sont tenus de faire savoir au commandant de la région sur les contrôles de laquelle ils figurent, leurs changements de domicile ou de résidence, dans le délai de deux mois, ainsi que, s'il y a lieu, les circonstances qui les mettraient hors d'état de remplir les obligations de l'emploi pour lequel ils étaient désignés ; la notification, en ce qui concerne ceux qui sont pourvus d'emplois, a lieu par la voie de leur chef de corps ou de service. Le commandant de la région donne connaissance de ces divers renseignements au Ministre (bureau de l'arme). En cas de transfert de son domicile *hors de la région*, l'officier ou assimilé est rayé des contrôles de cette région et inscrit sur celui de la région où il se fixe. A cet effet, toutes les indications nécessaires sont transmises d'un état-major de région à l'autre, et le Ministre (bureau de l'arme) est prévenu de la mutation par les soins de l'état-major qui reçoit l'officier ou assimilé.

Les commandants de compagnie de gendarmerie doivent être avisés par les soins des états-majors de corps d'armée des noms des officiers et assimilés dont il s'agit domiciliés dans leur circonscription, et sont tenus de rendre compte au commandant du corps d'armée, qui fait informer le Ministre (bureau de l'arme), de ces officiers ou des *événements graves* pou-

(1) Voir en outre à l'appendice.

vant les concerner (délits, poursuites, condamnations, etc.).

Dispositions spéciales aux vétérinaires. — En ce qui concerne les vétérinaires retraités dans les conditions de la loi du 22 juin 1878 non pourvus d'emplois, il y a lieu de produire, *tous les trois mois*, une situation semblable à celle des vétérinaires de l'armée territoriale à la suite.

Cette situation, établie par les soins de l'officier supérieur chargé de la tenue des contrôles des officiers retraités, est adressée au Ministre (bureau des remontes).

Emplois civils. — Les officiers retraités peuvent être pourvus d'emplois civils, mais ils ne sauraient se prévaloir de ces emplois pour se soustraire aux obligations du service qui leur est imposé, soit dans le cadre des officiers de réserve, soit dans celui des officiers de l'armée territoriale.

Il résulte, d'ailleurs, d'une entente intervenue entre le département de la guerre et celui des finances, que les officiers investis d'emplois de comptables du Trésor seront toujours mis en situation de pouvoir répondre aux convocations régulières qui leur seront adressées par l'autorité militaire, pendant le temps obligatoire de service qui leur est imposé par la loi.

A cet effet, MM. les généraux commandant les corps d'armée doivent faire connaître chaque année, en temps utile, aux trésoriers-payeurs généraux qui ont les comptables sous leurs ordres, le nom des officiers convoqués, l'époque et la durée de la convocation.

Peines disciplinaires. — Dans le cas où la révocation d'un officier retraité à la disposition du Ministre est prononcée, par application du décret du 31 août 1878, une insertion au *Journal officiel* doit rendre publique la cause de la révocation.

Adjudants retraités.

318. — Toutes les dispositions qui précèdent, concernant les officiers retraités, sont applicables aux adjudants retraités dans les conditions de la loi du 23 juillet 1881.

Changement d'arme. — Mutations.

319. — Le Ministre statue sur les demandes de changement d'arme ou de service, de régiment, de bataillon ou d'escadron formant corps.

Les officiers pourvus d'un emploi dans l'infanterie de l'armée territoriale ne sont autorisés à passer dans la cavalerie que s'ils ont servi au moins pendant deux ans dans cette dernière arme.

MM. les généraux commandant les corps d'armée sont autorisés à prononcer directement le changement de bataillon et de compagnie des officiers d'infanterie de l'armée territoriale.

Notifications des mutations.

320. — Les nominations, démissions, révocations, en un mot, tous les changements intéressant la position de l'officier de réserve ou de l'officier de l'armée territoriale, au point de vue du recrutement, sont notifiés aux intéressés (état-major du corps d'armée suivant le cas, chefs de corps ou de service, capitaines-majors régionaux ou subdivisionnaires, commandant de recrutement détenteur du registre matricule, et, s'il y a lieu, commandant de recrutement déten-

teur de la liste matricule), par l'état-major de la région d'affectation.

Les mutations des officiers de l'armée territoriale changeant de corps d'armée sont notifiées par l'état-major de la région du nouveau corps d'affectation.

Les mutations concernant les officiers et les adjudants retraités domiciliés dans le gouvernement militaire de Paris doivent être signalées très exactement à l'état-major dudit gouvernement par l'état-major du corps d'armée d'affectation.

Ces notifications font l'objet d'un bulletin spécial d'avis portant récépissé ; l'administration centrale fournit ces imprimés (modèle n° 80).

MM. les inspecteurs généraux s'assurent que les commandants de recrutement conservent avec soin ces bulletins à l'appui des annotations portées au registre matricule, en se les faisant au besoin représenter, ainsi que ceux provenant des carnets à souche de la gendarmerie.

Les notifications au bureau de recrutement de la matricule ne se font que pour les officiers encore astreints par leur âge aux obligations militaires ; afin d'empêcher toute confusion et de faciliter à chacun l'enregistrement des mutations, il n'est accepté aucune proposition pour un emploi d'officier ou d'assimilé de la réserve et de l'armée territoriale, si la demande ou le mémoire ne contient l'indication :

1° De la classe à laquelle appartient le candidat : (Recrutement ; (Mobilisation ;

2° De la subdivision dans laquelle il a satisfait à la loi ;

3° Du canton et du numéro de tirage au sort ;

4º De la date de sa première entrée au service.

Indépendamment des officiers inscrits sur les registres matricules des bureaux de recrutement, soit par suite de leur tirage au sort (classes de 1867 et postérieures), soit par suite de leur recensement dans l'armée territoriale (classes de 1855 à 1866), il y a un certain nombre d'officiers provenant :

1º Des officiers en retraite après vingt-cinq ou trente ans de service ;

2º Des hommes appartenant par leur âge à des classes antérieures à la classe de 1855 et venant de la vie civile ;

3º Des hommes des classes de 1855 et postérieures, qui, ayant été exemptés par les conseils de revision, ne sont pas inscrits au registre matricule.

Les officiers de cette provenance n'étant plus inscrits sur les registres matricules des bureaux de recrutement, les commandants de ces bureaux n'ont à s'occuper d'eux que pour la transmission aux états-majors des bulletins de changement de domicile ou de résidence les concernant.

Les corps doivent s'adresser au Ministre pour obtenir les renseignements nécessaires à l'établissement du livret matricule nº 1 de ces officiers, et non au bureau de recrutement, sur les registres duquel ils ne figurent plus.

Port de l'uniforme.

321. — En dehors des réunions de service auxquelles ils sont convoqués par l'autorité militaire,

1º Les officiers de réserve et les officiers de

l'armée territoriale peuvent porter leur uniforme en public dans toutes les cérémonies officielles;

2° Ils peuvent se présenter en tenue dans toutes les réunions ou fêtes (dîners, bals, soirées) ayant lieu chez les fonctionnaires de l'Etat, lorsqu'ils sont invités à titre officiel;

3° Ils peuvent aussi accomplir publiquement en tenue, sans une autorisation préalable, tous les actes qui se rattachent directement à leur situation d'officier, tels, par exemple, qu'assistance à un mariage ou à un convoi de militaire, à des exercices militaires des bataillons scolaires, s'ils sont instructeurs de ces bataillons, etc.;

4° Lorsque, en dehors des circonstances énoncées ci-dessus, ces officiers veulent paraître publiquement en uniforme, ils doivent adresser une demande par l'intermédiaire du commandant d'armes de leur résidence ou, en cas d'extrême urgence, directement au général commandant la subdivision de région dans laquelle ils sont domiciliés, qui statue, s'il a reçu, à cet effet, les pouvoirs du commandant du corps d'armée, ou transmet la demande à cet officier général.

Les officiers de réserve et les officiers de l'armée territoriale, lorsqu'ils revêtent leur uniforme, doivent toujours être en *tenue régulière;* le commandement militaire local veille avec soin à l'exécution de cette disposition.

Il est formellement interdit aux officiers de réserve et aux officiers de l'armée territoriale d'assister en tenue à aucune manifestation ou réunion publique ou privée, ayant un caractère politique ou électoral, ou dont l'accès serait défendu aux officiers de l'armée active.

Il est également interdit aux officiers de réserve et de l'armée territoriale de revêtir leur uniforme dans l'exercice de toute fonction, même publique, ne se rattachant pas directement à leurs attributions militaires, ainsi que dans l'accomplissement de toute profession industrielle, commerciale, financière, libérale ou manuelle.

L'uniforme militaire ne doit jamais être porté en pays étranger, sans une autorisation spéciale du Ministre de la guerre.

Le droit d'accorder aux officiers de réserve et aux officiers de l'armée territoriale les permissions spéciales et personnelles prévues au paragraphe 4 ci-dessus, peut être délégué par le commandant du corps d'armée aux officiers généraux sous ses ordres.

Le port de l'uniforme est interdit aux officiers suspendus de leurs fonctions.

Publications.

322. — Les officiers de réserve et les officiers de l'armée territoriale ont toute latitude pour faire, sans l'autorisation de l'autorité militaire, telles publications qu'ils jugeront convenables relativement à des affaires littéraires, industrielles et commerciales, *mais à la condition de ne pas faire mention de leur qualité d'officier*. Ils doivent, au contraire, conformément à la règle à laquelle sont soumis les militaires de l'armée active, se munir de l'autorisation du Ministre lorsqu'ils désirent publier des ouvrages relatifs à l'art militaire.

Il est formellement interdit aux officiers de réserve et aux officiers de l'armée territoriale de faire insérer dans les journaux aucun article, signé de leur nom suivi de leur qualité militaire, sans en avoir préalablement demandé et reçu l'autorisation.

De l'exercice des professions industrielles ou commerciales.

La publication de divers prospectus de compagnies ou sociétés financières ayant appelé l'attention du Ministre de la guerre sur ce fait que des présidents ou membres des conseils d'administration de ces sociétés figuraient sur ces prospectus avec des grades militaires, le Ministre a, par une circulaire du 9 décembre 1878, interdit formellement l'acceptation de fonctions de cette nature aux officiers de tout grade ou assimilés en activité de service de même qu'à ceux des officiers généraux qui sont maintenus dans le *cadre de réserve*, en exécution de l'article 37 de la loi du 13 mars 1875.

Quant aux officiers de réserve et à ceux de l'armée territoriale, ils peuvent évidemment se livrer à des opérations de négoce ou d'industrie, mais *sous la réserve expresse qu'ils ne feront dans aucun de leurs actes commerciaux, ni dans leurs prospectus, annonces, affiches, etc., allusion à leur situation militaire.*

CHAPITRE II.

Dispositions spéciales à la Gendarmerie.

Officiers.

228. — Le cadre des officiers territoriaux de gendarmerie de remplacement, dont l'organisation a été prévue par la lettre collective du 16 juin 1883, est constitué au moyen de nominations faites :

D'office :

1º Parmi les officiers retraités depuis moins de cinq ans, provenant de l'arme, par application de la loi du 22 juin 1878 ;

Sur leur demande :

2º Parmi les officiers démissionnaires et provenant de l'arme, encore astreints au service militaire, soit dans l'armée active, soit dans l'armée territoriale ;

3º Parmi les officiers démissionnaires et provenant de l'arme, qui ne sont plus astreints au service militaire ;

4º Parmi les officiers retraités et provenant de l'arme antérieurement à la loi du 22 juin 1878 ;

5º Parmi les officiers retraités et provenant

de l'arme, par application de la loi du 22 juin 1878, depuis plus de cinq ans.

Les officiers de ce cadre sont destinés à remplacer, dans leurs résidences respectives, les officiers de chaque région mobilisés pour le service des prévôtés.

Leur état est réglé par le décret du 31 août 1878.

Ils sont nommés au choix par décret du Président de la République, sur la proposition du Ministre de la guerre. Ils reçoivent des lettres de service établies par le Ministre et sont inscrits en tête du contrôle tenu par les soins du chef de légion en résidence au chef-lieu du corps d'armée. Ils prennent rang entre eux sur l'Annuaire dans les conditions fixées par la circulaire du 31 janvier 1879. L'indication de la destination qu'ils doivent recevoir est portée seulement au moment de la mobilisation.

Les officiers sont employés dans le grade qu'ils occupaient au moment où ils ont quitté l'arme; en raison du nombre restreint de ceux qui sont retraités comme lieutenants ou sous-lieutenants, les officiers de ce grade affectés aux prévôtés peuvent être remplacés par des capitaines.

Inscription sur les contrôles.

229. — Les officiers de gendarmerie retraités dans les conditions de la loi du 22 juin 1878 sont inscrits sur les contrôles tenus au ministère de la guerre (bureau de l'arme) et à l'état-major général de la région où ils sont domiciliés et à celui du corps d'armée au chef-lieu duquel ils doivent se rendre pour recevoir une affectation définitive en cas de mobilisation.

S'ils sont reconnus aptes à rendre encore d'utiles services, ils peuvent être conservés sur leur demande au delà de la période obligatoire de cinq années fixée par la loi, jusqu'à ce qu'ils aient atteint la limite d'âge déterminée par l'article 56 de la loi du 13 mars 1875 (1). Dans ce cas, ils continuent à figurer sur les contrôles, et, en regard de leur nom, on met la mention « *maintenu sur sa demande* ». Il est bien entendu que les officiers qui servent dans ces conditions peuvent offrir leur démission dans la forme indiquée à l'article 313 (page 61).

Les autres officiers sont rayés des contrôles à l'expiration de leur cinquième année. Dans tous les cas, le Ministre doit être très exactement informé de la radiation ou du maintien des officiers du cadre territorial.

Convocations pour les exercices.

230. — Les officiers de gendarmerie territoriale affectés au service des étapes ou à celui des remontes sont convoqués pour des exercices dans les mêmes conditions que les autres officiers de l'armée. Quant à ceux qui font partie du cadre de remplacement, ils répondent, lors des appels, à des convocations spéciales du Ministre.

Demandes.

231. — Toutes les demandes qu'ils pourraient avoir à adresser au Ministre sont transmises par l'intermédiaire de l'autorité militaire dont ils relèvent.

---

(1) 65 ans pour les officiers supérieurs, 60 ans pour les officiers inférieurs.

Changements de domicile et de résidence. — Voyages à l'étranger.

232. — Dans ces diverses circonstances, les officiers de gendarmerie se conforment aux prescriptions rappelées à l'appendice (notice n° 5).

Non-disponibles.

233. — Les officiers qui viendraient à être pourvus de fonctions civiles susceptibles de les faire classer dans la position de non-disponibles doivent en informer, sans retard, l'autorité militaire dont ils dépendent.

Ces officiers sont placés hors cadres jusqu'au jour où ils cessent leurs fonctions.

Remonte, solde, tenue.

234. — En cas d'appel, ils sont remontés gratuitement en chevaux de réquisition. Par modification aux dispositions contenues dans la lettre collective du 16 juin 1883 et par application d'une mesure générale, les effets de harnachement de cheval de selle (troupe) qui doivent leur être fournis ne leur seront délivrés qu'à charge de remboursement opéré par retenue sur l'indemnité d'entrée en campagne. Ce remboursement sera assuré par les soins du conseil d'administration de la compagnie, qui fera verser au Trésor les sommes recouvrées pour faire retour au budget de la remonte.

Les officiers de gendarmerie sont traités, au point de vue de la solde, conformément aux dispositions de l'Instruction du 12 février 1878 sur l'administration des corps de troupe de l'armée territoriale (art. 93).

Ils ont la tenue de service des officiers de gendarmerie en activité, avec les signes distinctifs adoptés pour l'armée territoriale (boutonnière avec bouton au collet, mentionnée à l'article 252 de la description des effets d'habillement du 15 mars 1879).

Inspection.

235. — Les officiers sont inspectés, au moment des opérations du conseil de revision, par l'officier général ou supérieur qui assiste aux opérations dudit conseil dans le canton où l'officier a son domicile habituel.

Ils sont tenus de se rendre en uniforme, au jour indiqué pour cette revue, au chef-lieu de canton (art. 42 et 43 de la loi du 27 juillet 1872).

S'ils sont absents au moment de cette revue, ils sont tenus de se présenter, à leur retour, devant le général commandant leur subdivision de région, pour être inspectés.

La même disposition est applicable à ceux qui voyagent à l'étranger ou qui ont obtenu une dispense pour assister à la revue.

Notes.

236. — Chaque année, le Ministre adresse, pour être remises aux officiers généraux ou supérieurs chargés de procéder à l'inspection, des feuilles de revue individuelles du modèle spécial à la gendarmerie.

Situations périodiques.

237. — Afin de tenir le Ministre au courant des mutations survenues dans le personnel des

officiers de gendarmerie territoriale, les officiers d'état-major chargés du service territorial au corps d'armée, ont soin, conformément aux prescriptions du chapitre XX, article 316, de fournir trimestriellement, en temps ordinaire et mensuellement, en cas de mobilisation, un état nominatif de situation ou des mutations survenues parmi les officiers. Cet état est adressé au bureau de l'arme

CHAPITRE III.

Dispositions spéciales à l'armée de mer.

Officiers de réserve.

261. — Le cadre des officiers de réserve des troupes de la marine est constitué au moyen de nominations faites parmi :

1° Les officiers et assimilés démissionnaires de l'armée de mer qui sont encore liés au service dans l'armée active ou dans la réserve ;

2° Les officiers et assimilés démissionnaires de l'armée de mer, classés dans l'armée territoriale ou dans la réserve, qui demanderaient à être officiers de réserve. Il peut être donné suite à leur demande après accord préalable entre les Ministres de la guerre et de la marine ;

3° Les officiers et assimilés des différents corps militaires des armées de terre et de mer retraités qui demandent à faire partie de ce cadre, et ceux qui, n'étant plus astreints aux obligations du service militaire, en feraient la demande ;

4° Les anciens sous-officiers des corps de troupe de la marine libérés du service dans la portion active de l'armée de mer, mais encore astreints au service dans sa réserve, qui seraient signalés par leur chef de corps comme s'étant montrés susceptibles d'arriver au grade d'officier, s'ils étaient restés en activité.

Tous les officiers de réserve doivent posséder l'aptitude physique et les qualités morales nécessaires.

À l'exception de ceux qui sont encore liés au service de l'armée ou dans sa réserve, les officiers de réserve des troupes de la marine ne sont employés aux colonies que sur leur demande.

Les officiers de réserve des troupes de la marine sont nommés au choix par décret du chef de l'Etat, sur la proposition du Ministre de la marine et des colonies, qui les répartit dans les corps.

Ces officiers de réserve sont inscrits avec un numéro de régiment, à la suite des officiers en activité, dans les corps auxquels ils sont affectés.

Lorsque les officiers de réserve des troupes de la marine sont rappelés à l'activité pour un service quelconque, ils ont droit aux honneurs, à la solde et aux prestations en usage dans l'armée active, conformément à l'article 40 de la loi du 24 juillet 1873, sur l'organisation générale de l'armée.

Etat des officiers de réserve de l'armée de mer.

262. — L'état des officiers de réserve de l'armée de mer est réglé par le décret du 8 mars 1884 (1).

_____

(1) Voir ce décret à l'appendice, page 123.

Sont applicables aux officiers de réserve des troupes de la marine :

1° Les dispositions du décret du 8 mars 1884 sur l'état des officiers de réserve de l'armée de mer ;

2° Les dispositions de la loi du 18 novembre 1875, ayant pour objet de coordonner les lois des 27 juillet 1872, 24 juillet 1873, 13 mars, 19 mars et 6 novembre 1875, avec le Code de justice militaire ; dispositions rendues applicables à l'armée de mer par la loi du 31 décembre 1875.

Les dispositions du décret du 25 septembre 1879 sont également applicables aux officiers de réserve de l'artillerie de la marine, anciens élèves de l'Ecole polytechnique, attachés soit aux différentes compagnies de chemins de fer, soit à l'administration des chemins de fer de l'Etat.

Des commissions ou lettres de service sont adressées par le Ministre à chaque officier de réserve par l'intermédiaire de l'autorité maritime dont il relève, qui fait porter les intéressés sur les matricules de leurs corps et transmet ces commissions à l'autorité militaire du lieu de résidence pour ceux qui sont domiciliés hors des ports.

Lesdites commissions font connaître aux officiers de réserve le régiment qu'ils auront à rallier en cas d'appel au service.

Autorités dont relèvent les officiers de réserve des troupes de la marine.

263. — Les officiers de réserve des troupes de la marine domiciliés dans le département où se trouve un chef-lieu de circonscription mari-

time, relèvent tous du vice-amiral commandant en chef, préfet maritime.

Ceux qui sont domiciliés sur tout autre point du territoire français relèvent en temps de paix, dans leur résidence, de l'autorité militaire, c'est-à-dire du général commandant leur subdivision de région.

Conformément au décret du 30 juillet 1883, les officiers de réserve de l'armée de mer autres que ceux des troupes de la marine (1) relèvent *exclusivement* de l'autorité maritime.

Inscription sur les contrôles.

Tous les officiers de réserve des troupes de la marine, quelle que soit la classe du recrutement à laquelle ils appartiennent, doivent figurer sur le contrôle du bureau des réservistes auquel ils sont attachés.

Ils sont portés sur ce contrôle, dans une section à part, avec indication du corps, du grade et de l'adresse de chacun d'eux.

Officiers de réserve non disponibles.

264. — Les officiers de réserve des troupes de la marine encore liés au service dans la réserve de l'armée de mer, qui viendraient à être pourvus de fonctions civiles susceptibles de les faire classer dans la position de non disponibles, doivent en informer sans retard l'autorité maritime ou militaire dont ils dépendent. Cette der-

---

(1) C'est-à-dire les officiers de marine de réserve et les officiers de réserve du commissariat et du corps de santé de la marine.

nière autorité en donne avis au vice-amiral commandant en chef, préfet maritime du port auquel l'officier de réserve est attaché.

Ces officiers de réserve sont alors placés à la suite, dans le corps dont ils font partie, jusqu'au jour où ils cessent leurs fonctions.

Mutations.

265. — Les officiers de réserve des troupes de la marine étant soumis à toutes les obligations de la loi du 18 novembre 1875, notamment en ce qui concerne les déclarations de changement de domicile et de résidence, les officiers du commissariat, chargés des bureaux des réservistes, sont tenus au courant de toutes mutations concernant les officiers par les commandants de recrutement, qui leur transmettent directement l'extrait du carnet à souche tenu par la gendarmerie pour constater les déplacements des officiers de réserve ou de l'armée territoriale.

Demandes formées par les officiers de réserve.

266. — Toutes les demandes qui peuvent être formées par les officiers de réserve des troupes de la marine, et notamment celles ayant pour objet une permutation, un changement de corps, une offre de démission, etc., doivent parvenir au Ministre par l'intermédiaire de l'autorité maritime ou militaire de laquelle ils dépendent, et qui fait connaître son avis personnel au sujet de chacune d'elles.

Armement, uniforme, tenue.

267. — Les officiers de réserve des troupes

de la marine sont tenus de porter l'uniforme et d'être pourvus de l'armement complet des officiers du corps dont ils font partie.

Ils portent la tenue d'état-major de leur arme lorsqu'ils sont employés comme officiers d'ordonnance.

Les dispositions du chapitre XX, relatives au port de l'uniforme, par les officiers de réserve de l'armée de terre, sont applicables aux officiers de réserve des troupes de la marine (pages 77 et 78).

Toutefois, le droit d'accorder aux officiers de réserve des troupes de la marine les permissions personnelles et spéciales est dévolu, pour ceux d'entre eux domiciliés dans les départements de la Manche, du Finistère, du Morbihan et du Var, aux vice-amiraux commandant en chef, préfets maritimes, ou, par délégation, aux majors généraux.

Inspection des officiers de réserve.

268. — Les officiers de réserve des troupes de la marine, qui ont leur domicile dans un département où se trouve un chef-lieu d'arrondissement maritime, sont inspectés par l'inspecteur général de leur arme, lors de sa tournée dans les ports.

Ces officiers sont convoqués à cet effet, en temps utile, par leur chef de service ou de corps.

Officiers de réserve inspectés par des officiers généraux ou supérieurs de l'armée de terre.

269. — Les officiers de réserve des troupes de la marine qui résident hors du département

où se trouve un chef-lieu d'arrondissement maritime sont inspectés au moment des opérations du conseil de revision par l'officier général ou supérieur qui assiste aux opérations dudit conseil dans le canton où l'officier de réserve a son domicile habituel.

Ces officiers sont tenus de se rendre en uniforme, lors des opérations dont il s'agit, au chef-lieu de leur canton, au jour que leur indique, pour cette revue, par application des articles 42 et 43 de la loi du 27 juillet 1872, l'officier général ou supérieur, membre du conseil.

Officiers de réserve absents à l'époque de l'inspection.

270. — Les officiers de réserve des troupes de la marine absents de leur résidence habituelle à l'époque de l'inspection, quels que soient le motif et la durée de leur absence, sont, à leur retour, tenus de se présenter chez le général commandant leur subdivision de région pour être inspectés par ce général, ou devant le major général, s'ils ont leur domicile dans le département où se trouve un chef-lieu d'arrondissement maritime.

La même disposition est applicable, lors de leur retour en France, aux officiers de réserve qui se sont absentés pour aller à l'étranger ou qui ont obtenu du Ministre, conformément à l'article 8 de la loi du 18 novembre 1875, une dispense spéciale de se rendre à des manœuvres ou d'assister à la revue d'inspection à l'époque déterminée plus haut.

*Officiers de réserve domiciliés dans les gouver-
nements de Paris et de Lyon.*

271. — L'inspection des officiers de réserve
désignés aux deux paragraphes qui précèdent,
domicitiés dans les gouvernements militaires de
Paris et de Lyon, peut être répartie, par les
soins de MM. les gouverneurs militaires, entre
plusieurs officiers généraux ou supérieurs sup-
pléant, à cet effet, les officiers généraux commandant les places de Paris, de Versailles et
de Lyon.

Notes données aux officiers de réserve.

272. — Chaque année, le Ministre adresse,
en temps opportun, aux vice-amiraux commandant en chef, préfets maritimes, et aux généraux commandant les corps d'armée, pour être
remis aux officiers généraux ou supérieurs
chargés de procéder à l'inspection des officiers
de réserve des troupes de la marine, des feuillets individuels conformes au modèle n° 61.

A l'égard des officiers de réserve domiciliés
hors des départements où se trouve un chef-
lieu d'arrondissement maritime, ces feuillets,
après avoir été annotés par l'officier général ou
supérieur de l'armée de terre inspecteur, sont
transmis au général commandant le corps
d'armée pour être adressés au Ministre de la
marine et des colonies par l'intermédiaire du
vice-amiral commandant en chef, préfet maritime, dont relève le corps ou le service de l'intéressé, et après communication préalable, par
cet officier général, au chef de service ou de
corps.

Rappels partiels.

273. — Les officiers de réserve des corps de troupe de la marine encore liés au service dans la réserve de l'armée de mer sont soumis aux rappels partiels prescrits par l'article 43 de la loi du 27 juillet 1872.

Officiers et assimilés démissionnaires.

274. — Les officiers et assimilés des troupes de la marine, liés au service en vertu d'un brevet ou d'une commission, et qui, par suite de démission, quittent le service actif avant l'époque de leur passage dans l'armée territoriale, sont classés dans la réserve de l'armée de mer, pour y accomplir le temps de service déterminé par la loi.

Des titres spéciaux, transmis aux commandants de recrutement par les chefs de bureau des réservistes de la marine, leur sont délivrés.

APPENDICE.

APPENDICE

NOTICE N° 1.

RECRUTEMENT DES CADRES. — AVANCEMENT. —

RÉGIME DISCIPLINAIRE.

Décret du 31 août 1878, portant règlement sur l'état des officiers de réserve et des officiers de l'armée territoriale.

LE PRÉSIDENT DE LA RÉPUBLIQUE FRANÇAISE,

Sur le rapport du Ministre de la guerre,

Vu la loi du 13 mars 1875, sur la constitution des cadres et des effectifs de l'armée, et notamment les articles 45 et 58 ainsi conçus :

« Article 45. L'état des officiers de réserve, le « mode et les conditions de leur avancement, « seront réglés par les lois spéciales relatives « à l'état des officiers et à l'avancement. Il y « sera pourvu transitoirement par décrets du « Président de la République.

« Article 58. Les dispositions de l'article 45 « de la présente loi sont applicables aux officiers « de l'armée territoriale. »

Vu la loi du 27 juillet 1872, sur le recrutement de l'armée ;

Vu la loi du 24 juillet 1873, sur l'organisation de l'armée ;

Vu la loi du 18 novembre 1875, qui coordonne les nouvelles lois sur l'organisation de l'armée avec le Code de justice militaire ;

Vu la loi du 15 décembre 1875, sur les cadres de l'armée ;

Vu le décret du 15 juillet 1875, relatif aux positions des officiers de réserve ;

Vu le décret du 19 février 1876, relatif aux officiers de réserve qui vont résider à l'étranger ;

Vu la loi du 22 juin 1878, sur les pensions de l'armée de terre ;

Vu le décret du 29 juin 1878, sur les conseils d'enquête de l'armée active ;

Le Conseil d'État entendu,

DÉCRÈTE :

TITRE PREMIER.

DU GRADE.

ART. 1er. Le grade des officiers de réserve et des officiers de l'armée territoriale est conféré par décret du Président de la République, sur la proposition du Ministre de la guerre, conformément aux articles 31 de la loi du 24 juillet 1873 et 41 de la loi du 13 mars 1875 ; il constitue l'état de l'officier et ne se perd que par l'une des causes ci-après :

1º Radiation des cadres prononcée dans les formes et les conditions prévues par les articles 2, 3, 4 et 5 du présent décret ;

2º Démission accept   par le Président de la République ;

3° Perte de la qualité de Français prononcée par jugement ;

4° Condamnation à une peine afflictive ou infamante ;

5° Condamnation à une peine correctionnelle pour délits prévus par les articles 379 à 407 du Code pénal.

6° Condamnation à une peine correctionnelle d'emprisonnement et qui, en outre, a placé le condamné sous la surveillance de la haute police et l'a interdit des droits civiques, civils et de famille ;

7° Destitution prononcée par jugement d'un conseil de guerre ;

8° Révocation prononcée dans les formes et les conditions prévues par les articles 6 et 7 du présent décret.

DE LA RADIATION DES CADRES.

ART. 2. Les officiers de réserve sont rayés des cadres de l'armée active, lorsqu'ils sont appelés par leur âge à passer dans l'armée territoriale, à moins qu'une décision du Ministre de la guerre, rendue sur leur demande, ne les admette à rester dans les cadres des officiers de réserve conformément à l'article 44 de la loi du 13 mars 1875.

Les officiers maintenus, malgré leur âge, dans le cadre des officiers de réserve et les officiers de l'armée territoriale sont rayés des cadres à l'expiration du temps de service exigé par la loi de recrutement, à moins qu'une décision du Ministre de la guerre, rendue sur leur demande, ne les admette à rester soit dans la réserve, soit dans l'armée territoriale, conformément aux articles 44 et 56 de la loi du 13 mars 1875.

ART. 3. Les officiers de tout grade, retraités par application de la loi du 22 juin 1878, sont rayés des cadres de l'armée, lorsqu'ils sont restés à la disposition du Ministre de la guerre pendant cinq ans à partir de leur mise à la retraite, conformément à l'article 2 de ladite loi, à moins qu'une décision du Ministre de la guerre, rendue sur leur demande, ne les maintienne dans la réserve ou dans l'armée territoriale, s'ils n'ont pas atteint la limite d'âge fixée par l'article 56 de la loi du 13 mars 1875.

ART. 4. Sont également rayés des cadres les officiers de réserve et ceux de l'armée territoriale qui ont atteint l'âge fixé par l'article 56 de la loi du 13 mars 1875.

ART. 5. La radiation des cadres des officiers de réserve ou des officiers de l'armée territoriale peut encore être prononcée par décret du Président de la République, sur les certificats des médecins désignés à cet effet par l'autorité militaire et après avis du conseil de santé des armées :

1º Pour tout officier reconnu atteint d'infirmités incurables ;

2º Pour tout officier placé hors cadres pour raison de santé depuis trois ans.

DE LA RÉVOCATION.

ART. 6. La révocation est prononcée par décret du Président de la République :

1º Contre tout officier de réserve ou contre tout officier de l'armée territoriale déclaré en état de faillite ;

2º Contre tout officier, possédant une charge d'officier ministériel, qui est destitué par jugement ou révoqué par mesure disciplinaire.

ART. 7. La révocation peut être prononcée, par décret du Président de la République, sur l'avis conforme d'un conseil d'enquête :

1º Pour révocation d'un emploi civil par mesure disciplinaire ;

2º Pour faute contre l'honneur, à quelque époque qu'elle ait été commise ;

3º Pour inconduite habituelle ;

4º Pour faute grave dans le service ou contre la discipline ;

5º Pour condamnation à une peine correctionnelle, lorsque la nature du délit et la gravité de la peine paraissent rendre cette mesure nécessaire ;

6º Contre tout officier qui, ayant été l'objet d'une condamnation pour avoir manqué aux prescriptions des articles 2 et 3 de la loi du 18 novembre 1875, n'a pas, au bout de trois mois, fait connaître officiellement sa résidence, ou commet une nouvelle infraction à ces dispositions ;

7º Contre tout officier qui, en dehors de la période d'activité, adresse à un de ses supérieurs militaires ou publie contre lui un écrit injurieux, ou commet envers l'un d'eux un acte offensant ;

8º Contre tout officier qui publie ou divulgue, dans des conditions nuisibles aux intérêts de l'armée, des renseignements parvenus à sa connaissance en raison de sa position militaire ;

9º Contre tout officier suspendu de son grade par mesure disciplinaire dans les conditions prévues par l'article 16 ci-après.

TITRE II.

DES SITUATIONS DE L'OFFICIER.

ART. 8. Les officiers de réserve et ceux de l'armée territoriale sont compris dans les cadres ou placés hors cadres.

ART. 9. Sont compris dans les cadres, tous les officiers faisant partie d'un corps de troupe ou pourvus d'un des emplois prévus par les articles 38 et 51 de la loi du 13 mars 1875, qu'ils soient appelés à un service actif ou qu'ils restent dans leurs foyers à la disposition du Gouvernement.

ART. 10. L'officier hors cadres est celui qui est pourvu d'un grade, sans cependant compter dans un corps de troupe ni être affecté à l'un des emplois prévus par les articles 38 et 51 de la loi du 13 mars 1875, et qui est temporairement dispensé de tout service.

Tout officier mis hors cadres est remplacé dans son emploi.

ART. 11. Sont placés hors cadres :

1º Les officiers de réserve ou ceux de l'armée territoriale auxquels cette situation est conférée en raison des emplois ou fonctions qu'ils remplissent dans l'ordre civil, et dont la nomenclature est déterminée par décret du Président de la République inséré au *Bulletin des lois.*

Ces officiers rentrent dans les cadres aussitôt qu'ils cessent d'exercer les fonctions qui avaient motivé leur mise hors cadres ;

2º Les officiers de réserve ou ceux de l'armée territoriale reconnus par les médecins militaires désignés à cet effet, incapables d'exercer leurs fonctions militaires pendant six mois au moins; cette situation ne peut se prolonger plus de trois années.

A l'expiration de la troisième année, les certificats médicaux concernant ces officiers sont examinés par le Conseil de santé des armées, qui émet son avis sur la question de savoir s'il y a lieu de les rayer des cadres.

ART. 12. Sont également placés hors cadres les officiers suspendus pour un an, conformément aux articles 14 et 15 du présent décret, jusqu'au moment où ils sont réintégrés dans un emploi.

ART. 13. Le temps passé hors cadres ne compte pas pour la fixation du rang d'ancienneté.

TITRE III.

DE LA SUSPENSION.

ART. 14. Tout officier, durant la période d'activité ou en dehors de cette période, peut être suspendu disciplinairement de ses fonctions par décision du Président de la République, sur le rapport du Ministre de la guerre, pendant trois mois au moins et un an au plus.

ART. 15. L'officier suspendu pour un an est remplacé dans son emploi.

Tout officier suspendu ne peut porter l'uniforme ni prendre part à aucune réunion.

Le temps de la suspension ne compte pas pour la fixation du rang d'ancienneté.

ART. 16. En cas de mobilisation, tout officier suspendu pour moins d'un an est réintégré dans ses fonctions; celui qui est suspendu pour un an est, dans le même cas, envoyé devant un conseil d'enquête; il peut être révoqué sur avis conforme de ce conseil, sinon il est réintégré dans un emploi de son grade.

TITRE IV.

DES CONSEILS D'ENQUÊTE.

ART. 17. Lorsqu'il y a lieu de réunir un conseil d'enquête pour émettre un avis sur la situation d'un officier de réserve, en dehors de la période d'activité, ce conseil est nommé et fonctionne comme les conseils d'enquête de l'armée active, soit de régiment ou de corps de troupe, soit de région ou de corps d'armée, suivant le cas; il est composé de cinq membres désignés conformément aux tableaux annexés au présent décret (1).

ART. 18. Lorsqu'il y a lieu de réunir un conseil d'enquête pour émettre un avis sur la situation d'un officier de l'armée territoriale, en dehors de la période d'activité, ce conseil est nommé et fonctionne comme les conseils d'enquête de région ou de corps d'armée de l'armée active; il est composé de cinq membres désignés conformément aux tableaux annexés au présent décret (1).

ART. 19. — Si, dans la localité désignée par l'autorité militaire pour la réunion d'un conseil d'enquête de régiment ou de corps de troupe, il ne se trouve pas d'officiers de réserve du même corps de troupe en nombre suffisant pour

(1) Voir ci-après, page 128, les tableaux qui ont été substitués à ceux-ci par application du décret rectificatif du 3 février 1880.

constituer régulièrement le conseil, il y est suppléé par des officiers de réserve du même corps de troupe domiciliés dans la même subdivision de région ou dans les subdivisions limitrophes, et, à leur défaut, par des officiers de réserve d'autres corps de troupe de la même arme, ou, en cas de nécessité dont l'autorité militaire reste juge, par des officiers de l'armée active (1).

Si, dans la localité désignée pour la réunion d'un conseil d'enquête de région ou de corps d'armée, il ne se trouve pas d'officiers en nombre suffisant pour constituer régulièrement le conseil, il y est suppléé par des officiers de réserve du même corps d'armée et, à leur défaut, par des officiers de l'armée active.

Les dispositions du paragraphe précédent sont applicables aux conseils d'enquête appelés à se prononcer sur le compte des officiers de l'armée territoriale (1).

ART. 20. Pendant la période d'activité, les conseils d'enquête appelés à exprimer un avis au sujet d'officiers de réserve ou d'officiers de l'armée territoriale, fonctionnent dans les conditions spécifiées par le décret du 29 juin 1878, relatif aux conseils d'enquête de l'armée active.

ART. 21. Les officiers de réserve ou ceux de l'armée territoriale qu'il y a lieu de traduire devant un conseil d'enquête sont envoyés devant le conseil par décision du Ministre de la guerre.

Cette décision peut être prise d'office ou sur le rapport des autorités militaires desquelles

---

(1) Dispositions virtuellement abrogées par l'article 4 du décret du 3 février 1880 (ci-après, page 111).

relèvent ces officiers, c'est-à-dire des généraux commandant les régions et subdivisions de région, et, dans les places de guerre ou villes de garnison, des commandants de place ou des officiers qui en remplissent les fonctions.

ART. 22. Lors de la réunion d'un conseil d'enquête pour un officier de réserve ou pour un officier de l'armée territoriale, soit pendant la période d'activité, soit en dehors de cette période, le président du conseil pose, suivant les cas, séparément, et dans les termes ci-après, les questions suivantes, savoir :

M.   , est-il dans le cas d'être révoqué de son grade comme ayant été révoqué de son emploi civil par mesure disciplinaire ?

M.   est-il dans le cas d'être révoqué pour faute contre l'honneur ?

M.   est-il dans le cas d'être révoqué pour inconduite habituelle ?

M.   est-il dans le cas d'être révoqué pour fautes graves dans le service ?

M.   est-il dans le cas d'être révoqué pour fautes graves contre la discipline ?

M.   , condamné à une peine correctionnelle de   par jugement du , est-il dans le cas d'être révoqué ?

M.   est-il dans le cas d'être révoqué pour, après avoir été l'objet d'une condamnation par application des articles 2, 3, 15 et 20 de la loi du 18 novembre 1875, n'avoir pas fait connaître sa résidence au bout de trois mois, ou avoir commis une nouvelle infraction aux dispositions des articles 2 et 3 de cette loi ?

M.   est-il dans le cas d'être révoqué pour avoir, en dehors de la période d'activité, adressé à un de ses supérieurs militaires ou publié contre lui un écrit injurieux, ou avoir commis contre l'un d'eux un acte offensant ?

M.   est-il dans le cas d'être révoqué pour avoir publié ou divulgué, dans des conditions nuisibles aux intérêts de l'armée, des renseignements parvenus à sa connaissance en raison de sa position militaire ?

M.   , suspendu de ses fonctions pour un an, est-il dans le cas d'être révoqué ?

TITRE V.

DISPOSITIONS GÉNÉRALES.

ART. 23. Les dispositions édictées par le présent décret pour les officiers de réserve et pour ceux de l'armée territoriale sont applicables aux fonctionnaires assimilés ou ayant rang d'officier.

ART. 24. Sont rapportées les dispositions des décrets antérieurs, en ce qu'elles ont de contraire au présent décret.

Le décret du 15 juillet 1875, relatif aux positions des officiers ou assimilés de réserve, et le décret du 19 février 1876, relatif aux officiers de réserve qui vont résider à l'étranger, sont et demeurent abrogés.

ART. 25. Le Ministre de la guerre est chargé de l'exécution du présent décret, qui sera inséré au *Journal officiel* et au *Bulletin des lois.*

Fait à Versailles, le 31 août 1878.

Signé : M^{al} DE MAC MAHON.

Par le Président de la République :

Le Ministre de la guerre,

Signé : Gal BOREL.

*Décret qui modifie le décret du 31 août 1878,
portant règlement sur l'état des officiers de
réserve et des officiers de l'armée territoriale.*

Paris, le 3 février 1880.

LE PRÉSIDENT DE LA RÉPUBLIQUE FRANÇAISE,

Sur le rapport du Ministre de la guerre,

Vu les articles 45 et 58 de la loi du 13 mars 1875, sur la constitution des cadres et des effectifs de l'armée ;

Vu la loi du 22 juin 1878, sur les pensions des officiers de l'armée de terre ;

Vu le décret du 31 août 1878, sur l'état des officiers de réserve et des officiers de l'armée territoriale ;

Le Conseil d'État entendu,

DÉCRÈTE :

ART. 1er. Les officiers admis à la retraite et placés pendant cinq ans à la disposition du Ministre de la guerre, par application de la loi du 22 juin 1878, sont pourvus d'emplois dans les cadres de l'armée territoriale de préférence aux officiers de cette même armée qui n'ont pas la même origine.

Ces derniers peuvent être mis à la suite par décret du Président de la République rendu sur le rapport du Ministre de la guerre.

ART. 2. Tout officier mis à la suite, par application de l'article précédent, et qui a atteint la limite du temps de service exigé dans la réserve de l'armée territoriale, peut être rayé des cadres par décision ministérielle.

ART. 3. Les conseils d'enquête qu'il y a lieu

de réunir en vertu du décret du 31 août 1878,
sur l'état des officiers de réserve et des officiers
de l'armée territoriale, sont composés conformément aux tableaux annexés au décret du 29
juin 1878, sur les conseils d'enquête de l'armée
active.

Dans chaque conseil d'enquête, l'officier le
moins élevé en grade est pris parmi les officiers
de réserve ou parmi ceux de l'armée territoriale,
selon que l'officier inculpé appartient aux cadres
de la réserve ou à l'armée territoriale ; les autres membres du conseil sont pris dans l'armée
active.

Art. 4. Sont abrogés les dispositions du décret
du 31 août 1878, contraires au présent décret,
ainsi que les tableaux annexés audit décret du
31 août 1878.

Art. 5. Le Ministre de la guerre est chargé de
l'exécution du présent décret, qui sera inséré
au *Journal officiel* et au *Bulletin des lois*.

Fait à Paris, le 3 février 1880.

Signé : JULES GRÉVY.

Par le Président de la République,
Le Ministre de la guerre,
Signé : FARRE.

Décret du 31 *juillet* 1881 *sur l'avancement dans l'armée territoriale.*

Le Président de la République française,

Vu les articles 45, 57 et 58 de la loi du 13 mars 1875 ;

Vu le décret du 31 août 1878 ;

Sur la proposition du Ministre de la guerre,

Décrète :

Art. Ier. Les officiers de réserve, les sous-officiers, les caporaux ou brigadiers de la réserve de l'armée active conservent, en passant dans l'armée territoriale, leur grade et leur ancienneté, et concourent, pour l'avancement, avec les autres officiers, sous-officiers, caporaux ou brigadiers de l'armée territoriale.

Il en est de même des officiers, sous-officiers, caporaux ou brigadiers qui passent directement de l'armée active dans l'armée territoriale.

Art. 2. Les officiers, sous-officiers, caporaux ou brigadiers désignés dans l'article précédent sont pourvus des emplois vacants dans l'armée territoriale.

A défaut d'emplois vacants de leur grade, ils sont placés à la suite dans les différents corps de troupe de cette armée et pourvus d'emplois au fur et à mesure que des vacances se produisent.

A tous les degrés de la hiérarchie, il n'est fait de promotions dans les corps de troupes que lorsque ceux-ci ne comptent pas d'officier, sous-officier, caporal ou brigadier à la suite du grade de l'emploi devenu vacant.

Les officiers ayant servi au moins dix ans dans l'armée active peuvent cependant être nommés à un emploi vacant dans l'armée territoriale, lors même qu'il y aurait des officiers à la suite.

ART. 3. En temps de paix, l'avancement dans l'armée territoriale a lieu par arme et par corps d'armée ; les nominations sont faites sur des listes où sont inscrits, par ordre d'ancienneté, les officiers reconnus aptes à passer au grade supérieur.

Il ne peut être nommé à un grade sans emploi dans l'armée territoriale (sauf dans les conditions prévues par les articles 10 et 11 du décret du 31 août 1878), ni être accordé de grades honoraires.

Les nominations aux différents grades d'officiers sont exclusivement faites au choix sur des propositions spéciales du commandant du corps d'armée, si les vacances ne sont pas remplies dans les conditions énoncées à l'article 2.

ART. 4. Le temps passé dans leurs foyers par les officiers, sous-officiers, caporaux ou brigadiers de l'armée territoriale compte pour l'ancienneté du grade dans l'armée territoriale.

Est seul déduit de l'ancienneté le temps passé dans la position hors cadres, ainsi que le temps pendant lequel un officier a été suspendu de son emploi.

ART. 5. L'ancienneté de grade des officiers de l'armée territoriale est déterminée par la date du décret de nomination à ce grade, soit dans l'armée active, soit dans le cadre de réserve, soit dans l'armée territoriale.

ART. 6. Les anciens officiers de l'armée active revêtus, dans l'armée territoriale, du grade qu'ils possédaient dans l'armée active, ont, à égalité de grade, le commandement sur les autres officiers, même plus anciens, qui n'ont pas servi dans l'armée active avec ce même grade.

Art. 7. Le Ministre de la guerre est chargé de l'exécution du présent décret.

Fait à Paris, le 31 juillet 1881.

Signé : Jules GRÉVY.

Par le Président de la République,

Le Ministre de la guerre,

Signé : Farre.

Décret du 8 mars 1884 portant règlement sur l'état des officiers des troupes de la marine.

Le Président de la République française,

Sur le rapport du Ministre de la marine et des colonies ;

Vu la loi du 13 mars 1875, sur la constitution des cadres et des effectifs de l'armée, et notamment l'article 45, ainsi conçu :

« Art. 45. L'état des officiers de réserve, le mode et les conditions de leur avancement seront réglés par les lois spéciales relatives à l'état des officiers et à l'avancement. Il y sera pourvu transitoirement par décrets du Président de la République. »

Vu la loi du 27 juillet 1872, sur le recrutement de l'armée ;

Vu la loi du 24 juillet 1873, sur l'organisation générale de l'armée ;

Vu la loi du 18 novembre 1875, qui coordonne les nouvelles lois sur l'organisation de l'armée avec le Code de justice militaire ;

Vu la loi du 31 décembre 1875, qui rend applicable à l'armée de mer la loi du 18 novembre 1875 ;

Vu la loi du 15 décembre 1875, sur les cadres de l'armée de mer ;

Vu la loi du 22 juin 1878, sur les pensions de retraite des officiers de l'armée de terre ;

Vu la loi du 5 août 1879, sur les pensions de l'armée de mer ;

Vu le décret du 29 juin 1878, sur les conseils d'enquête de l'armée active ;

Vu le décret du 9 août 1877, portant création d'un cadre d'officiers de réserve de la marine.

Vu le décret du 31 août 1878, sur l'état des officiers de réserve et de l'armée territoriale ;

Vu le décret du 3 février 1880, modifiant le précédent ;

Vu le décret du 30 juillet 1883, concernant le recrutement et l'organisation des officiers de réserve de la marine autres que ceux des corps de troupe ;

Vu le décret du 3 janvier 1884, sur les conseils d'enquête pour l'armée de mer ;

Vu l'avis du Conseil d'amirauté ;

Le Conseil d'Etat entendu,

DÉCRÈTE :

TITRE PREMIER.

DU GRADE.

ART. 1er. Le grade des officiers de réserve de l'armée de mer est conféré par décret du Président de la République, sur la proposition du Ministre de la marine et des colonies ; il constitue l'état de l'officier et ne se perd que par l'une des causes ci-après :

1° Radiation des cadres prononcée dans les formes et les conditions prévues par les articles 2, 3, 4 et 5 du présent décret;

2° Démission acceptée par le Président de la République ;

3° Perte de la qualité de Français prononcée par jugement ;

4° Condamnation à une peine afflictive ou infamante ;

5° Condamnation à une peine correctionnelle pour délits prévus par les articles 379 à 407 du Code pénal ;

6° Condamnation à une peine correctionnelle d'emprisonnement et qui, en outre, a placé le condamné sous la surveillance de la haute police et l'a interdit des droits civiques, civils et de la famille ;

7° Destitution prononcée par jugement d'un conseil de guerre ;

8° Révocation prononcée dans les formes et les conditions prévues par les articles 6 et 7 du présent décret.

Art. 2. Les officiers de réserve sont rayés des cadres lorsqu'ils sont appelés à passer dans l'armée territoriale, à moins qu'une décision du Ministre de la marine et des colonies, rendue sur leur demande, ne les admette à rester dans les cadres des officiers de réserve.

Les officiers maintenus, malgré leur âge, parmi les officiers de réserve de l'armée de mer, sont rayés des cadres à l'expiration du temps de service exigé par la loi de recrutement, à moins qu'une décision du Ministre de la marine et des colonies, rendue sur leur demande, ne les admette à rester dans la réserve.

ART. 3. Les officiers de tout grade retraités par application des lois du 22 juin 1878 et du 5 août 1879 sont rayés des cadres de la réserve de l'armée de mer lorsqu'ils sont restés à la disposition du Ministre de la marine et des colonies pendant cinq ans à partir de leur mise à la retraite, conformément aux articles 2 et 12 desdites lois, à moins qu'une décision du Ministre de la marine et des colonies, rendue sur leur demande, ne les maintienne dans la réserve, s'ils n'ont pas atteint la limite d'âge fixée par l'article 56 de la loi du 13 mars 1875.

ART. 4. Sont également rayés des cadres les officiers de réserve de l'armée de mer qui, ayant atteint l'âge fixé par l'article 56 de la loi du 13 mars 1875, ne sont pas maintenus à la disposition du Ministre de la marine et des colonies, en vertu des prescriptions des lois de pensions des 22 juin 1878 et 5 août 1879.

ART. 5. La radiation des cadres des officiers de réserve de l'armée de mer peut encore être prononcée par décret du Président de la République, sur les certificats des médecins désignés à cet effet par l'autorité maritime et après avis du conseil supérieur de la marine :

1° Pour tout officier reconnu atteint d'infirmités incurables ;

2° Pour tout officier placé hors cadres pour raison de santé depuis trois ans ;

ART. 6. La révocation est prononcée par décret du Président de la République :

1° Contre tout officier de réserve déclaré en état de faillite ;

2º Contre tout officier possédant une charge d'officier ministériel, qui est destitué par jugement ou révoqué par mesure disciplinaire.

ART. 7. La révocation peut être prononcée par décret du Président de la République, sur l'avis conforme d'un conseil d'enquête :

1º Pour révocation d'un emploi civil par mesure disciplinaire ;

2º Pour faute contre l'honneur, à quelque époque qu'elle ait été commise ;

3º Pour inconduite habituelle ;

4º Pour fautes graves dans le service ou contre la discipline ;

5º Pour condamnation à une peine correctionnelle, lorsque la nature du délit et la gravité de la peine paraissent rendre cette mesure nécessaire ;

6º Contre tout officier qui, ayant été l'objet d'une condamnation pour avoir manqué aux prescriptions des articles 2 et 3 de la loi du 18 novembre 1875, n'a pas, au bout de trois mois, fait connaitre officiellement sa résidence, ou commet une nouvelle infraction à ces dispositions ;

7º Contre tout officier qui, en dehors de la période d'activité, adresse à un de ses supérieurs militaires ou publie contre lui un écrit injurieux, ou commet envers l'un d'eux un acte offensant ;

8º Contre tout officier qui publie ou divulgue, dans des conditions nuisibles aux intérêts de la marine ou de l'armée, des renseignements parvenus à sa connaissance à raison de sa position militaire ;

9º Contre tout officier suspendu de son grade par mesure disciplinaire, dans les conditions prévues par l'article 14 ci-après.

TITRE II.

DES SITUATIONS DE L'OFFICIER.

ART. 8. Les officiers de réserve sont compris dans les cadres ou placés hors cadres.

ART. 9. Sont placés hors cadres :

1º Les officiers de réserve qui remplissent dans l'ordre civil les emplois ou fonctions dont la nomenclature est déterminée par décret du Président de la République, inséré au *Bulletin des lois.*

Ces officiers rentrent dans les cadres aussitôt qu'ils cessent d'exercer les fonctions qui avaient motivé leur mise hors cadres ;

2º Les officiers de réserve reconnus, par les médecins de la marine désignés à cet effet, incapables d'exercer leurs fonctions militaires pendant six mois au moins ; cette situation ne peut se prolonger plus de trois années.

A l'expiration de la troisième année, les certificats médicaux concernant ces officiers sont examinés par le conseil supérieur de santé de la marine, qui émet son avis sur la question de savoir s'il y a lieu de les rayer des cadres.

Les officiers hors cadres sont dispensés de tout service.

ART. 10. Sont également placés hors cadres les officiers suspendus pour un an, conformément à l'article 12 du présent décret, jusqu'au moment où ils sont réintégrés dans un emploi.

ART. 11. Tout officier mis hors cadres est remplacé dans le cadre du corps auquel il appartient.

Le temps passé hors cadres ne compte pas pour la fixation du rang d'ancienneté.

TITRE III.

DE LA SUSPENSION.

Art. 12. Tout officier durant la période d'activité ou en dehors de cette période, peut être suspendu disciplinairement de son emploi par décision du Président de la République, sur le rapport du Ministre de la marine et des colonies, pendant trois mois au moins et un an au plus.

Art. 13. Tout officier suspendu ne peut porter l'uniforme, ni prendre part à aucune réunion.

Le temps de la suspension, quelle qu'en soit la durée, ne compte pas pour la fixation du rang d'ancienneté.

Art. 14. En cas de mobilisation, tout officier suspendu pour moins d'un an est réintégré dans son emploi ; celui qui est suspendu pour un an est, dans le même cas, envoyé devant un conseil d'enquête ; il peut être révoqué sur avis conforme de ce conseil, sinon il est réintégré dans un emploi de son grade.

TITRE IV.

DES CONSEILS D'ENQUÊTE.

Art. 15. Lorsqu'il y a lieu de réunir un conseil d'enquête pour émettre un avis sur la situation d'un officier de réserve des troupes de la marine, ce conseil est composé et fonctionne comme les conseils relatifs aux officiers de réserve de l'armée de terre.

Pour les troupes qui ne font pas partie d'une division, les membres des conseils d'enquête sont nommés : en France, par le préfet maritime ; aux colonies, par le gouverneur.

Art. 16. Lorsqu'il y a lieu de réunir un conseil

d'enquête pour émettre un avis sur la situation d'un officier de réserve des autres corps de l'armée de mer, soit en dehors de la période d'activité, soit pendant une mobilisation, ce conseil est nommé et fonctionne comme les conseils d'enquête pour les officiers du cadre d'activité; il est composé de cinq membres désignés conformément aux tableaux annexés au décret du 3 janvier 1884 sur les conseils d'enquête de l'armée de mer.

L'officier le moins élevé en grade est pris parmi les officiers de réserve ou, à leur défaut, parmi les officiers du cadre d'activité; les autres membres et le président appartiennent toujours au cadre d'activité.

Art. 17. Aucun officier de réserve de l'armée de mer ne peut être renvoyé devant un conseil d'enquête sans l'ordre spécial du Ministre de la marine et des colonies.

Néanmoins les gouverneurs des colonies et les commandants en chef des divisions navales, escadres ou armées navales et les chefs de division commandant une division navale indépendante qui se trouvent hors des eaux de France et d'Algérie, exercent les mêmes pouvoirs que le Ministre de la marine et des colonies, excepté dans le cas où il y a lieu de réunir le conseil d'enquête spécial prévu à l'article 1er du décret du 3 janvier 1884.

La décision qui envoie un officier devant un conseil d'enquête peut être prise d'office ou sur le rapport des autorités maritimes desquelles relèvent ces officiers.

Art. 18. Lors de la réunion d'un conseil d'enquête pour un officier de réserve, soit pendant la période d'activité, soit en dehors de cette période, le président du conseil pose, suivant les cas, séparément et dans les termes ci-après, les questions suivantes, savoir :

M..... est-il dans le cas d'être révoqué de son grade comme ayant été révoqué de son emploi civil par mesure disciplinaire ?

M..... est-il dans le cas d'être révoqué pour faute contre l'honneur ?

M..... est-il dans le cas d'être révoqué pour inconduite habituelle ?

M..... est-il dans le cas d'être révoqué pour fautes graves dans le service ?

M..... est-il dans le cas d'être révoqué pour fautes graves contre la discipline ?

M..... condamné à une peine correctionnelle de..... par jugement du...... est-il dans le cas d'être révoqué ?

M..... est-il dans le cas d'être révoqué pour, après avoir été l'objet d'une condamnation par application des articles 2, 3, 15 et 20 de la loi du 18 novembre 1875, n'avoir pas fait connaître sa résidence au bout de trois mois, ou avoir commis une nouvelle infraction aux dispositions des articles 2 et 3 de cette loi ?

M..... est-il dans le cas d'être révoqué pour avoir, en dehors de la période d'activité, adressé à un de ses supérieurs militaires ou publié contre lui un écrit injurieux, ou avoir commis contre l'un d'eux un acte offensant ?

M..... est-il dans le cas d'être révoqué pour avoir publié ou divulgué, dans des conditions nuisibles aux intérêts de la marine ou de l'armée, des renseignements parvenus à sa connaissance à raison de sa position militaire ?

M..... suspendu de ses fonctions pour un an, est-il dans le cas d'être révoqué?

ART. 19. Le Ministre de la marine et des colonies est chargé de l'exécution du présent décret, qui sera inséré au *Bulletin officiel de la marine,* au *Journal officiel* et au *Bulletin des lois.*

Fait à Paris, le 8 mars 1884.

JULES GRÉVY.

Par le Président de la République :
Le Vice-Amiral,
Ministre de la Marine et des Colonies,
A. PEYRON.

Décret du 8 mars 1884 concernant la mise hors cadre des officiers de marine.

LE PRÉSIDENT DE LA RÉPUBLIQUE FRANÇAISE,
Sur le rapport du Ministre de la marine et des colonies ;

Vu le décret du 30 juillet 1883, portant organisation des officiers de réserve de la marine, autres que ceux des corps de troupe ;

Vu le décret du 8 mars 1884, sur l'état des officiers de réserve de la marine, et notamment le premier paragraphe de l'article 9, ainsi conçu : « Sont placés hors cadres : 1° les officiers de réserve qui remplissent dans l'ordre civil les emplois ou fonctions dont la nomenclature est déterminée par décret du Président de la République, inséré au *Bulletin des Lois;* »

Le Conseil d'amirauté entendu,

DÉCRÈTE :

ART. 1er. Les officiers de réserve de la marine sont placés hors cadres lorsqu'ils remplissent dans l'ordre civil lés emplois ou fonctions ci-après déterminés, savoir :

1º Les fonctions diplomatiques ou consulaires (ambassadeurs, ministres plénipotentiaires, conseillers, secrétaires et attachés d'ambassade, consuls généraux, consuls, consuls suppléants, vice-consuls rétribués, chanceliers, drogmans et interprètes, commis de chancellerie) ;

2º Les fonctions administratives spéciales (préfets, sous-préfets, conseillers de préfecture, secrétaires généraux, commissaires de police).

Sont également placés hors cadres :

3º Les officiers de réserve de la marine attachés soit aux différentes compagnies de chemins de fer, soit à l'administration des chemins de fer de l'Etat ;

4º Les officiers de marine de réserve autorisés par le Ministre à commander des paquebots ou des navires de commerce ;

5º Les officiers de réserve employés dans les colonies à tous services publics autres que ceux de la flotte, des arsenaux ou de l'armée de mer ;

6º Les officiers de réserve de la marine pourvus d'emplois de trésoriers des invalides.

ART. 2. Le Ministre de la marine et des colonies est chargé de l'exécution du présent décret, qui sera inséré au *Bulletin officiel de la marine,* au *Journal officiel* et au *Bulletin des lois.*

Fait à Paris, le 8 mars 1884.

JULES GRÉVY.

Par le Président de la République :

Le Vice-Amiral,

Ministre de la marine et des colonies.

A. PEYRON.

Décret du 16 mars 1878 portant règlement sur l'application des articles 16 et 23 de la loi du 18 novembre 1875.

AU NOM DU PEUPLE FRANÇAIS,

Le Président de la République française,

Vu la loi du 18 novembre 1875, ayant pour objet de coordonner les lois des 27 juillet 1872, 24 juillet 1873, 13 mars, 19 mars et 6 novembre 1875, avec le Code de justice militaire, et notamment les articles 16 et 23 de ladite loi ;

Vu l'article 42 de la loi du 13 mars 1875, relative à la constitution des cadres et des effectifs de l'armée active et de l'armée territoriale ;

Vu le décret du 15 juillet 1875 relatif aux positions des officiers et assimilés, commissionnés du cadre de réserve, servant au titre auxiliaire ;

Vu le décret du 18 juillet 1875, portant abrogation, en ce qui concerne les vétérinaires militaires, du décret du 18 juillet 1857, relatif à la composition des tribunaux militaires ;

Voulant déterminer les conditions dans lesquelles doit s'exercer la répression des fautes commises par les militaires de tout grade appartenant à la réserve et à l'armée territoriale, lorsque ces fautes ne constituent ni crime, ni délit ;

Sur le rapport du Ministre de la guerre,

DÉCRÈTE :

. . . .

TITRE II. — OFFICIERS ET ASSIMILÉS.

ART. 8.

Les officiers de réserve ou de l'armée territoriale et assimilés, lorsqu'ils sont dans leurs foyers, sont passibles de punitions disciplinaires pour toutes les infractions à leurs obligations militaires (art. 1ᵉʳ de la loi du 18 novembre 1875).

Les officiers généraux prononcent les punitions déterminées ci-dessous, en restant (en ce qui concerne la durée) dans les limites fixées par l'article 23 de la loi précitée du 18 novembre 1875.

Ces punitions sont ordonnées, savoir :

1° Les arrêts simples ;

2° La réprimande avec inscription au registre du personnel ;

} Par les généraux de brigade exerçant le commandement territorial.

3° Les arrêts de rigueur ;

4° Les arrêts de forteresse (1) ;

} Par les généraux de division exerçant le commandement territorial et les généraux commandant les corps d'armée.

5° La privation de la commission pour un temps qui ne peut être moindre de 3 mois, ni excéder une année (art. 9 du décret du 15 juillet 1875) (2) ;

} Par le Chef de l'Etat, sur le rapport du Ministre de la guerre.

ART. 9.

Les officiers punis d'arrêts simples peuvent

---

(1) Décret du 28 décembre 1883.

(2) Modifié par les articles 14 et 15 du décret du 31 août 1878, ainsi conçus :

« Art. 14. Tout officier, durant la période d'activité ou en dehors de cette période, peut être suspendu disciplinairement de ses fonctions par décision du Président de la République, sur le rapport du Ministre de la guerre, pendant 3 mois au moins et un an au plus.

» Art. 15. L'officier suspendu pour un an est remplacé dans son emploi. »

être autorisés à sortir par les généraux qui leur ont infligé cette punition, mais exclusivement pour remplir les emplois qu'ils occupent, ou se livrer à leurs occupations professionnelles.

ART. 10.

Ceux qui sont mis aux arrêts de rigueur ne peuvent s'absenter de chez eux qu'avec une permission expresse du général commandant le corps d'armée. La durée de l'absence autorisée est toujours exactement indiquée, et la punition suspendue pendant toute absence excédant vingt-quatre heures.

Le commandant du corps d'armée peut aussi accorder *exceptionnellement* à l'officier ou assimilé qui a encouru une punition d'arrêts de forteresse l'autorisation de la faire chez lui. Toutefois, les punitions d'arrêts de forteresse infligées pour violation d'arrêts sont toujours subies intégralement dans un lieu de détention à proximité et offrant les dispositions intérieures en rapport avec la position d'officier.

ART. 11.

Le présent règlement abroge toutes les prescriptions antérieures et notamment celles des circulaires des 19 mai et 21 juillet 1876.

ART. 12.

Le Ministre de la guerre est chargé de l'exécution du présent décret.

Fait à Versailles, le 16 mars 1878.

Signé : Maréchal DE MAC-MAHON.

Par le Président de la République :

Le Ministre de la guerre,

Général BOREL.

Application aux officiers des dispositions répressives de la loi du 18 novembre 1875.

129. — Les dispositions répressives de la loi du 18 novembre 1875 sont applicables aux officiers de réserve, de l'armée territoriale ou assimilés, et, en général, à tout le personnel qui relève du Ministre de la guerre et qui est désigné à l'article 1er de la loi.

Mais dans l'intérêt de la discipline, afin de ne pas porter atteinte à l'autorité et à la considération qui s'attache à la position d'officier, il ne doit être exercé de poursuites devant les tribunaux, contre cette catégorie de militaires, qu'avec une extrême réserve, et seulement quand l'ensemble des circonstances dans lesquelles les fautes ont été commises nécessite ce procédé rigoureux.

Les généraux auxquels des infractions sont signalées s'efforcent d'allier dans une juste mesure la fermeté et la bienveillante indulgence que comportera, pendant un certain temps encore, l'inexpérience militaire de quelques-uns des officiers dont il s'agit.

Ils ne négligent aucun élément d'appréciation et tiennent compte de la situation particulière de chacun, au point de vue spécial de la loi de recrutement. En effet, si beaucoup d'officiers ou d'assimilés appartiennent encore aux diverses catégories des réserves, d'autres sont depuis plus ou moins longtemps affranchis de toute obligation militaire et n'ont été conduits que par le seul esprit de dévouement à accepter un grade.

On se conforme, pour les comptes rendus des

punitions infligées aux officiers, aux prescriptions du décret du 28 décembre 1883 et de
la circulaire du 11 décembre 1882 (correspondance générale, n° 31).

DÉCRET DU 29 JUIN 1878
RENDU APPLICABLE AUX OFFICIERS DE RÉSERVE ET DE L'ARMÉE TERRITORIALE
par le décret du 3 février 1880.

COMPOSITION DES CONSEILS D'ENQUÊTE
POUR LES OFFICIERS DE L'ARMÉE ACTIVE,
DE LA RÉSERVE ET DE L'ARMÉE TERRITORIALE.

TABLEAU N° 1.

Conseil d'enquête de régiment ou de corps de troupe formant bataillon ou escadron.

DÉSIGNATION DU GRADE DE L'OFFICIER objet de l'enquête.	PRÉSIDENT.	MEMBRES.
Pour un sous-lieutenant ou un médecin aide-major de 2e classe ou un aide-vétérinaire.	Un général de brigade.	Un colonel ou lieutenant-colonel, un officier supérieur (chef de bataillon ou d'escadron ou major), un capitaine, un sous-lieutenant.
Pour un lieutenant ou un médecin aide-major de 1re classe ou un vétérinaire en second.	Un général de brigade.	Un colonel ou lieutenant-colonel, un officier supérieur (chef de bataillon ou d'escadron ou major), un capitaine, un lieutenant.
Pour un capitaine ou un médecin-major de 2e classe ou un vétérinaire en premier.	Un général de brigade.	Un colonel ou lieutenant-colonel, un officier supérieur (chef de bataillon ou d'escadron ou major), deux capitaines.

Droits et Oblig.   9

COMPOSITION DES CONSEILS D'ENQUÊTE

TABLEAU Nº 2.

Conseil d'enquête de région ou de corps d'armée.

DÉSIGNATION du GRADE OU DE L'EMPLOI de l'officier objet de l'enquête.	PRÉSIDENT.	MEMBRES.
Pour un sous-lieutenant.	Un général de brigade.	Un colonel ou lieutenant-colonel, un officier supérieur (chef de bataillon ou d'escadron, ou major), un capitaine, un sous-lieutenant.
Pour un lieutenant.	Un général de brigade.	Un colonel ou lieutenant-colonel, un officier supérieur (chef de bataillon ou d'escadron, ou major), un capitaine, un lieutenant.
Pour un capitaine.	Un général de brigade.	Un colonel ou lieutenant-colonel, un officier supérieur (chef de bataillon ou d'escadron, ou major), deux capitaines.
Pour un chef de bataillon ou d'escadron, ou major.	Un général de division.	Un général de brigade, un colonel ou lieutenant-colonel, deux officiers supérieurs (chefs de bataillon ou d'escadron, ou majors).
Pour un lieutenant-colonel.	Un général de division.	Un général de brigade, un colonel, deux lieutenants-colonels.
Pour un colonel.	Un général de division.	Deux généraux de brigade, deux colonels.
Pour un adjoint de 2e classe à l'intendance militaire.	Un général de brigade.	Un sous-intendant, un officier supérieur (chef de bataillon ou d'escadron, ou major), deux adjoints de 2e classe.

DESIGNATION du GRADE OU DE L'EMPLOI de l'officier objet de l'enquête.	PRÉSIDENT.	MEMBRES.
Pour un adjoint de 1re classe à l'intendance militaire.	Un général de division.	Un intendant militaire, un colonel ou lieutenant-colonel, deux adjoints de 1re classe.
Pour un sous-intendant de 2e classe.	Un général de division.	Un intendant militaire, un colonel, deux sous-intendants de 2e classe.
Pour un sous-intendant de 1re classe.	Un général de division.	Un général de brigade, un intendant militaire, deux sous-intendants de 1re classe.
Pour un médecin aide-major de 2e classe.	Un général de brigade.	Un colonel ou lieutenant-colonel ou un médecin principal, un officier supérieur (chef de bataillon ou d'escadron, ou major), un médecin-major de 2e classe, un médecin aide-major de 2e classe.
Pour un médecin aide-major de 1re classe.	Un général de brigade.	Un colonel ou lieutenant-colonel ou un médecin principal, un officier supérieur (chef de bataillon ou d'escadron, ou major), un médecin-major de 2e classe, un médecin aide-major de 1re classe.
Pour un médecin-major de 2e classe.	Un général de brigade.	Un colonel ou lieutenant-colonel, ou un médecin principal, un officier supérieur (chef de bataillon ou d'escadron, ou major), deux médecins-majors de 2e classe.
Pour un médecin-major de 1re classe.	Un général de division.	Un général de brigade ou un médecin inspecteur, un colonel ou lieutenant-colonel, deux médecins-majors de 1re classe.
Pour un médecin principal de 2e classe.	Un général de division.	Un général de brigade ou un médecin inspecteur, un colonel, deux médecins principaux de 2e classe.
Pour un médecin principal de 1re classe.	Un général de division.	Un général de brigade, un médecin inspecteur, deux médecins principaux de 1re classe.

DÉSIGNATION du GRADE OU DE L'EMPLOI de l'officier objet de l'enquête.	PRÉSIDENT.	MEMBRES.
Pour un pharmacien aide-major de 2° classe.	Un général de brigade.	Un colonel ou lieutenant-colonel ou un pharmacien principal, un officier supérieur (chef de bataillon ou d'escadron, ou major), un pharmacien-major de 2° classe, un pharmacien aide-major de 2° classe.
Pour un pharmacien aide-major de 1re classe.	Un général de brigade.	Un colonel ou lieutenant-colonel ou un pharmacien principal, un officier supérieur (chef de bataillon ou d'escadron, ou major), un pharmacien-major de 2° classe, un pharmacien aide-major de 1re classe.
Pour un pharmacien-major de 2° classe.	Un général de brigade.	Un colonel ou lieutenant-colonel ou un pharmacien principal, un officier supérieur (chef de bataillon ou d'escadron, ou major), deux pharmaciens-majors de 2° classe.
Pour un pharmacien-major de 1re classe.	Un général de division.	Un général de brigade ou un pharmacien inspecteur, un colonel ou lieutenant-colonel, deux pharmaciens-majors de 1re classe.
Pour un pharmacien principal de 2° classe.	Un général de division.	Un général de brigade ou un pharmacien inspecteur, un colonel, deux pharmaciens principaux de 2° cl.
Pour un pharmacien principal de 1re classe.	Un général de division.	Un général de brigade, un pharmacien inspecteur ou un deuxième général de brigade, deux pharmaciens principaux de 1re classe.
Pour un aide-vétérinaire.	Un général de brigade.	Un colonel ou lieutenant-colonel, un officier supérieur (chef d'escadron ou major), un vétérinaire en 1er, un aide-vétérinaire.
Pour un vétérinaire en second.	Un général de brigade.	Un colonel ou lieutenant-colonel, un officier supérieur (chef d'escadron ou major), un vétérinaire en premier, un vétérinaire en second.

DÉSIGNATION du GRADE OU DE L'EMPLOI de l'officier objet de l'enquête.	PRÉSIDENT.	MEMBRES.
Pour un vétérinaire en premier.	Un général de brigade.	Un colonel ou lieutenant-colonel, un officier supérieur (chef d'escadron ou major), deux vétérinaires en premier.
Pour un vétérinaire principal de 2ᵉ classe.	Un général de division.	Un général de brigade, un colonel ou lieutenant-colonel, deux vétérinaires principaux de 2ᵉ classe.
Pour un vétérinaire prin- de 1ʳᵉ classe.	Un général de division.	Un général de brigade, un colonel, deux vétérinaires principaux de 1ʳᵉ classe.
Pour un garde d'artillerie de 3ᵉ classe.	Un général de brigade.	Un colonel ou lieutenant-colonel, un officier supérieur (chef de bataillon ou d'escadron, ou major), un garde d'artillerie de 1ʳᵉ classe, un garde d'artillerie de 3ᵉ classe.
Pour un garde d'artillerie de 2ᵉ classe.	Un général de brigade.	Un colonel ou lieutenant-colonel, un officier supérieur (chef de bataillon ou d'escadron, ou major), un garde d'artillerie de 1ʳᵉ classe, un garde d'artillerie de 2ᵉ classe.
Pour un garde d'artillerie de 1ʳᵉ classe.	Un général de brigade.	Un colonel ou lieutenant-colonel, un officier supérieur (chef de bataillon ou d'escadron, ou major), deux gardes d'artillerie de 1ʳᵉ classe.
Pour un garde principal d'artillerie de 2ᵉ classe.	Un général de brigade.	Un colonel ou lieutenant-colonel, un officier supérieur (chef de bataillon ou d'escadron, ou major), deux gardes principaux d'artillerie de 2ᵉ classe.
Pour un garde principal d'artillerie de 1ʳᵉ cl.	Un général de brigade.	Un colonel ou lieutenant-colonel, un officier supérieur (chef de bataillon ou d'escadron, ou major), deux gardes principaux d'artillerie de 1ʳᵉ classe.

DÉSIGNATION du GRADE OU DE L'EMPLOI de l'officier objet de l'enquête.	PRÉSIDENT.	MEMBRES.
Pour un contrôleur d'armes de 3e classe.	Un général de brigade.	Un colonel ou lieutenant-colonel, un officier supérieur (chef de bataillon on d'escadron, ou major), un contrôleur d'armes de 1re classe, un contrôleur d'armes de 3e classe.
Pour un contrôleur d'armes de 2e classe.	Un général de brigade,	Un colonel ou lieutenant-colonel, un officier supérieur (chef de bataillon ou d'escadron, ou major), un contrôleur d'armes de 1re classe, un contrôleur d'armes de 2e classe.
Pour un contrôleur d'armes de 1re classe.	Un général de brigade.	Un colonel ou lieutenant-colonel, un officier supérieur (chef de bataillon ou d'escadron, ou major), deux contrôleurs d'armes de 1re classe.
Pour un contrôleur d'armes principal de 2e cl.	Un général ue brigade.	Un colonel ou lieutenant-colonel, un officier supérieur (chef de bataillon ou d'escadron, ou major), deux contrôleurs d'armes principaux de 2e classe.
Pour un contrôleur d'armes principal de 1re cl.	Un général de brigade.	Un colonel ou lieutenant colonel, un officier supérieur (chef de bataillon ou d'escadron, ou major), deux contrôleurs d'armes principaux de 1re classe.
Pour un adjoint du génie de 3e classe.	Un général de brigade.	Un colonel ou lieutenant-colonel, un officier supérieur (chef de bataillon ou d'escadron, ou major), un adjoint du génie de 1re classe, un adjoint du génie de 2e classe.
Pour un adjoint du génie de 2e classe.	Un général de brigade.	Un colonel ou lieutenant-colonel, un officier supérieur (chef de bataillon ou d'escadron, ou major), un adjoint du génie de 1re classe, un adjoint du génie de 2e classe.

DÉSIGNATION du GRADE OU DE L'EMPLOI de l'officier objet de l'enquête.	PRÉSIDENT.	MEMBRES.
Pour un adjoint du génie de 1re classe.	Un général de brigade.	Un colonel ou lieutenant-colonel, un officier supérieur (chef de bataillon ou d'escadron, ou major), deux adjoints du génie de 1re classe.
Pour un adjoint du génie principal de 2e classe.	Un général de brigade.	Un colonel ou lieutenant-colonel, un officier supérieur (chef de bataillon ou d'escadron, ou major), deux adjoints principaux du génie de 2e classe.
Pour un adjoint du génie principal de 1re classe.	Un général de brigade.	Un colonel ou lieutenant-colonel, un officier supérieur (chef de bataillon ou d'escadron, ou major), deux adjoints du génie principaux de 1re classe.
Pour un adjudant d'administration en second.	Un général de brigade.	Un sous-intendant militaire, un officier supérieur (chef de bataillon ou d'escadron, ou major), un officier d'administration de 2e classe et un adjudant d'administration en second.
Pour un adjudant d'administration en premier.	Un général de brigade.	Un sous-intendant militaire, un officier supérieur (chef de bataillon ou d'escadron, ou major), un officier d'administration de 2e classe et un adjudant d'administration en premier.
Pour un officier d'administration de 2e classe.	Un général de brigade.	Un sous-intendant militaire, un officier supérieur (chef de bataillon ou d'escadron, ou major), deux officiers d'administration de 2e classe.
Pour un officier d'administration de 1re cl.	Un général de brigade.	Un sous-intendant militaire, un officier supérieur (chef de bataillon ou d'escadron, ou major), deux officiers d'administration de 1re classe.

DÉSIGNATION du GRADE OU DE L'EMPLOI de l'officier objet de l'enquête.	PRÉSIDENT.	MEMBRES.
Pour un officier d'administration principal.	Un général de division.	Un intendant militaire, un colonel ou lieutenant-colonel, deux officiers d'administration principaux.
Pour un interprète de 3e classe.	Un général de brigade.	Un colonel ou lieutenant-colonel, un officier supérieur (chef de bataillon ou d'escadron, ou major), un interprète de 1re classe, un interprète de 3e classe.
Pour un interprète de 2e classe.	Un général de brigade.	Un colonel ou lieutenant-colonel, un officier supérieur (chef de bataillon ou d'escadron, ou major), un interprète de 1re classe, un interprète de 2e classe.
Pour un interprète de 1re classe.	Un général de brigade.	Un colonel ou lieutenant-colonel, un officier supérieur (chef de bataillon ou d'escadron, ou major), deux interprètes de 1re classe.
Pour un interprète principal.	Un général de division.	Un général de brigade, un colonel ou lieutenant-colonel, deux interprètes principaux.

COMPOSITION DES CONSEILS D'ENQUÊTE.

TABLEAU Nº 3.

Conseil d'enquête spécial pour les médecins et pharmaciens inspecteurs, les intendants militaires et les intendants généraux, les généraux de brigade et les généraux de division.

DÉSIGNATION DU GRADE DE L'OFFICIER objet de l'enquête.	PRÉSIDENT.	MEMBRES.
Pour un médecin ou pharmacien inspecteur.	Un maréchal de France.	Un général de division, un général de brigade, deux médecins ou pharmaciens inspecteurs.
Pour un intendant militaire.	Un maréchal de France.	Un général de division, un intendant général, deux intendants militaires.
Pour un intendant général.	Un maréchal de France.	Deux maréchaux de France, deux intendants généraux.
Pour un général de brigade.	Un maréchal de France.	Deux généraux de division, deux généraux de brigade.
Pour un général de division.	Un maréchal de France.	Deux maréchaux de France, deux généraux de division.

PROGRAMME

Des connaissances exigées des sous-officiers de l'armée
active, des officiers de réserve, et des anciens conditionnels proposés pour le grade de sous-lieutenant de réserve ou d'officier comptable d'aide-major
ou d'aide vétérinaire.

Infanterie.

1° *Examen oral.*

Règlement sur le service dans les places de
guerre et les villes de garnison. (Décret du
23 octobre 1883.)

Règlement sur le service des armées en campagne. (Décret du 26 octobre 1883.)

Règlement sur le service intérieur des troupes
d'infanterie. (Décret du 28 décembre 1883.)

Topographie.

Des cartes. — Lecture des cartes. — Signes
conventionnels. — Echelles.

Administration et législation.

Dispositions essentielles de la loi du 27 juillet 1872.

Dispositions essentielles de la loi du 24 juillet 1873.

Solde des troupes. — Positions donnant droit
à la solde. (Décret du 8 juin 1883.)

Situation et rapport journalier. (Décret du 28 décembre 1883.)

Feuilles de prêt. — Ordinaires. (Décret du 28 décembre 1883.)

Livret matricule et individuel. — Registre de comptabilité trimestrielle. (Décret du 7 août 1875.)

Instruction pratique sur le service de l'infanterie en campagne (9 mai 1885.)

1re partie, titre   I à XVII.
2e   —   chapitre I à IX.

Règlement sur l'exercice et les manœuvres de l'infanterie (29 juillet 1884.)

Titre Ier. — Bases de l'instruction.
Titre II. — Ecole du soldat.
Titre III. — Ecole de compagnie.

2° *Examen pratique.*

Commander sur le terrain l'école du soldat et le 1er chapitre de la 1re partie de l'école de compagnie sans détailler.

Remplir les fonctions de chef de section à l'école de compagnie et à l'école de bataillon.

Cavalerie.

1° *Examen oral.*

Règlement sur le service dans les places de guerre et les villes de garnison. (Décret du 23 octobre 1883.)

Règlement sur le service des armées en campagne. (Décret du 26 octobre 1883.)

Règlement sur le service intérieur des troupes de cavalerie. (Décret du 28 décembre 1883.)

Topographie.

Des cartes. — Lecture des cartes. — Signes conventionnels. — Echelles.

Administration et législation.

Dispositions essentielles de la loi du 27 juillet 1872.

Dispositions essentielles de la loi du 24 juillet 1873.

Solde des troupes. — Positions donnant droit à la solde. (Décret du 8 juin 1883.)

Situation et rapport journalier. (Décret du 28 décembre 1883.)

Feuilles de prêt. — Ordinaires. (Décret du 28 décembre 1883.)

Livret matricule et livret individuel. — Registre de comptabilité trimestrielle. (Décret du 7 août 1875.)

Instruction pratique sur le service de la cavalerie en campagne du 10 juillet 1884.

Règlement sur les manœuvres de la cavalerie du 31 mai 1882.

Titre Ier. — Bases de l'instruction.

Titre II. — Ecole du cavalier à pied. — Ecole du peloton à pied.

Titre III. — Ecole du cavalier à cheval. — Ecole du peloton à cheval.

Hippologie.

Hygiène du cheval, comprenant des notions générales sur l'âge, les robes, les tares, la ferrure, la nourriture, les maladies les plus fréquentes, les soins à donner en station, en route, en campagne.

2° *Examen pratique.*

Savoir monter à cheval.

Commander sur le terrain l'école du cavalier et l'école de peloton sans détailler.

Remplir les fonctions de chef de peloton à l'école de l'escadron.

Artillerie de forteresse.

Instruction pratique.

Toutes les instructions pratiques à pied et d'artillerie de la troupe.

Instruction théorique.

Manœuvres à pied.

Ecole du canonnier à pied, sauf ce qui concerne le maniement du sabre et celui du pistolet-revolver ; école de la section de manœuvre à pied.

Manœuvres d'artillerie.

Service des bouches à feu de campagne, de siège, de place, de côte, et des mortiers : 1re partie du titre I (canon de 80, de 90 et de 95mm) ; titres III, IV, V et VI du règlement du 17 avril 1869 sur le service des bouches à feu ; additions concernant le service du canon de 138 millimètres, des canons de 16, de 19 et de 24 centimètres, de l'obusier de 22 centimètres, des canons de 120 et de 155 millimètres, du canon court de 155 millimètres, des mortiers de 220 et

de 270 millimètres, du canon-revolver, du canon
à balles, des bouches à feu de petit calibre mon-
tées sur affût de siège et de place ; 1re et 2e parties du titre VII ; additions concernant les cha-
riots à canon, les chèvres de place et le cabestan
de carrier, ainsi que les manœuvres du matériel
Decauville et des divers engins employés dans
les places.

Règlements.

Service intérieur, service dans les places de
guerre et les villes de garnison, service en campagne (parties relatives aux devoirs des brigadiers, des sous-officiers et des sous-lieutenants
ou lieutenants).

Entretien et conservation des armes portatives et des bouches à feu.

Instruction du 11 juin 1878 et appendice du
27 septembre 1883.

Cours.

Etudes des différents systèmes de pointage et
d'organisation du tir adoptés pour les pièces de
siège et de place.

Notions sur le service de l'artillerie dans l'attaque et la défense des places, sur l'armement
des ouvrages de fortification.

Exercices d'application du service de l'artillerie dans les sièges et la défense des places ;
exercices d'armement, construction de batteries
comme il est prescrit pour les sous-officiers.
(Programme du 23 juin 1882.)

Notions élémentaires de fortification.

Administration et conduite d'un détachement
en station, en route et en campagne.

Législation militaire : Principales dispositions des lois sur le recrutement, l'organisation et les cadres de l'armée, sur l'état et l'avancement des officiers, et le décret du 31 août 1878 sur les officiers de réserve et de l'armée territoriale.

Topographie : Lecture d'une carte, son emploi sur le terrain.

Cours préparatoire ⎫
Cours spécial   ⎬ Cours faits dans les corps de troupe aux sous-officiers.
Cours d'hippologie ⎭
(14 juin 1884.)

Artillerie de campagne.

Instruction pratique.

Toutes les instructions pratiques à pied, à cheval et d'artillerie des hommes à pied et des hommes montés.

Instruction théorique.

Manœuvres à pied.

École du canonnier à pied ; école de la section de manœuvres à pied.

Manœuvres à cheval.

École du canonnier à cheval ; école du peloton à cheval.

École du canonnier conducteur ; école de section.

Manœuvres d'artillerie.

Service des canons de 80 et de 90 de campagne.

Service des canons de 80 de montagne, de 95,

de 120, de 155 et des autres bouches à feu de siège et de place qui constituent la dotation régulière des régiments.

Titre VII du règlement sur le service des bouches à feu ; 2ᵉ partie, en employant exclusivement la chèvre et le cric.

Règlements.

Service intérieur, service dans les places de guerre et les villes de garnison, service en campagne (parties relatives aux devoirs des brigadiers, des sous-officiers et des sous-lieutenants ou lieutenants).

Remplacement des munitions en campagne.

Entretien et conservation des armes portatives.

Cours.

Cours spécial au point de vue du matériel de campagne, suivi de quelques exercices de confection de fascinage et de quelques notions sur la construction des batteries.

Administration et conduite d'un détachement en station, en route et en campagne.

Législation militaire : Principales dispositions des lois sur le recrutement, l'organisation et les cadres de l'armée, sur l'état et l'avancement des officiers, et du décret du 31 août 1878 sur les officiers de réserve et de l'armée territoriale.

Topographie : Lecture d'une carte, son emploi sur le terrain.

Cours préparatoire } Cours faits dans les corps de
Cours spécial { troupe aux sous-officiers.
Cours d'hippologie }
(14 juin 1884).

Train des équipages militaires,
Instruction pratique.

Complète.

Instruction théorique.
Manœuvres à pied.

Ecole du cavalier à pied ; école de la section de manœuvres à pied.

Manœuvres à cheval.

Ecole du cavalier à cheval. — Ecole du peloton à cheval. — Conduite des voitures et des mulets de bât. — Ecole du cavalier conducteur. — Ecole de section. — Ecole de conduite en guide. — Ecole du conducteur du mulet de bât. — Manœuvres de force indiquées dans l'instruction sur la conduite des voitures en guides (le littéral n'est pas exigé).

Règlements.

Service intérieur, service dans les places de guerre et les villes de garnison (parties qui comprennent les services des brigadiers, des sous-officiers, des sous-lieutenants ou lieutenants). — Service du train des équipages militaires aux armées et conduite des convois.
Entretien et conservation des armes portatives.

Cours.

Administration et conduite d'un détachement en station, en route et en campagne.
Législation militaire : Principales dispositions

Droits et Oblig.   10

des lois sur le recrutement, l'organisation et les cadres de l'armée, sur l'état et l'avancement des officiers, et du décret du 31 août 1878 sur les officiers de réserve et de l'armée territoriale.

Topographie : Lecture d'une carte, son emploi sur le terrain.

Cours préparatoire) Cours faits dans les corps de
Cours d'hippologie (troupes aux sous-officiers.
(14 juin 1884.)

Génie.

MANŒUVRES ET TIR.

Instruction théorique et pratique.

Ecole du soldat et de compagnie, titres I, II, et III du règlement sur les manœuvres de l'infanterie du 29 juillet 1884.

Tir. — Les principes compris dans le texte de l'école du soldat, complétés par les données théoriques du Manuel de l'instructeur de tir, à l'usage des officiers, approuvé par le Ministre de la guerre.

Instruction pratique.

Fonctions des divers grades à l'école de bataillon.

Règlements.

Service intérieur, service dans les places de guerre et villes de garnison, service en campagne.

Cours.

Instruction spéciale ou d'école.

Administration d'une compagnie. — Situation journalière. — Prêt. — Ordinaires. — Perception et distribution des prestations en nature se délivrant par rations. — Perception et distribution des effets et armes aux hommes de troupe. — Dépôts et réintégrations en magasin. — Dégradations. — Réparations. — Livret individuel. — Livret matricule. — Registre de comptabilité trimestrielle.

Mathématiques : cours n°s 5 et 6 du cahier B annexé au règlement du 30 juin 1856. — Arithmétique complète. — Géométrie plane. — Figures dans l'espace. — Eléments d'algèbre. — Eléments de trigonométrie. — Géométrie descriptive. — Méthode des projections cotées. — Dessin (cours n° 7). — Levers (cours n° 8). — Fortification (cours n° 9). Construction (cours n° 10). — Travaux pratiques (cours n° 11). — Géographie (cours n° 12). — Histoire de France (cours n° 13).

Législation militaire. — Principales dispositions des lois sur le recrutement, l'organisation et les cadres de l'armée, sur l'état et l'avancement des officiers, et du décret du 31 août 1878 sur les officiers de réserve et de l'armée territoriale.

Instruction pratique : Ecole de fortification de campagne. — Ecole de sapes. — Ecole de mines. — Ecole de ponts. — Ecole de fours. — Ecole de jet de la grenade.

Gymnastique et escrime à l'épée.

Officiers d'administration.

(Service des bureaux de l'intendance militaire.)

Loi du 16 mars 1882 : Personnels administratifs. — Composition et hiérarchie.

Lois du 27 juillet 1872 et du 23 juillet 1881 : Recrutement. — Formalités relatives aux rengagements.

Lois des 11 avril 1831, 25 juin 1861, 23 juin 1878, 23 juillet 1881, 18 août 1881; ordonnance du 2 juillet 1831 ; instructions des 24 décembre 1864 et 8 octobre 1873 : Pensions et gratifications. — Forme de l'instruction des demandes de pensions à titre de blessures et infirmités. — Pensions de veuves. — Secours aux orphelins. — Gratifications de réforme.

Règlement du 3 avril 1869 : Service des fonds. — Demande de crédits. — Ordonnancement de la solde de troupe et des officiers sans troupe. — Dépenses de matériel. — Enregistrement des titres de créance. — Registres à tenir. — Documents de comptabilité à établir.

Ordonnance du 10 mai 1844; décrets des 8 juin 1883, 16 février, 7 août et 25 décembre 1875, 1er mars 1880.

Solde et comptabilité des corps. — Contrôles des corps de troupe. — Feuilles de journées. — Dépenses des masses d'entretien. — Registres à tenir dans une sous-intendance.

Traité du 22 décembre 1879 et règlement du 1er juillet 1874.

Transports. — Écritures à tenir.

Règlements des 31 décembre 1823 et 12 juin 1867 : Convois et frais de route. — Bases générales des allocations aux corps de troupe, aux isolés et aux escortes. — Constatations du droit aux frais de route. — Documents et titres servant à l'exécution du service. — Mandatement des indemnités de route et de transport. — Registres à tenir.

Règlements des 11 juin 1811, 23 mars 1837, 28 décembre 1883, 2 octobre 1865 et 26 mai 1866 : Services divers. — (Remonte, lits militaires, subsistances, hôpitaux, habillement et campement). — Documents de comptabilité fournis par ces services, leur vérification.

Officiers d'administration.

(Service des hôpitaux militaires.)

Règlements du 28 décembre 1883 et du 25 août 1884 : Service de santé à l'intérieur et en campagne. — Personnels employés à son exécution.

Formation des approvisionnements. — Réceptions du matériel, des denrées et des liquides. — Entretien du matériel. — Versements et expéditions. — Mise hors de service des effets.

Cas d'admission des malades. — Formalités pour les entrées, les sorties, les évacuations et les décès. — Dépôts des effets, bijoux et valeurs.

Ecritures à tenir pour le mouvement des malades et la comptabilité en deniers.

Règlement du 3 avril 1869 : Dépenses. — Leur nature. — Quelles sont celles que les comptables acquittent directement ? — Avances faites aux comptables.

Règlement du 19 novembre 1871 ; instructions des 15 mars et 26 juin 1872 : Responsabilité des comptables du matériel et des gérants d'annexes. — Règles générales relatives aux entrées et aux sorties. — Inscriptions à porter sur le registre-journal et le registre dit : compte de gestion.

Officiers d'administration.

(Service des subsistances militaires.)

Règlement du 26 mai 1866 : Objet du service des subsistances ; ses divisions ; ses divers modes d'exploitation. — Personnel d'exécution. — Moyens d'approvisionnement ; modes d'achat à l'intérieur et en campagne ; réquisitions.

Règles à suivre pour les réceptions.

Distributions ; cas de contestation.

Enregistrement et totalisation des bons de distributions.

Expéditions : cas de contestation.

Notions sommaires sur les fourrages ; emmagasinement.

Notions sommaires sur les blés et farines ; fabrication du pain ; emmagasinement.

Vivres de campagne : vivres-viande, légumes, liquides.

Règlement du 3 avril 1869 : Dépenses. — Leur nature. — Quelles sont celles que les comptables acquittent directement ? — Avances faites aux comptables.

Règlement du 19 novembre 1871 ; instructions des 15 mars et 26 juin 1872 : Responsabilité des comptables du matériel et des gérant d'annexes. — Règles générales relatives aux entrées et aux sorties. — Inscriptions à porter sur le registre-journal et le registre dit : compte de gestion.

Officiers d'administration.

(Service de l'habillement et du campement.)

Règlement du 11 juin 1811 ; cahiers des charges des 21 janvier 1864 et 5 décembre 1868 :

Exécution générale du service. — Etablissements. — Personnel d'exécution.

Mode de formation des approvisionnements : matières ; effets confectionnés.

Réceptions ; commissions ; formalités diverses.

Expéditions ; livraisons ; réintégrations.

Entretien du matériel ; réparations ; imputations.

Classement du matériel ; catégories d'effets confectionnés ; manière d'en décompter la durée.

Règlement du 3 avril 1869 : Dépenses. — Leur nature. — Quelles sont celles que les comptables acquittent directement ? — Avances faites aux comptables.

Réglement du 19 novembre 1871 ; instructions des 15 mars et 26 juin 1872 : Responsabilité des comptables du matériel et des gérants d'annexes. — Règles générales relatives aux entrées et aux sorties. — Inscriptions à porter sur le registre-journal et le registre dit : compte de gestion.

(Service de santé.)

Notions sur l'organisation générale de l'armée, la discipline et la hiérarchie militaires.

Notions sur l'organisation du service de santé à l'intérieur et en campagne.

Infirmeries régimentaires. — Composition des sacs et sacoches d'ambulance, de l'approvisionnement d'infirmerie régimentaire de campagne.

Postes de secours, infirmiers et brancardiers régimentaires.

Hôpitaux militaires.

Ambulances. — Infirmiers et brancardiers d'ambulance.

Hôpitaux mobiles et sédentaires de campagne.

Ambulances d'évacuation : trains d'évacuation, ambulances provisoires de gare.

Secours à donner aux blessés sur les champs de bataille : bandages et appareils improvisés, relèvement et transport des blessés, brancards et voitures.

Convention de Genève. (Art. 2, règlement du 10 janvier 1884.)

(Service de la pharmacie militaire.)

Notions sur l'organisation générale de l'armée, la discipline et la hiérarchie militaires ;

Notions sur l'organisation et le fonctionnement du service de la pharmacie, à l'intérieur et en campagne ;

Composition en médicaments et en objets de pharmacie des approvisionnements d'infirmeries régimentaires d'ambulances, d'hôpitaux de campagne et d'hôpitaux temporaires.

Convention de Genève. (Art. 3, *idem.*)

PROGRAMMES D'ÉTUDE

Pour les fonctionnaires de l'Intendance militaire et les officiers d'administration de réserve et de l'armée territoriale pendant les périodes d'instruction.

Paris, le 3 juin 1880,

FONCTIONNAIRES DE L'INTENDANCE MILITAIRE.

ORGANISATION DE L'ARMÉE,

Loi du 24 juillet 1873.
Notions générales.

ORGANISATION DE L'ADMINISTRATION DE L'ARMÉE.

Loi du 28 nivôse an III. — Instruction du 16 ventôse an III. — Ordonnance du 18 septembre 1822.
Définition de l'administration militaire ; attributions de l'intendance ; énumération et objet des services administratifs.

RECRUTEMENT.

Loi du 27 juillet 1872 *(art. 1 à 7, art. 16 à 58). — Lois du 4 décembre* 1875 *et du 22 juin* 1878. *— Décret du 30 novembre* 1872.
Instruction du 6 novembre 1875.
Versement des classes dans l'armée ; engagements volontaires et rengagements. — Intervention des sous-intendants militaires.
Congés de réforme n° 1 et n° 2.

ÉTAT DES OFFICIERS.

Loi du 19 mai 1834.
Notions générales.

PENSIONS ET GRATIFICATIONS.

Loi du 11 avril 1831 et du 25 juin 1861, du 29 mai 1875 (art. 2), des 20 et 22 juin 1878; 18 août 1879. — Ordonnance du 2 juillet 1831: instruction du 20 septembre 1831. Ordonnance du 20 janvier 1841.

Instructions du 24 décembre 1864 et du 28 août 1873.

Pensions à titre de blessures ou infirmités ; pensions de veuves. — Secours aux orphelins.

Gratifications de réforme renouvelables.

COMPTABILITÉ EN DENIERS.

Règlement du 3 avril 1869 [titres I, II, III, IV, V, VII (art. 223 et suivants, IX (art. 247 à 255].

Crédits, ordonnancement, mandats, bordereaux d'émission, pièces justificatives de créances, à-comptes, avances, paiements, justification des avances, registres de fonds, compte d'emploi des crédits, versement dans les caisses publiques, ventes.

COMPTES-MATIÈRES.

Règlement du 19 novembre 1871 et instruction du 15 mars 1872.

Classement du matériel. — Entrées. — Sorties. —Recensements. — Registre-journal. — Compte de gestion.

SOLDE.

Ordonnance du 25 *décembre* 1837, *décret du* 25 *décembre* 1875.

États de solde pour les corps de troupe et les officiers détachés, mandats pour les officiers sans troupe, ordonnancements.

Tarifs de solde. — Justification des droits par les feuilles de journées et les revues de liquidation.

Responsabilité des fonctionnaires de l'intendance.

ADMINISTRATION DES CORPS.

Règlements du 10 *mai* 1844, *du* 10 *octobre* 1874, *du* 7 *août* 1875 *et du* 1er *mars* 1880.

Conseils d'administration et leurs agents; commandants de compagnie, escadron ou batterie; des divers fonds et masses; habillement, équipement et armement, distributions, réintégrations, énumération et description des registres à tenir.

Action de l'intendance sur l'administration des corps.

TRANSPORTS.

Traité du 22 *décembre* 1879. — *Instruction du* 31 *décembre* 1879.

Règlements du 1er *juillet* 1874, *modifié; du* 27 *janvier* 1877. — *Circulaire du* 23 *février* 1875.

Ordres de transport. — Lettres de voiture; formalités au départ et à l'arrivée. — Registres et relevés mensuels des expéditions. Mises en mouvement et arrivées à destination.

Transport des troupes par les chemins de fer; dispositions concernant la mise en route ; bons de chemin de fer.

CONVOIS ET FRAIS DE ROUTE.

Règlement du 12 juin 1867.
Cahier des charges du 17 avril 1874 et instructions du 26 juin 1874 et du 19 décembre 1876.
Règles d'allocation de l'indemnité de route. — Avances. — Ordonnancement et paiement des mandats ; états de remboursement, relevés sommaires, bordereaux mensuels.
Responsabilité de l'intendance.
Objet et mode d'exécution du service des convois.

REMONTE.

Règlement du 23 mars 1837 ; instruction du 3 juillet 1855.
Loi du 3 juillet 1877 ; règlement du 2 août 1877 ; décret du 9 avril 1878 ; instruction du 1er août 1879.
Achats par les commissions. — Procès-verbaux de réception. — Paiement. — Comptes en deniers et en matières. — Remboursement des chevaux livrés à titre onéreux.
Réquisition des chevaux en cas de mobilisation. — Paiement.

CASERNEMENT. — LITS MILITAIRES.

Règlements du 30 juin 1856 et du 2 octobre 1865.

Loi du 3 juillet 1877 ; règlement du 2 août 1877.

Rôle du sous-intendant dans ces services.

Dépenses résultant du cantonnement. — Paiement.

SUBSISTANCES MILITAIRES.

Règlement du 26 mai 1866.

Division du service (vivres, fourrages, chauffage, vivres de campagne). — Nature des matières et denrées de chaque service. — Action de l'intendance. — Direction du service. — Exécution du service (gestion directe, entreprise). — Moyens d'approvisionnement (marchés, achats par les comptables).

Règlement du 26 mai 1866.

Réceptions. — Manutention.

Distributions.

Recensements.

Commissions consultatives.

1° *Comptabilité en deniers.*

Règlement du 26 mai 1866.

Registres principaux : registre-journal, carnet des avances, registre-contrôle.

2° *Comptabilité en matières.*

Règlement du 26 mai 1866.

Main-courante, registre-journal, compte de gestion.

Registres auxiliaires : d'inventaires, de fabrication, de mouture, de distributions.

SERVICE DES HÔPITAUX.

Règlement du 31 *août* 1865.

Division du service (hôpitaux militaires, hospices civils).

Direction du service (action de l'intendance).

Exécution du service (médecins, pharmaciens, officiers d'administration).

Locaux.

Mode d'approvisionnement. — Réceptions. — Recensements.

Admission des malades ; registre des entrées ; du mouvement des malades ; feuilles nominales ; relevés numériques.

Registres des dépôts, des effets déposés, des décès.

Sorties.

Visite ; prescriptions ; cahier de visite ; relevé des prescriptions ; distributions. — Registre de dégustation.

Comptabilité en deniers : registre-journal, carnet des avances.

Comptabilité en matières : état des consommations, registre-journal, compte de gestion.

Loi du 7 *juillet* 1877 ; *décrets du* 1er *août* 1879 *et du* 3 *février* 1880.

Traitement des militaires dans les hospices civils.

HABILLEMENT ET CAMPEMENT.

Règlement du 11 *juin* 1811 ; *instruction du* 3 *avril* 1879 ; *cahiers des charges.*

Division du service (habillement, campement, grand équipement, petit équipement, harnachement).

Direction du service (action de l'intendance).
Modes d'approvisionnement.
Modes de confection. — Ateliers civils.
Commissions de réception. — Experts.
Comptabilité en deniers : registre-journal, carnet des avances.
Comptabilité en matières : registre des procès-verbaux de réception, registre de métrage, compte ouvert avec les entrepreneurs, registre-journal, compte de gestion.

OFFICIERS D'ADMINISTRATION DES BUREAUX DE L'INTENDANCE MILITAIRE.

PERSONNELS ADMINISTRATIFS.

Décret du 1er *décembre* 1862.
Composition, hiérarchie.

RECRUTEMENT.

Lois du 27 *juillet* 1872 *et du* 22 *juin* 1878.— *Décret du* 30 *novembre* 1872.
Formalités relatives aux rengagements.

PENSIONS ET GRATIFICATIONS.

Lois des 11 *avril* 1831 *et* 25 *juin* 1861. — *Ordonnance du* 2 *juillet* 1831 *et instruction du* 20 *septembre* 1831. — *Instruction des* 24 *décembre* 1864 *et* 28 *août* 1873.
Forme de l'instruction des demandes de pension à titre de blessures et infirmités.
Pensions de veuves. — Secours aux orphelins. — Gratifications de réforme renouvelables.

COMPTABILITÉ PUBLIQUE.

Règlement du 3 avril 1869.

Demandes de crédits. — Ordonnancement de la solde (troupe et officiers sans troupe), des dépenses de matériel. — Pièces justificatives à l'appui des mandats. — Registre de fonds. — Enregistrement de titres de créance. — Emission. — Documents de comptabilité à établir.— Versements dans les caisses publiques.

Responsabilité de l'intendance.

SOLDE.

Ordonnance du 25 décembre 1837 et décret du 25 décembre 1875.

Contrôles, feuilles de journées, revues des corps des officiers sans troupe.

Responsabilité de l'intendance.

ADMINISTRATION DES CORPS.

Ordonnance du 10 mai 1844. — Décrets des 10 octobre 1874, 7 août 1875 et 1er mars 1880.

Deniers. — Livret de solde, carnet de caisse, registre-journal, registre de centralisation, registre des avances, des fonds divers.

Matières. — Registre des entrées et sorties de matériel. — Registre-journal. — Pièces à l'appui des recettes et dépenses.

Dépenses des masses d'entretien.

TRANSPORTS.

Traité du 22 décembre 1879. — Reglement du 1er juillet 1874.

Ordres de transport. — Lettres de voiture. —

Relevé mensuel des expéditions. — Mises en route et arrivées à destination.

Bons de chemin de fer.

CONVOIS ET FRAIS DE ROUTE.

Règlement du 12 juin 1867. — Cahier des charges du 17 avril 1874. — Instructions des 26 juin 1874 et 19 décembre 1876.

Bases des allocations aux corps de troupe, aux isolés et aux escortés. — Constatation du droit. — Titres servant à l'exécution du service. — Mandats. — Registre à tenir. — État de remboursement. — Bordereau mensuel. — Relevé des mandats. — Feuilles de régularisation. — Résumé général trimestriel des paiements effectués. — Responsabilité de l'intendance.

REMONTE.

Règlement du 23 mars 1837 et instruction du 3 juillet 1855. — Loi du 3 juillet 1877. — Règlement du 2 août 1877. — Instruction du 1er août 1879.

Mandats individuels. — Mandats collectifs pour les réquisitions. — Documents de comptabilité, leur vérification.

LITS MILITAIRES.

Règlement du 2 octobre 1865.

États d'effectif et de réintégration. — Certificats d'existence mensuels et trimestriels. — Etats de reconfection.

SUBSISTANCES.

Règlement du 26 mai 1866. — Instruction du 15 avril 1872.

Avances aux comptables. — Bordereaux des pièces et quittances. — Bons partiels. — Bons totaux. — Bordereaux généraux. — Rapports de liquidation. — Eléments des comptes-matières.

HÔPITAUX.

Règlements des 31 août 1865 et 4 avril 1867. — Instruction du 15 avril 1872.

Avances aux comptables. — Bordereaux de pièces et quittances. — Factures des fournisseurs. —Eléments de la comptabilité en deniers et matières.

HABILLEMENT ET CAMPEMENT.

Instruction du 15 avril 1872.

Avances aux comptables par service. — Bordereaux de pièces et quittances. — Compte trimestriel de dépenses. — Comptes-matières.

OFFICIERS D'ADMINISTRATION DU SERVICE DES HOPITAUX.

SERVICE HOSPITALIER.

Règlements du 31 août 1865 et du 4 avril 1867.

Objet du service à l'intérieur et en campagne. — Hôpitaux militaires permanents, temporaires et mobiles. — Ambulances. — Hospices civils. Personnel employé à l'exécution du service. Responsabilité des comptables. — Commandement des détachements d'infirmiers.

Installation d'un hôpital. — Bâtiments et locaux. — Division et placement des malades.

Formation des approvisionnements. — Marchés, achats sur place. — Réception du matériel, des denrées et des liquides. — Indication sommaire de la composition du matériel.

Versements et expéditions. — Mise hors de service des effets.

Admission des malades. — Entrées, billets d'entrée et de salle. — Sorties, billets de sortie. — Formalités pour les évacuations et les décès. — Registres des dépôts, des effets déposés, des décès.

Règlements du 31 août 1865 et du 4 avril 1867.

Mouvements journaliers et mensuels. — Feuilles nominales. — Etat numérique des journées. — Traitement. — Visites et prescriptions. — Cahiers de visite. — Relevé des prescriptions.

Alimentation. — Tarif du régime alimenmentaire; chauffage et éclairage. — Etat mensuel des consommations. — Registre des réceptions, des pesées de la viande, de dégustation.

Règlement du 3 avril 1869.

Comptes-deniers, avances, compte avec le Trésor, justifications. — Bordereaux de pièces et quittances. — Journal. — Paiement des fournisseurs. — Factures, récépissés à l'appui. — Etat trimestriel.

Règlement du 19 novembre 1871. — Instructions des 15 mars et 26 juin 1872.

Comptes-matières, journal, compte de gestion, registres auxiliaires. — Inscriptions à y porter, et pièces à l'appui.

Loi du 3 juillet 1877 et règlement du 2 août 1877.

Réquisitions.

Action de l'intendance militaire sur le service en général.

OFFICIERS D'ADMINISTRATION DU SERVICE
DES SUBSISTANCES MILITAIRES.

Règlement et notices du 26 mai 1866.

Objet du service. — Ses divisions, vivres-fourrages, chauffage, vivres de campagne ; notions sur les denrées qui le composent, sur leur qualité, sur l'emmagasinement, sur la fabrication du pain. — Tarifs des rations. — Notices.

Personnel, comptables, leur responsabilité, ouvriers. — Commandement des détachements.

Installation des bâtiments et locaux. — Manutention. — Parc à fourrages.

Moyens d'approvisionnement. — Cahiers des charges. — Marchés de livraison. — Marchés à la ration. — Marchés à la commission, achats sur factures par les comptables.

Réceptions. — Manutention, conservation, transformations, distributions, cas de contestation. — Expéditions.

Loi du 3 juillet 1877 et règlement du 2 août 1877.

Réquisitions.

Règlement du 3 avril 1869.

Comptes-deniers, dépenses pour achats ou pour frais d'exploitation, pièces à produire pour leur justification. — Avances. — Compte ouvert avec le Trésor. — Bordereaux de pièces et quittances. — Registre des recettes et dépenses ; registre-contrôle. — Compte trimestriel.

Règlement du 19 novembre 1871, instructions des 15 mars et 26 juin 1872.

Comptes-matières ; main courante. — Registres auxiliaires de fabrication, de mouture, des distributions, des pesées. — Bons de distributions, leur totalisation par corps et par service. — Bordereau général. — Situations, journal, compte de gestion, indication des pièces justificatives des entrées et des sorties.

Instruction du 12 janvier 1877.

Notions sur le service dans les stations. Haltes. — Repas.

Action de l'intendance militaire sur le service en général.

OFFICIERS D'ADMINISTRATION DU SERVICE DE L'HABILLEMENT ET DU CAMPEMENT.

Règlement du 11 juin 1811 ; cahiers des charges ; instruction du 3 avril 1879.

Objet du service, sa division en cinq catégories. — Indication des objets et matières qui les composent. — Etablissements ; répartition du matériel dans les locaux et leur classement.

Personnel d'exécution. — Comptables, leur responsabilité ; ouvriers civils ou militaires. — Formation des approvisionnements, fourniture des effets et matières. — Cahiers des charges. — Décatissage. — Confections par les ateliers civils. — Réceptions, commissions, experts, leur fonctionnement. — Conservation et entretien du matériel. — Expéditions, livraisons, réintégrations, imputations, réparations.

Règlement du 3 *avril* 1869.

Comptes deniers. — Achats. — Exploitation. — Avances, justifications, compte ouvert avec le Trésor. — Registre-contrôle. — Bordereaux.

Règlement du 19 *novembre* 1871; *instructions des* 15 *mars et* 26 *juin* 1872.

Comptes matières. — Registre des procès-verbaux des commissions ; registre de métrage. — Journal, compte de gestion. — Comptes ouverts avec les confectionneurs. — Pièces justificatives ; registre des expéditions.

Action de l'intendance militaire sur le service en général.

SECTIONS D'INFIRMIERS MILITAIRES.

Instruction militaire.
Principes généraux de discipline. — Marques extérieures de respect. — Insignes des grades. — Lecture du Code pénal.
Instruction professionnelle.
Service de salle.
Service de la dépense.
Service des écritures.
Manœuvre du matériel et des brancards.
Manœuvre de la pompe.

SECTIONS DE COMMIS ET OUVRIERS MILITAIRES D'ADMINISTRATION.

Instruction militaire.
Principes généraux de discipline. — Marques extérieures de respect. — Insignes des grades.
Lecture du Code pénal.
Maniement du fusil, tir à la cible.

Instruction professionnelle.

Exercices pratiques spéciaux à chaque profession.

Distributions.

Montage des fours sur le terrain, fabrication du pain et du biscuit.

Manœuvre de la pompe.

DÉCRET

portant création d'un corps spécial d'interprètes de réserve.

Paris, le 15 avril 1885.

Le Président de la République française,

Vu le décret du 4 juin 1862 ;

Vu le décret du 19 juillet 1870 ;

Vu les articles 8 et 13 de la loi du 24 juillet 1873, sur l'organisation de l'armée ;

Vu l'article 45 de la loi du 13 mars 1875, sur les cadres de l'armée ;

Sur le rapport du Ministre de la guerre,

Décrète :

Art. 1er. — Il est créé un corps spécial d'interprètes de réserve.

Ce corps se compose d'interprètes de réserve principaux, d'interprètes de réserve de 1re, 2e et 3e classe.

Le nombre des interprètes de réserve est fixé par le Ministre de la guerre suivant les besoins du service.

Art. 2. — Nul ne peut faire partie du cadre des interprètes de réserve, s'il n'est Français ou naturalisé Français ; s'il ne justifie d'une moralité irréprochable et s'il n'appartient à une classe passée dans la réserve.

Art. 3. — Les interprètes de réserve sont choisis soit parmi les officiers de réserve ou de l'armée territoriale, soit parmi les professeurs de langues étrangères dépendant de l'Université, soit parmi les autres personnes remplissant les conditions voulues.

Ils sont nommés par décret du Président de la République, sur la proposition du Ministre de la guerre, à la suite d'un concours et d'épreuves subis devant une commission d'examen spéciale, dont la composition sera déterminée par un règlement ministériel.

Art. 4. — Les interprètes de réserve ont rang d'officier de réserve, sans assimilation. Ils sont soumis aux lois et règlements militaires qui régissent l'état des officiers de réserve. Ils prennent rang entre eux suivant leur ancienneté dans chaque classe, les classes étant d'ailleurs subordonnées les unes aux autres.

Art. 5. — Avant d'entrer en fonctions, les interprètes de réserve sont tenus de prêter entre les mains de l'officier général, à l'état-major duquel ils sont attachés, le serment de fidélité prescrit pour les interprètes de l'armée d'Afrique.

Art. 6. — En cas de guerre, ils ont droit, suivant leur grade, aux mêmes prestations que ces derniers et portent le même uniforme.

Art. 7. — Les interprètes de réserve peuvent, sur leur demande, lorsqu'ils ont satisfait à toutes leur obligations militaires, être maintenus jusqu'à l'âge de 60 ans dans le cadre des interprètes de réserve, s'ils remplissent encore toutes les conditions d'aptitude nécessaires.

Art. 8. — Les dispositions relatives à l'admission des candidats au fonctionnement de corps des interprètes de réserve et à l'avancement dans ce corps seront déterminées par le règlement ministériel visé à l'article 3 ci-dessus.

Art. 9. — Le Ministre de la guerre est chargé de l'exécution du présent décret.

Fait à Paris, le 15 avril 1885.

Signé : JULES GRÉVY.

Par le Président de la République :

Le Ministre de la guerre,

Signé : E. CAMPENON.

RECRUTEMENT MARITIME.

Tableau des Circonscriptions.

NOTE MINISTÉRIELLE

Du 6 août 1885.

Après entente entre le Ministre de la guerre et celui de la marine, il a été décidé que l'on mettrait en concordance les circonscriptions maritimes avec les subdivisions de région de recrutement.

Les tableaux ci-après établis seront, en conséquence, à partir du 1er octobre 1885, substitués à ceux qui figuraient au chapitre XIX de l'Instruction du 28 décembre 1879 (édition refondue).

Tableau indiquant les départements compris dans chacune des cinq circonscriptions de réserve maritime.

1re circonscription.	2e circonscription.	3e circonscription.	4e circonscription.	5e circonscription.
CHERBOURG, port chef-lieu.	BREST, port chef-lieu.	LORIENT, port chef-lieu.	ROCHEFORT, port chef-lieu.	TOULON, port chef-lieu.
Aisne.	Côtes-du-Nord	Cher.	Ariège.	Ain.
Ardennes.	Eure-et-Loir.	Indre.	Basses - Pyré - nées.	Algérie.
Aube.	Finistère.	Indre-et-Loire	Charente.	Allier.
Calvados.	Ille-et-Vilaine	Loire - .Infé - rieure.	Charente-Infé - rieure.	Alpes - Mariti - mes.
Eure.	Mayenne.	Loiret.	Corrèze.	Ardèche.
Manche.	Orne.	Loir-et-Cher.	Creuse.	Aude.
Marne.	Sarthe.	Maine-et-Loi - re.	Deux-Sèvres.	Aveyron.
Meurthe - et - Moselle.		Morbihan.	Dordogne.	Basses-Alpes.
Meuse.		Nièvre.	Gers.	Bouches - du - Rhône.
Nord.		Vendée.	Gironde.	Cantal.
Oise.		Yonne.	Haute-Garonne	Corse.
Pas-de-Calais.			Hautes - Pyré - nées.	Côte-d'Or.
Seine.			Haute Vienne.	Doubs.
Seine-et-Marne			Landes.	Drôme.
Seine-et-Oise.			Lot.	Gard.
Seine-Inférieu - re.			Lot-et-Garonne	Hautes-Alpes.
Somme.			Tarn-et-Garon - ne.	Haute-Loire.
Vosges.			Vienne.	Haute-Marne.
				Haute-Saône.
				Haute-Savoie.
				Hérault.
				Isère.
				Jura.
				Loire.
				Lozère.
				Puy-de-Dôme.
				Pyrénées - Orientales.
				Rhône.
				Saône-et-Loire.
				Savoie.
				Tarn.
				Territoire de Belfort.
				Var.
				Vaucluse.

Note ministérielle
du 6 août 1885.

Instruction ministérielle
du 28 décembre 1879.

(Édition refonduc.)

TABLEAU des circonscriptions de réserve maritime.

1ʳᵉ CIRCONSCRIPTION (CHERBOURG).

6 CORPS D'ARMÉE. — 38 SUBDIVISIONS DE RÉGION,
PLUS PARIS ET VERSAILLES.

1ᵉʳ corps. — Lille.	Lille. Valenciennes. Cambrai. Avesnes.	Arras. Béthune. Saint-Omer. Dunkerque.
2ᵉ corps. — Amiens.	Soissons. Saint-Quentin. Beauvais. Amiens.	Compiègne. Abbeville. Laon. Péronne.
3ᵉ corps. — Rouen.	Bernay. Evreux. Falaise. Lisieux.	Rouen (Nord). Rouen (Sud). Caen. Le Havre.
5ᵉ corps. — Orléans.	Fontainebleau. Melun. Coulommiers.	....
6ᵉ corps. — Châlons-sur-Marne.	Nancy. Toul. Neufchâteau. Verdun.	Mézières. Reims. Troyes. Châlons-sur-Marne.
10ᵉ corps. — Rennes.	....	Cherbourg. Granville. Saint-Lô.

2ᵉ CIRCONSCRIPTION (BREST).

3ᵉ CORPS D'ARMÉE. — 15 SUBDIVISIONS DE RÉGION.

4ᵉ corps. — Le Mans.	Laval. Mayenne. Mamers. Le Mans.	Dreux. Chartres. Alençon. Argentan.
10ᵉ corps. — Rennes.	Guingamp. Saint-Brieuc. Rennes. Vitré.	. . . . Saint-Malo . . . .
11ᵉ corps. — Nantes.	. . . .	Quimper. Brest. . . . .

3ᵉ CIRCONSCRIPTION (LORIENT).

4 CORPS D'ARMÉE. — 20 SUBDIVISIONS DE RÉGION.

5ᵉ corps. — Orléans.	Sens.	Auxerre. Montargis. Blois. Orléans.
8ᵉ corps. — Bourges.	. . . .	Cosne. Bourges. . . . . Nevers.
9ᵉ corps. — Tours.	Châteauroux. Le Blanc (1).	Châtellerault (2). Tours. Angers. Cholet.

(1) Moins l'arrondissement de Montmorillon (Vienne)
(2) En ce qui concerne seulement l'arrondissement de Chinon, moins Langeais et Bourgueil (Indre-et-Loire).

| 11e corps. — Nantes. | Nantes. Ancenis. La Roche-sur-Yon. Fontenay. | Vannes. . . . . Lorient. |

4e CIRCONSCRIPTION (ROCHEFORT).

4 CORPS D'ARMÉE. — 28 SUBDIVISIONS DE RÉGION.

9e corps. — Tours.	Le Blanc (1). Châtellerault (2). Parthenay. Poitiers.	. . . .
12e corps. — Limoges.	Limoges. Magnac-Laval. Guéret. Tulle.	Périgueux. Angoulême. Brives. Bergerac.
17e corps. — Toulouse.	Agen. Marmande. Cahors. Montauban.	Toulouse. Foix. Mirande. Saint-Gaudens.
18e corps. — Bordeaux.	Saintes. La Rochelle. Libourne. Bordeaux.	Mont-de-Marsan. Bayonne. Pau. Tarbes.

5e CIRCONSCRIPTION (TOULON).

7 CORPS D'ARMÉE. — 45 SUBDIVISIONS DE RÉGION,

PLUS LYON.

| 7e corps. — Besançon. | Belfort. Vesoul. Langres. Chaumont. | Lons-le-Saunier. Besançon. Bourg. Belley. |

(1) En ce qui concerne l'arrondissement de Montmorillon seulement.
(2) Seulement en ce qui concerne les arrondissements de Châtellerault et de Loudun et les quatre cantons de Saint-Julien, Saint-Georges, Neuville et Mirebeau, de l'arrondissement de Poitiers (Vienne).

8e corps. — Bourges.	Auxonne. Dijon. Chalon-sur-Saône. Mâcon.	. . . . Autun. . . . .
13e corps. — Clermont-Ferrand.	Riom. Montluçon. Clermont-Ferrand. Aurillac.	Le Puy. Saint-Étienne. Montbrison. Roanne.
14e corps. — Grenoble.	Grenoble. Bourgoin. Annecy. Chambéry.	Vienne. Romans. Montélimar. Gap.
15e corps. — Marseille.	Toulon. Antibes. Aix (avec bureau annexe à Digne). Ajaccio.	Nîmes. Avignon. Privas. Pont-Saint-Esprit.
16e corps. — Montpellier.	Montpellier. Béziers. Mende. Rodez.	Narbonne. Perpignan. Carcassonne. Albi.
19e corps. — Alger.	Toute l'Algérie.	

NOTICE N° 2.

ASSIMILATIONS.

———

Décret du 20 mars 1876 portant règlement d'administration publique, sur les assimilations de grades à donner aux anciens élèves des Ecoles polytechnique et forestière.

Versailles, le 20 mars 1876.

LE PRÉSIDENT DE LA RÉPUBLIQUE FRANÇAISE,

Sur le rapport du Ministre de la guerre,
Vu l'article 19 de la loi du 27 juillet 1872, sur le recrutement de l'armée, ainsi conçu :

« Les élèves de l'Ecole polytechnique et les
» élèves de l'Ecole forestière sont considérés
» comme présents sous les drapeaux dans l'ar-
» mée active pendant tout le temps passé par eux
» dans lesdites écoles.

» Les lois d'organisation, prévues par l'article
» 45 de la présente loi, déterminent, pour ceux
» de ces jeunes gens qui ont satisfait aux exa-
» mens de sortie et ne sont pas placés dans les
» armées de terre ou de mer, les emplois aux-
» quels ils peuvent être appelés, soit dans la
» disponibilité, soit dans la réserve de l'armée
» active, soit dans l'armée territoriale ou dans
» les services auxiliaires. »

Vu la loi du 24 juillet 1873, relative à l'organisation générale de l'armée, et notamment le troisième paragraphe de l'article 36, ainsi conçu :

« Un règlement d'administration publique,
» rendu pour chacun des services dans lesquels
» sont placés les élèves de l'Ecole polytechni-
» que qui ne font pas partie de l'armée de terre
» ou de mer, et les élèves de l'Ecole forestière
» entrés dans le service forestier, détermine les
» assimilations de grade ou les emplois qui peu-
» vent, en cas de mobilisation, leur être donnés
» dans l'armée, selon la position qu'ils occupent
» dans les services auxquels ils appartiennent. »

Vu le décret du 15 avril 1873, portant réorganisation de l'Ecole polytechnique ;

Vu l'ordonnance du 1er août 1827, pour l'exécution du Code forestier, et le décret du 2 avril 1875, relatif à l'organisation militaire du corps forestier ;

Vu la loi du 13 mars 1875, relative à la constitution des cadres et des effectifs de l'armée active et de l'armée territoriale ;

Vu les observations faites sur le projet de décret par les Ministres des finances, de l'intérieur et des travaux publics ;

Le Conseil d'Etat entendu,

Décrète :

Art. 1er. Les assimilations de grade et les emplois qui, en vertu de l'article 36 de la loi du 24 juillet 1873, peuvent être donnés dans l'armée aux élèves de l'Ecole polytechnique placés dans les services civils, et aux élèves de l'Ecole forestière entrés dans le service forestier, sont déterminés par les tableaux ci-après :

1º ÉLÈVES DE L'ÉCOLE POLYTECHNIQUE.

MINISTÈRE DES FINANCES.

Manufactures de l'État.

GRADES dans le corps des ingénieurs des manufactures de l'Etat.	ASSIMILATION dans l'armée.	OBSERVA-TIONS.
Elève ingénieur...	Sous-lieutenant de réserve ou de l'armée territoriale.	
Sous-ingénieur	Lieutenant de réserve ou de l'armée territoriale.	
Ingénieur.........	Capitaine de réserve ou de l'armée territoriale.	
Directeur de 4º cl.	Chef d'escadron de réserve ou de l'armée territoriale.	
Directeur de 3º cl.		
Directeur de 2º cl.	Lieutenant-colonel de réserve ou de l'armée territoriale.	
Directeur de 1re cl.		

MINISTÈRE DE L'INTÉRIEUR.

Administration des lignes télégraphiques.

GRADES dans l'administration des lignes télégraphiques.	ASSIMILATION dans l'armée.	OBSERVATIONS.
Elève inspecteur...	Sous-lieutenant de réserve ou de l'armée territoriale.	Ces fonctionnaires seront employés, en cas de mobilisation, dans le service de la télégraphie militaire; ils demeureront affectés à leur service spécial.
Chef de station....	Lieutenant de réserve ou de l'armée territoriale.	
Directeur des transmissions et sous-inspecteur	Capitaine de réserve ou de l'armée territoriale.	
Inspecteur.........	Chef de bataillon de réserve ou de l'armée territoriale.	
Inspecteur divisionnaire............	Lieutenant-colonel de réserve ou de l'armée territoriale.	

Droits et Oblig. 12

MINISTÈRE DES TRAVAUX PUBLICS.

Corps des ponts et chaussées et des mines.

GRADES dans les corps des ponts et chaussées et des mines.	ASSIMILATION dans l'armée.	OBSERVA-TIONS.
Elève ingénieur....	Sous-lieutenant de réserve ou de l'armée territoriale.	
Ingénieur ordinaire, 3º classe.....	Lieutenant de réserve ou de l'armée territoriale	
Ingénieur ordinaire, 2º classe.....	Capitaine de réserve ou de l'armée territoriale.	
Ingénieur ordinaire, 1ʳᵉ classe....	Chef de bataillon de réserve ou de l'armée territoriale.	
Ingénieur en chef..	Lieutenant-colonel de réserve ou de l'armée territoriale.	

Voir ci-après le tableau annexé au décret du 8 août 1884.

Art. 2. Dans chaque région de corps d'armée, un fonctionnaire désigné par le Ministre intéressé pour chacun des services qui reçoit des élèves de l'Ecole polytechnique, est accrédité auprès du commandant du corps d'armée, et est chargé, sous les ordres de ce dernier, et conformément aux instructions qui seront prescrites par le Ministre de la guerre, de tenir le contrôle du personnel sous ses ordres visé dans le présent règlement.

Art. 3. Les Ministres de la guerre, des finances, de l'intérieur et des travaux publics sont chargés, chacun en ce qui le concerne, de l'exécution du présent décret, qui sera inséré au *Bulletin des lois.*

Fait à Versailles, le 20 mars 1876.

Signé : Maréchal DE MAC-MAHON.

Par le Président de la République :

Le Ministre de la guerre,

Signé : Général E. DE CISSEY.

Décret du 8 août 1884 relatif aux assimilations des grades des agents forestiers aux grades de la hiérarchie militaire.

LE PRÉSIDENT DE LA RÉPUBLIQUE FRANÇAISE,

Sur le rapport du Ministre de la guerre,

Vu l'article 19 de la loi du 27 juillet 1872, sur le recrutement de l'armée ;

Vu la loi du 24 juillet 1873, relative à l'organisation générale de l'armée, et notamment l'article 36, § 3 ;

Vu le décret du 20 mars 1876, rendu pour l'exécution de l'article 5 du décret du 2 avril 1875, relatif à l'organisation militaire de l'administration des forêts, et le décret du 2 juin 1883, portant modification du décret du 20 mars 1876 ;

Vu l'ordonnance réglementaire du 1er août 1827, pour l'exécution du Code forestier, et les décrets des 23 octobre 1883 et 22 janvier 1884, relatifs à l'organisation du service forestier ;

Sur les observations du Ministre de l'agriculture,

DÉCRÈTE :

Art. 1er. Les assimilations de grade et les emplois qui, en vertu de l'article 36 de la loi du 27 juillet 1873, peuvent être donnés dans l'armée aux élèves de l'École forestière entrés dans le service forestier, sont déterminés par le tableau ci-après :

Elèves de l'Ecole forestière.

GRADES dans l'administration des Forèts.	ASSIMILATION dans l'armée.
Garde général stagiaire et garde général de 5° et 4° classe.....	Sous-lieutenant de réserve ou de l'armée territoriale.
Garde général de 3°, 2° et 1re clas.	Lieutenant id.
Inspecteur adjoint..............	Capitaine id.
Inspecteur	Chef de bataillon id.
Conservateur..................	Lieutenant-colonel id.

Art. 2. Les mêmes assimilations sont établies pour les agents forestiers du grade de garde général et au-dessus qui ne sortent pas de l'Ecole forestière.

Art. 3. Le décret du 2 juin 1883 est abrogé en ce qu'il a de contraire aux dispositions du présent décret.

Art. 4. Les Ministres de la guerre et de l'agriculture sont chargés, chacun en ce qui le concerne, de l'exécution du présent décret.

Fait à Paris, le 8 août 1884.

Signé : JULES GRÉVY.

Par le Président de la République :
Le Ministre de l'agriculture,
Signé : J. MÉLINE.

Le Ministre de la guerre,
Signé : E. CAMPENON.

NOTICE N° 3.

DROIT AUX PRESTATIONS DIVERSES.

Prestations diverses et en nature. — 1re mise. — Indemnité d'entrée en campagne. — Perte d'effets. — Habillement et équipement. — Armement. — Allocation de cartouches pour les tirs au revolver.

PRÉAMBULE.

L'administration des réserves (officiers et troupes) se confond avec celle de l'armée active. Par suite, nous n'avons pas cru devoir entrer dans de longs détails sur ce sujet trop complexe, du reste, pour pouvoir être convenablement traité dans une simple notice.

Quant à l'administration de l'armée territoriale, elle est définie par l'instruction du 12 février 1873, qui n'est malheureusement plus en concordance avec les règlements parus depuis cette époque.

En attendant que les bureaux de la guerre publient une édition revisée de cette instruction, les intéressés trouveront dans les pages qui suivent des renseignements très suffisants sur l'étendue de leurs droits en matière administrative.

Pour ceux de nos lecteurs que leur grade appelle au commandement d'unités administratives, ils devront se reporter, jusqu'à décision à intervenir, à l'instruction précitée du 12 février 1878. MM. les capitaines-majors possèdent tous un exemplaire revisé et mis à jour de cette instruction. Ils se feront un plaisir de la communiquer à ceux qui voudront bien leur faire l'amitié de la leur demander en communication.

§ 1.

Solde et prestations en nature. — Tarifs divers.

CIRCULAIRE DU 16 MARS 1880.

(Allocations dues aux officiers de réserve admis à faire des stages ou convoqués pour les grandes manœuvres.)

Monsieur,

Je vous informe que les officiers de réserve et assimilés des différentes armes appelés à faire un stage dans les corps de l'armée active devront être traités ainsi qu'il suit, au point de vue des allocations.

Ceux qui auront été admis par les commandants de corps d'armée, au stage payé, auront droit à la solde et aux prestations attribuées aux officiers de leur grade pour toutes les journées de présence, à l'exclusion du jour de l'arrivée et de celui du départ qui ne seront pas comptés dans la durée du stage.

Les stages gratuits et les stages soldés donneront droit pour les intéressés à l'indemnité de route à l'aller et au retour (1) sans qu'il soit

_____

(1) Les officiers de la réserve qui ne toucheraient pas leur indemnité de route avant de quitter le corps, sont

besoin que la demande en soit faite, ainsi que cela avait été exigé jusqu'à présent par les circulaires des 2 mars et 14 juin 1876 qui sont abrogées.

Cette indemnité sera calculée sur la distance qui sépare le lieu de convocation de la résidence de l'officier d'après les règles tracées par le décret du 12 juin 1867 modifié par celui du 12 octobre 1871.

Les intéressés devront recevoir une feuille de route mentionnant leur qualité de stagiaire, et l'itinéraire à suivre (circulaire du 27 décembre 1877, *Journal militaire officiel,* partie supplémentaire, page 592).

Les officiers de réserve convoqués pour les grandes manœuvres seront traités pendant l'appel dont ils auront fait l'objet comme les officiers désignés pour les stages payés.

Je vous prie, chacun en ce qui vous concerne, de donner les ordres nécessaires pour assurer l'exécution des dispositions contenues dans la présente circulaire.

Le Ministre de la guerre,

Signé : FARRE.

---

prévenus que, conformément aux prescriptions de l'art. 60 du décret du 12 juin 1867, ils devront la réclamer, dans les cinq jours de leur arrivée à destination au sous-intendant militaire de la place, ou, dans les quinze jours, à celui de la résidence la plus voisine dans le corps d'armée, s'il n'existe pas de sous-intendant dans cette place. — (Circ. du 15 avril 1878.)

NOTE MINISTÉRIELLE DU 26 NOVEMBRE 1879

Relative aux permissions d'absence des officiers de réserve et de l'armée territoriale pendant la durée des exercices et manœuvres. (Etat-major général ; Bureau de la Correspondance générale.)

Le Ministre de la guerre a été consulté sur la question de savoir s'il n'y aurait pas lieu d'appliquer aux officiers de réserve les dispositions de la circulaire du 15 avril 1878, aux termes de laquelle les officiers de l'armée territoriale, convoqués pour les périodes annuelles d'exercices, ne peuvent recevoir aucune allocation pour les journées pendant lesquelles ils s'absentent, en vertu de permissions.

Considérant que ces périodes de réunion sont d'une durée trop courte pour que les officiers de réserve et de l'armée territoriale puissent être autorisés à les interrompre, à moins de raison tout à fait exceptionnelle, le Ministre décide :

1° Qu'en principe, les officiers de réserve et de l'armée territoriale ne doivent pas s'absenter par permission, durant leur stage réglementaire, ou leur convocation pour les périodes annuelles d'exercices ;

2° Que, si des motifs *très graves* les obligent à solliciter momentanément une permission d'absence, ces autorisations accordées dans les conditions prévues par les décrets en vigueur, en ce qui concerne les pouvoirs des officiers appelés à délivrer des permissions, *ne donneront droit à aucune allocation de solde.*

Nota. — Les *sursis d'arrivée*, étant assimilés aux permissions, ne donnent droit à aucune solde.

Quant aux officiers qui obtiennent *des sursis d'un an* (c'est-à-dire qui sont autorisés à n'accomplir qu'une année plus tard le stage obligatoire pour lequel ils avaient reçu un ordre de convocation), ils en perdent leur droit à aucune allocation de solde ou d'indemnité quelconque. *Pendant leur présence au corps, ils reçoivent les mêmes prestations que leurs collègues convoqués pour la période.* Les officiers auxquels l'autorité refuserait par hasard le paiement de leur solde, sous le prétexte que l'octroi d'un sursis entraîne *ipso facto* suppression de la solde de route, devront adresser une réclamation à l'intendance et au besoin au Ministre.

NOTE MINISTÉRIELLE

Du 24 avril 1885

Concernant les officiers de réserve et de l'armée territoriale convoqués pour subir une punition disciplinaire.

Aux termes de l'article 125 de l'instruction du 12 février 1878 sur l'administration des corps de troupe de l'armée territoriale, « les officiers des différentes armes de l'armée territoriale, convoqués pour subir une punition disciplinaire, reçoivent l'indemnité de route telle qu'elle est déterminée par les décrets du 12 juin 1867 et du 12 octobre 1871, à l'exclusion de la solde.

» L'indemnité de séjour est également allouée

pour chacune des journées de présence à l'exclusion de la solde. »

Les mêmes dispositions seront applicables, à l'avenir, aux officiers de réserve convoqués pour subir une punition disciplinaire.

TARIF DE L'INDEMNITÉ DE ROUTE.

GRADES ET EMPLOIS.	INDEM-NITÉ jour-nalière.	INDEMNITÉ DE TRANSPORT			OBSERVATIONS.
		kilomé-trique sur les voies ferrées.	kilomé-trique en diligence.	fixe de voyage.	
	fr. c.	fr. c.	fr. c.	fr. c.	
OFFICIERS (1).					(1) Lorsque le parcours a lieu sur les voies ferrées où les militaires paient demi-place, le taux de l'indemnité kilométrique de transport fixé par le présent tarif est doublé ; il est quadruplé si le chemin de fer n'est astreint à aucune réduction du prix de la place.
Lieutenant-colonel, chef de bataillon ou d'escadron, médecin-major de 1re classe......	5 00	0 031	0 16	5 00	
Capitaine, médecin-major de 2e classe, vétérinaire en premier, lieutenant, sous-lieutenant, médecin aide-major, vétérinaire en second, aide-vétérinaire.	3 00	0 031	0 14	3 00	
TROUPE (1) (2).					(2) L'indemnité kilométrique de transport accordée aux sous-officiers et soldats dans les positions prévues par le règlement du 12 juin 1867, modifié par le décret du 18 juillet 1876, est augmentée, lorsqu'il y a lieu, du droit du timbre de dix centimes qui, conformément à la loi du 23 août 1871, frappe les billets de place de chemins de fer dont le prix excède dix francs.
Adjudant, chef armurier de 1re classe.					
Sergent-major, maréchal des logis chef, sergent, maréchal des logis, chef armurier de 2e classe, chef et sous-chef artificier, tambour-major, maréchal des logis trompette......	1 25	0 017			
Caporal, brigadier, soldat......					

TARIF Nº 1 (*Suite*).

RÈGLES A SUIVRE POUR LE DÉCOMPTE DE L'INDEMNITÉ DE ROUTE ALLOUÉE AUX HOMMES DE TROUPE.

INDEMNITÉ JOURNALIÈRE SPÉCIALE.

Conformément à l'article 3 du décret du 18 juillet 1876, modifié par celui du 9 janvier 1878, une indemnité journalière spéciale de 1 fr. 25 c. est allouée à l'homme qui a à parcourir une distance égale ou inférieure à 24 kilomètres, et même à celui qui habite dans le lieu de réunion; elle est destinée à subvenir à ses besoins pendant la journée d'arrivée.

Cette indemnité spéciale ne peut se cumuler avec l'indemnité journalière de route dont il est question ci-après.

INDEMNITÉ JOURNALIÈRE DE ROUTE.

Le calcul des indemnités journalières de route pour les trajets de plus de 24 kilomètres est établi d'après le nombre de kilomètres effectivement parcourus par les hommes depuis leur domicile ou résidence légale jusqu'au lieu de convocation.

Sur les routes ordinaires, il est alloué autant de fois l'indemnité journalière de 1 fr. 25 c. que la distance parcourue comprend de fois 24 kilomètres, soit que le trajet s'effectue sur des lignes d'étapes, soit qu'il s'effectue en dehors de ces lignes. Dans le décompte de ces indemnités, les fins de parcours ne donnent droit à une indemnité journalière de route qu'autant qu'elles sont supérieures à 12 kilomètres.

Sur les voies ferrées, l'indemnité journalière de route est allouée, pour les hommes voyageant isolément, autant de fois que le nombre de kilomètres parcourus contient 360 kilomètres; les fins de parcours ne donnent droit à cette indemnité journalière que si elles sont supérieures à 40 kilomètres. En ce qui concerne les hommes formés en détachement, chaque journée passée en route donne droit à une indemnité journalière.

Routes ordinaires et voies ferrées. — Lorsque le parcours emprunte les deux modes de locomotion (trajet à pied et voies ferrées), le décompte du nombre des indemnités journalières de route s'établit comme il suit :

On calcule le nombre d'indemnités journalières dues à raison d'une indemnité par 24 kilomètres franchis à pied et par 360 kilomètres franchis en chemin de fer. Le nombre d'indemnités ainsi obtenu est augmenté, en raison des fins de parcours (1), dans les conditions suivantes:

1º On ajoute une indemnité supplémentaire lorsque, en divisant la fin de parcours en chemins de fer par 15 (rapport de 360 à 24) et en ajoutant le quotient de cette division à la fin du parcours à pied, on obtient un total supérieur à 12 kilomètres et inférieur à 36 kilomètres.

---

(1) On considère comme fins de parcours dans le décompte du nombre des indemnités à allouer, les deux parties du trajet à effectuer, lorsqu'elles sont inférieures à 24 kilomètres sur les routes ordinaires et à 360 kilomètres sur les voies ferrées.

2º On ajoute deux indemnités supplémentaires lorsque la même opération donne un total supérieur à 36 kilomètres.

3º On ajoute une indemnité supplémentaire lorsque cette opération ne donnant pas un total supérieur à 12 kilomètres, la somme des deux fins de parcours réelles est néanmoins supérieure à 40 kilomètres.

Toutefois, et conformément à l'article 1er du décret du 18 juillet 1876, modifié par celui du 8 janvier 1878, lorsqu'aucun des trajets partiels (à pied ou en chemin de fer) ne donne droit séparément à une indemnité journalière de route, cette indemnité est acquise si l'ensemble des deux trajets dépasse 24 kilomètres.

INDEMNITÉ KILOMÉTRIQUE.

Routes ordinaires. — Aucune indemnité kilométrique n'est allouée aux hommes voyageant sur les routes ordinaires.

Voies ferrées. — Lorsque le trajet s'effectue complétement par les voies ferrées, les hommes qui n'ont à franchir qu'une distance égale ou inférieure à 24 kilomètres, n'ont pas droit à l'indemnité kilométrique.

Cette indemnité est, au contraire, allouée pour tout trajet en chemin de fer supérieur à 24 kilomètres.

Routes ordinaires et voies ferrées. — Lorsque le trajet a lieu en partie sur les routes ordinaires et en partie sur les voies ferrées, et lorsque la distance totale excède 24 kilomètres, l'indemnité kilométrique est allouée, mais seulement pour le parcours effectué en chemin de fer.

TARIF N° 2.
Art. 22 et 25 de l'instruction
du 12 février 1878.

TARIFS DE SOLDE.

1° *Officiers* (réserve et armée territoriale).

GRADES et emplois.	Infanterie		Cavalerie et train des équipages militaires.		Artillerie, train d'artillerie et génie, Service d'état-major et de l'intendance.		OBSERVATIONS.
	de présence.	d'absence.	de présence.	d'absence.	de présence.	d'absence.	
	fr. c.	fr. c.	fr. c.	fr. c.	fr. c.	fr. c.	
Lieutenant-colonel.....	16.90	8.45	17.40	8.70	19.70	9.85	L'officier qui est adjoint au capitaine-major continue de percevoir sa solde, en fin de mois et d'après les tarifs particuliers qui lui sont attribués.
Chef de bataillon ou d'escadron.........	13.90	6.95	14.60	7.30	16.60	8.30	
Capitaine.............	8.80	4.40	8.90	4.45	9.00	4.50	
Lieutenant...........	6.60	3.30	6.90	3.45	7.10	3.55	
Sous-lieutenant (1).....	6.30	3.15	6.60	3.30	7.10	3.55	

GRADES et emplois.	SOLDE PAR JOUR quelque soit l'arme.		OBSERVATIONS.
	de présence.	d'absence.	
	fr. c.	fr. c.	
Officiers de santé. { Médecin-major de 1re classe.....	16.60	8.30	(1) Les sous-lieutenants de réserve du service de l'intendance ne touchent que 6 fr. 80 et 3 fr. 40.
Médecin-major de 2e classe.....	10.00	5.00	NOTA. — La solde prévue au présent tarif n'est pas passible de la retenue de 2 p. 100 au profit du Trésor.
Médecin aide-major de 1re classe....	7.30	3.65	
Médecin aide-major de 2e classe....	7.10	3.55	
Vétérinaire. { Vétérinaire en premier......	8.90	4.45	
Vétérinaire en second.....	7.20	3.60	
Aide vétérinaire........	6.60	3.30	

2° *Troupes* (armée territoriale).

GRADES ET EMPLOIS.	SOLDE DE PRÉSENCE PAR JOUR.					OBSERVATIONS.
	Infant., sections de com. et ouvr, milit. d'admin. et d'infir.	Cavalerie.	Artillerie et train d'artillerie.	Génie.	Train des équipages militaires.	
§ 1er. — Corps de troupe.	fr. c.	fr. c.	fr. c.	fr. c.	fr. c.	Les réservistes pendant leur stage dans l'armée active reçoivent exactement la même solde que leurs collègues. Ce tarif n'est donc pas applicable aux militaires de cette catégorie, bien qu'il ne diffère de celui en vigueur dans l'armée active, qu'en ce qui concerne les militaires de 1re classe, et certains emplois spéciaux dans les armes spéciales.
Adjudant, chef armurier de 1re classe......	2 57	2 72	2 77	3 77	3 62	
Chef armurier de 2e classe........	1 52	1 62	"	"	"	
Tambour-major, maréchal des logis trompette.	1 47	1 47	1 82	1 82	1 72	
Sergent-major, maréchal des logis chef......	1 17	1 32	1 27			
Sous-chef artificier........	0 87		1 17	1 17	1 07	
Serg., serg.-four., mar., des log., m. des l, four..	0 87	1 02	1 17	1 17	1 07	
Capor.-four., brigad.-four., capor.-tambour ou clairon, capor.-sapeur, brigad.-trompette..	0 67	0 87	1 02	1 02	0 92	
Caporal, brigadier........	0 52	0 47	0 77	0 77	0 67	
Sapeur ouv. d'art. (inf.), maître-ouv (gén., art.)..	0 40	"	0 63	0 65	"	
Tambour et clairon........	0 40	"		0 54	"	
Trompette........	"	0 63	0 65	0 63	0 65	
Sold., caval., canon.-serv., canon.-conduct., sap.-min., sap.-conduct........	0 45	0 28	0 28	0 40	0 32	

	Légion de l'intérieur.		Légion d'Afrique.		
§ 2. — Gendarmerie.	Arme à cheval (1).	Arme à pied.	Arme à cheval (1).	Arme à pied.	(1) Les militaires appartenant à l'armée à cheval, ne recevront la solde de cette arme que s'ils sont montés.
	fr. c.	fr. c.	fr. c.	fr. c.	
Adjudant........	4 80	4 35	5 10	4 45	
Maréchal des logis chef........	4 15	3 70	4 45	3 80	
Maréchal des logis........	3 80	3 33	4 10	3 45	
Brigadier........	3 50	3 10	3 85	3 20	
Gendarme........	3 30	2 50	3 25	2 60	

TARIF N° 3.
Article 25 de l'instruction du 12 février 1878.

TARIF DES INDEMNITÉS.
(Réserve et armée territoriale.)

1° Indemnités pour résidence dans Paris, pour résidence en Algérie, en rassemblement.

GRADES ET EMPLOIS.	pour résidence dans Paris.	pour résidence en Algérie.	INDEMNITÉ PAR JOUR en rassemblement.				Observations.
			No 1.	No 2.	No 3.	No 4.	
	fr. c.	fr. c.	fr. c.	fr. c.	fr. c.	fr. c.	
OFFICIERS.							
Lieutenant-colonel	4 45	1 35	2 00	1 50	1 00	0 50	
Chef de bat. ou d'esc. médec.-maj. de 1re cl.	3 75	1 05	1 40	1 05	0 70	0 35	
Capit., médec.-maj. de 2e cl., vétér. en prem.	2 55	1 05					
Lieuten., médec. aide-maj., vétérin. en second.	2 30	1 05	1 00	0 75	0 50	0 25	
Sous-lieutenant	2 15	1 05					
TROUPE.							
§ 1er. — Corps de troupe.							
Adjudant, chef-armurier de 1re classe	0 75	»	0 20				
Sous-offic. et assimilé d'un emploi de sous-offic. autre que celui d'adj., cap.-four., brig.-four., cap.-famb. ou clair., cap.-sap., brig.-tromp.	0 40	»	0 10				
Caporal, brigadier, soldat, canonnier, cavalier, sapeur, clairon, tambour, trompette	0 07	»	0 05				

	POUR RÉSIDENCE dans Paris.		POUR CHERTÉ de vivres (1).		Observations.
	Arme à cheval (2).	Arme à pied.	Arme à cheval (2).	Arme à pied.	
	fr. c.	fr. c.	fr. c.	fr. c.	
§ 2. — Gendarmerie.					
Adjudant	0 92	0 80	0 34	0 28	
Maréchal des logis chef	0 75	0 63			
Maréchal des logis	0 65	0 53			
Brigadier	0 59	0 47			
Gendarme	0 47	0 35			

(1) Cette indemnité n'est accordée que dans les localités où les gendarmes de l'armée active sont autorisés à la percevoir.

(2) Les militaires appartenant à l'arme à cheval, ne recevront les indemnités de cette arme que s'ils sont montés.

2° Indemnités pour frais de bureau.
(Armée territoriale.)

DESIGNATION DES GRADES ET EMPLOIS.	INDEMNITÉ par jour.	OBSERVATIONS.
	fr. c.	*Note ministérielle du 19 juin 1884.*
Chefs de corps. { Lieutenant-colonel........	2 00	Une indemnité supplémentaire est accordée aux officiers comptables en cas de convocation simultanée de plusieurs bataillons. Le trésorier ou l'officier payeur recevra 0 fr. 85 par l'officier d'habillement, 0 fr. 35 par jour et par bataillon convoqué en sus du 1er.
Chef de bataillon ou d'escadron.	1 50	
Capitaine-major ou officier en remplissant les fonctions............	0 50	Le capitaine-major recevra 0 fr. 85 par jour toutes les fois qu'il y aura plus d'un bataillon convoqué en même temps, quel que soit le nombre de ces bataillons.
Officier d'habillement............	1 00	
Trésorier ou officier en remplissant les fonctions { Infanterie.........	3 00	Rien est changé aux autres indemnités attribués par le présent tarif aux officiers comptables des corps territoriaux autres que l'infanterie.
{ Autres corps....	2 50	
Officier commandant de compagnie, d'escadron, de batterie s'administrant séparément ou de section formant corps............	1 00	Quant aux escadrons territoriaux de cavalerie, le nouveau mode d'administration adopté à leur égard supprime le droit aux indemnités de frais de bureaux pour les officiers appartenant à ces escadrons.

TARIF N° 4.

TARIF DE LA COMPOSITION DES RATIONS DE VIVRES, DE FOURRAGES ET DE CHAUFFAGE.

Art. 36, 37 et 39 de l'instruction du 12 février 1878.

1° *Vivres.*

DENRÉES.	POIDS de la ration.	POIDS de la ration entière. Corps		OBSERVATIONS.
		Munis de percolateur Malen.	Non munis de percolateur Malen.	
Pain (1)............	0k.750			(1) Les troupes peuvent également recevoir la ration mixte composée de : Pain, 620 gr. Biscuits, 100 gr.
Biscuit............	0 530			
Viande fraîche........	0 300			
Viande de conserve....	0 200			
Lard salé............	0 240			
Sucre............ ...		0k.010	0k.021	
Café............ ...		0 010	0 016	

2° *Fourrages.*

DENRÉES.	POIDS de la ration.	SUBSTITUTION DE		
		FOIN EN	PAILLE EN	AVOINE OU ORGE EN
Foin............	Variable suivant l'arme, la saison, et la race des animaux.	Sainfoin, poids pour poids. Luzerne, poids pour poids. Paille, double du poids. Avoine ou orge, moitié du poids.	Foin, moitié du poids. Avoine ou orge, quart du poids.	Foin double du poids. Paille, quatre fois le poids. Son, moitié en sus. Farine d'orge, 8/10 du poids.
Paille............				
Avoine............				

3° Chauffage.

CUISSON DES ALIMENTS ET PRÉPARATION DU CAFÉ.

DÉSIGNATION DES RATIONS.	TAUX de la ration.		FAGOTS pour l'allumage du charbon de terre.
	Bois.	Charbon de terre.	
Cuisson des aliments.			
Rations de sous-officier et d'autres parties prenantes traitées au même titre dans les corps qui font usage des fourneaux économiques, par homme et par jour.........	1 k. 60	0 k. 80	1 par 20 rations.
Rations collectives d'ordinaire aux troupes faisant usage de fourneaux économiques. — 1° Fourneaux à une marmite, par fourneau et par jour............	25 00	14 00	2 par ration.
2° Fourneaux ancien mod. à deux marm., par fourneau et par jour..	42 00	24 00	
3° Fourneaux Choumara et François Vaillant à double marmite, par fourneau et par jour : Marmites de 75 litres et au-dessous.........	40 00	22 00	
Marmites de 76 litres à 100 litres........	45 00	25 00	·
Rations individuelles d'ordinaire aux troupes logées chez l'habitant, par homme et par jour: Sous-officiers et parties prenantes traitées au même titre........	2 00	1 00	» »
Autres hommes de troupe........	1 00	0 50	
Rations individuelles d'ordinaire aux troupes campées, baraquées ou bivouaquées : Sous-officiers et parties prenantes traitées au même titre........	2 40	1 20	1 par 20 rations.
Autres hommes de troupe........	1 20	0 60	
Préparation du café.			
Troupes recevant la ration collective d'ordinaire et non pourvues de percolateurs : par fourneau et par jour........	5 00	3 00	»
Troupes munies de percolateurs Malen, y compris les sous-officiers, par appareil et par jour : Appareil n° 1........	29 00	14 50	2 par ration.
Appareil n° 2........	21 00	10 50	
Appareil n° 3........	11 00	5 50	
Ration individuelle aux troupes ou parties prenantes recevant la ration individuelle d'ordinaire, par homme et par jour........	0 05	0 03	»

3° Chauffage (suite).

CHAUFFAGE DES CHAMBRES.

DÉSIGNATION DES RATIONS.	TAUX de la ration.		FAGOTS pour l'allumage du charbon de terre.
	Bois.	Charbon de terre.	
Rations collectives.			
Région chaude..................................	20 k. 00	12 k. 00	3 par ration.
Région tempérée...............................	23 00	15 00	
Région froide..................................	30 00	18 00	
Rations individuelles aux troupes casernées. Sous-officiers et autres parties prenantes traitées au même titre :			
Région chaude.................................	1 00	0 50	
Région tempérée...............................	1 40	0 70	
Région froide..................................	1 60	0 80	
Autres hommes de troupe :			
Région chaude..................................	0 50	0 25	1 par 20 rations.
Région tempérée...............................	0 70	0 35	
Région froide..................................	0 80	0 40	
Rations individuelles aux troupes campées ou baraquées. Sous-officiers et autres parties prenantes traitées au même titre :			
Région chaude.................................	2 00	1 00	
Région tempérée ou région froide..............	2 40	1 20	
Autres hommes de troupe :			
Région chaude.................................	1 00	0 50	1 par 20 rations.
Région tempérée ou région froide..............	1 20	0 60	
Rations individuelles aux troupes bivouaquées.			
Sous-officiers et autres parties prenantes traitées au même titre.	2 40	1 20	»
Autres hommes de troupe......................	1 20	0 60	»

OBSERVATIONS. — Voir ci-contre la durée du chauffage des chambres par région.

DURÉE DU CHAUFFAGE DES CHAMBRES.

DÉPARTEMENTS OU PLACES OÙ LE CHAUFFAGE DURE			Rég. tempérée.	Région froide.	OBSERVATIONS.
RÉGION CHAUDE.			4 mois (du 16 novembre au 15 mars inclus).	5 mois (du 1er novembre au 31 mars inclus).	
Quarante jours.	Soixante jours.	3 mois (du 1er décembre au dernier jour de février inclus).			
PROVINCE d'Alger.	PROVINCE d'Alger.	Alpes-Maritimes.	Allier.	Ain.	Bien que le département de la Seine se trouve dans la région tempérée, le chauffage des chambres des troupes formant la garnison de Paris et des forts et postes-casernes, est perçu au taux fixé pour la région froide, mais sans modification de la durée déterminée pour la région tempérée.
Alger.	Tizi-Ouzou.	Ardèche.	Ariège.	Aisne.	Lorsque les troupes sont campées ou baraquées, les distribution du chauffage d'hiver commencent un mois plus tôt et finissent un mois plus tard que pour les troupes casernées. Elles sont chauffées, savoir :
Douéra.	Dra-el-Mizan.	Aude.	Aube (moins la place de Clairvaux).	Alpes (Basses).	1o Dans la région chaude, pendant cinq mois, du 1er novembre au 31 mars inclusivement ;
Blidah.	Fort National.	Bouches-du-Rhône.	Charente.	Alpes (Hautes).	2o Dans la région tempérée, pendant six mois, du 16 octobre au 15 avril inclusivement ;
Coléah.	Aumale.	Gard.	Cher.	Ardennes.	3o Dans la région froide, pendant sept mois, du 1er octobre au 30 avril inclusivement ;
Dellys.	Beni-Mançours.	Hérault.	Côte-d'Or.	Aveyron.	Les troupes en station logées chez
Laghouat.	Médéah.	Var.	Creuse.	Calvados.	
Cherchell.	Boghar.	En Corse, les places de :	Deux-Sèvres.	Cantal.	
Marengo.	Djelfa.	Corte.	Dordogne.	Charente-Inférieure.	
Orléansville.	Milianah.	Prunelli.	Drôme.	Corrèze.	
Tenez.	Teniet-el-Haad.	Vivario.	Eure.	Côtes-du-Nord.	
		Vizzavona.	Eure-et-Loir.	Doubs.	
		Boccognano.	Garonne (Hte).	Finistère.	
PROVINCE d'Oran.	PROVINCE d'Oran.	Sartène.	Gers.	Ille-et-Vilaine.	
			Gironde.	Isère.	
Mascara.	Ammi-Moussa.		Indre.	Jura.	
Tlemcen.	Tiaret.		Indre-et-Loire.	Loire (Haute).	
Sebdou.	Saïda.		Landes.	Loire-Intérieure.	
	Geryville.		Loir-et-Cher.	Lozère.	
	Daya.		Loire.	Manche.	
	El-Haçaïba.		Loiret.	Marne.	
			Lot.	Marne (Haute).	
				Meurthe-et-Mo-	

PROVINCE de Constantine.	PROVINCE de Constantine.			OBSERVATIONS COMMUNES.	
Constantine. Guelma. Soukarras. Tebessa.	Sétif. Batna. Lambèse. Kenchela.	Lot-et-Garonne. Maine-et-Loire. Mayenne. Nièvre. Oise. Orne. Pyrénées (Basses moins le fort de Portalet). Pyrénées (Hautes). Pyrénées-Or.los. (moins la place de Mont-Louis). Rhône. Sarthe. Saône-et-Loire. Seine. Seine-et-Marne. Seine-et-Oise. Tarn. Tarn-et-Garone Vaucluse. Vienne. Yonne.	Moselle. Meuse. Morbihan. Nord. Pas-de-Calais. Puy-de-Dôme. Saône (Haute). Savoie. Savoie (Haute). Seine-Inférieure. Somme. Vendée. Vienne (Haute). Vosges. Place de Clairvaux dans l'Aube. Place de Mont-Louis, dans les Pyrénées-Orientales. Fort Portalet, dans les Bas-Pyrénées.	Les allocations peuvent se trouver insuffisantes pour chauffer toutes les localités d'une caserne : aussi n'en-tend-on pas fournir aux troupes les moyens de rester enfermées dans des chambres continuellement bien chauf-fées : ce serait faire contracter aux soldats des habitudes tout-à-fait op-posées à l'esprit et aux exigences de l'état militaire. Ces allocations sont donc seulement destinées à entrete-nir du feu dans quelques chambres où, dans les temps froids et pluvieux, les hommes, surtout ceux qui rentrent de service ou de corvée et les déta-chements de recrues casernés le jour, de leur arrivée, puissent se chauffer et se sécher.	l'habitant n'ont pas droit au chauf-fage d'hiver.

Économies à faire pendant les temps non rigoureux.

Il est, dans la saison d'hiver, des jours où l'on peut, sinon se passer de feu, du moins n'en faire que fort peu. Dans ce cas, les chefs de corps font mettre en réserve, pour les temps plus durs, le combustible qui n'a point été consommé. Cette disposition est de rigueur. Son exécution est confiée aux commandants de compagnie, d'escadron et de batterie, sous la surveillance du major.

Poêles dans les chambres.

Il est reconnu qu'une ration de chambre peut chauffer trois poêles, dont un est destiné aux sous-officiers comptables. Cette indication n'est pas donnée comme règle, puisque les chefs de corps restent maîtres de la répartition intérieure du chauffage, mais elle peut souvent guider dans cette répartition.

TARIF N° 8.

Article 102 de l'instruction
du 12 février 1878.

MASSE GÉNÉRALE D'ENTRETIEN (2° PORTION).

*Allocations supplémentaires aux corps de troupe de l'armée territoriale
au moment d'une mobilisation.*

DÉSIGNATION DES ARMES.	MONTANT des allocations.	OBSERVATIONS.
	fr.	
Régiment territorial d'infanterie (entier)............	1.800	
Régiment territorial de cavalerie (entier)...........	600	
Régiment territorial d'artillerie (par batterie ou compagnie)	140	
Bataillon territorial du génie (par compagnie)........	140	
Escadron territorial du train des équipages (par compagnie).	140	
Section territoriale de commis et ouvriers militaires d'administration et d'infirmiers militaires........	140	

PREMIÈRE MISE DES OFFICIERS DE RÉSERVE.

Taux de l'indemnité.

La quotité individuelle de cette indemnité est fixée :

A 250 francs pour les officiers de réserve des troupes à pied ;

A 300 francs pour les officiers de réserve des corps de troupes à cheval, du personnel de santé, des personnels administratifs, enfin pour les aides-vétérinaires de réserve.

A qui est-elle allouée ?

Elle est allouée, *en principe*, à tous les officiers de réserve qui ne proviennent pas du corps d'officiers de l'armée active (retraités ou démissionnaires).

Mais, comme elle ne peut être payée que dans la limite des crédits inscrits au budget, il s'ensuit qu'un certain nombre seulement des ayants droit peuvent bénéficier de cette allocation.

Où et comment est-elle payée ?

L'indemnité de 1re mise d'équipement est payée dans la circonscription où réside l'ayant droit. L'ordonnancement en est fait par le sous-intendant militaire le plus à proximité de sa résidence. Un mandat est délivré à l'intéressé qui en touche le montant soit à la recette générale, soit dans une recette particulière.

Mode de répartition des crédits.

Le crédit voté est divisé en quatre fractions

applicables aux nominations de chaque trimestre.

Les officiers de réserve, nommés dans le cours de l'exercice budgétaire auquel sont alloués les crédits, sont désignés en première ligne pour recevoir l'indemnité dont il s'agit.

S'il y a insuffisance de crédit, l'indemnité est payée : 1° aux anciens sous-officiers de l'armée active ; 2° aux engagés conditionnels jadis exonérés du versement de la prestation lors de leur entrée au service; 3° aux engagés conditionnels exonérés seulement d'une partie de cette prestation ; 4° aux ex-engagés conditionnels ayant versé intégralement les 1,500 francs, mais si gnalés comme dignes d'intérêt.

S'il y a excédent des crédits sur les dépenses occasionnées par le paiement de la première mise aux officiers promus dans le cours du trimestre échu, le reliquat disponible est réparti entre les officiers antérieurement nommés, en suivant l'ordre de préférence établi ci-dessus et en donnant d'abord satisfaction à ceux qui ont à passer le plus de temps dans les cadres de la réserve (1).

Comment est faite la désignation des ayants droits.

Les officiers de réserve sont désignés pour recevoir la première mise par les commandants

---

(1) Malheureusement, l'insuffisance des crédits rend très rare l'application de cette disposition. Le crédit, fixé à 600,000 francs pour 1883, n'était plus que de 250,000 francs en 1884; il est, pour 1885, de 450,000 francs.

de corps d'armée auxquels les renseignements nécessaires sont fournis, savoir :

1° Pour les nouveaux promus, par le Ministre de la guerre ;

2° Pour les autres, par l'officier supérieur chargé de la section territoriale (1).

Sur la liste fournie par les bureaux du ministère, aussi bien que sur celle dressée par les soins de l'officier supérieur chargé de la section territoriale, les officiers proposés pour recevoir l'indemnité doivent être classés dans l'ordre indiqué plus haut.

Dans quels cas le montant de la première mise touchée doit faire retour au Trésor.

L'officier de réserve rayé des cadres par suite de révocation ou de condamnation, doit effectuer le remboursement au Trésor de l'indemnité perçue. Cette disposition est applicable aux officiers de réserve *en instance de démission*. Cela s'entend qu'avant d'être rayés des cadres, les officiers dans cette situation doivent opérer le versement de l'indemnité qu'ils ont reçue.

Dans ce cas, ils sont invités à se présenter devant le sous-intendant militaire le plus voisin de leur résidence, qui leur délivre un ordre de remboursement.

Une copie certifiée conforme du récépissé est adressée par l'intéressé et par la voie hiérarchique au général commandant le corps d'armée qui transmet seulement après accomplissement

---

(1) C'est donc à cet officier que les intéressés doivent s'adresser pour faire valoir leurs titres à l'obtention de la gratification.

de cette formalité l'acceptation de la démission.

L'officier qui ne peut rembourser la première mise doit reverser dans les magasins de l'Etat les effets d'équipement réglementaire, dont il s'est pourvu au moyen de cette indemnité. (Lettre collective n° 43 du 16 avril 1883.)

Compensations accordées aux officiers de réserve auxquels il n'a pas été payé de première mise.

Aux officiers de réserve qui n'ont pas reçu de première mise d'équipement, il est délivré des effets de sous-officier (pantalon, tunique ou dolman), plus un équipement, un sabre et un revolver d'adjudant.

L'officier de réserve, détenteur d'effets d'uniforme délivrés par l'Etat, qui est désigné ultérieurement pour toucher l'indemnité de première mise, doit réintégrer ces effets dans les magasins.

§ 2.

1re MISE. — INDEMNITÉ D'ENTRÉE EN CAMPAGNE ET INDEMNITÉ DE PERTE D'EFFETS OU DE CHEVAUX.

Indemnité d'entrée en campagne.

Pour couvrir les dépenses qu'occasionne pour MM. les officiers, le passage du pied de paix au pied de guerre, il est alloué une *indemnité* dite *d'entrée en campagne.*

Le taux en est variable suivant le grade et l'arme.

TARIF :

Colonels de troupes à cheval..... 1,800 fr.
— à pied....... 1,200

Lieutenants-colonels de troupes à cheval 1,200ᶠ

— à pied. 1,000

Chefs d'escadrons................. 1,000

Chefs de bataillon................. 900

Capitaines de toutes armes......... 700

Lieutenants et sous-lieutenants de troupes à cheval..................

Lieutenants et sous-lieutenants de troupes à pied, montés............. } 500

Lieutenants et sous-lieutenants non montés en campagne............... } 400

Indemnité pour perte de chevaux et d'effets.

Les officiers faits prisonniers de guerre, autrement que par capitulation, ou ceux qui ont eu des chevaux leur appartenant tués sous eux, ou morts des suites de leurs blessures peuvent recevoir des indemnités spéciales d'après les tarifs fixés par les décrets en vigueur.

§ 3.

HABILLEMENT ET ÉQUIPEMENT.

Habillement des officiers de réserve et de l'armée territoriale.

En exécution des prescriptions contenues dans les circulaires des 11 août 1876, n° 5,270, et 19 avril 1880 (M), qui n'ont pas reçu de première mise, MM. les officiers de réserve qui en font la demande peuvent recevoir des effets neufs d'habillement et d'équipement de sous-officiers.

« Des galons de grade, brides d'épaulettes et numéros brodés, sont appliqués sur les effets d'habillement, et la valeur et la pose de ces accessoires incombent aux officiers. Ces effets sont emportés après la période d'exercices, mais les officiers détenteurs doivent les conserver pendant tout le temps de service exigé par la loi. Ceux qui sont rayés par suite de démission, révocation ou condamnation sont astreints à les réintégrer. La réintégration a également lieu en cas de décès d'un officier avant l'expiration de son temps de service. (Circ. du 19 avril 1880 M), et dans le cas ou ils viendraient à recevoir une première mise.

» Une circulaire du 30 novembre 1876 dispose, en outre, que les officiers de réservé des régiments de cavalerie et ceux de l'armée territoriale pourront, en cas de mobilisation, prendre à titre remboursable des harnachements de troupes dans leur corps. La valeur en sera retenue sur le montant de la gratification d'entrée en campagne.

» A l'égard des officiers de l'armée territoriale qui sont appelés pour une période d'instruction, l'instruction du 15 avril 1880 (M) dispose que des effets d'habillement neufs de sous-officiers (tunique ou dolman, pantalon d'ordonnance et képi), ainsi qu'un sabre et un ceinturon en cuir verni d'adjudant, avec dragonne en cuir, peuvent être délivrés aux officiers sur leur demande. Les galons de grade et les brides d'épaulettes sont apposés sur ces effets aux frais des officiers. Ces effets sont emportés et conservés par les détenteurs pendant tout le temps qu'ils sont assujettis au service. Si, pour une cause quelconque (démission, révocation, condamnation, décès), ce temps de service n'est pas atteint, les effets sont réintégrés à la diligence des capitaines-majors et par les soins de la gendarmerie (instr. précitée). Mais les officiers qui atteignent la limite d'âge extrême fixée par la loi les conservent. (Instruction du 15 avril 1880 (M) et Circ. du 24 décembre 1879 M).

» Les effets délivrés à MM. les officiers de l'armée territoriale doivent figurer dans les comptes du corps actif comme étant en service au titre d'habillement d'instruction. (Dép. du 13 janvier 1882 M).

» Les sabres ou épées qui peuvent être délivrés à titre gratuit aux officiers de l'armée territoriale, sont distribués par les corps correspondants de l'armée active et continuent à figurer dans leurs comptes ; ils sont conservés par les détenteurs, sauf réintégration dans le cas de décès ou de démission. (Circ. des 31 mars 1878 et 3 avril 1879 M).

§ 4.

ARMEMENT. — DÉLIVRANCE DE CARTOUCHES DE REVOLVER AUX OFFICIERS DE RÉSERVE ET DE L'ARMÉE TERRITORIALE.

Décision ministérielle fixant les règles à suivre pour la délivrance des cartouches à balle de revolver aux officiers de réserve et de l'armée territoriale. (3° direction, artillerie et équipages militaires ; 3° section, poudres et cartouches.)

Paris, le 2 février 1880.

Les officiers de réserve et de l'armée territoriale, pourvus du revolver réglementaire, qu'ils appartiennent ou non à des corps de troupe, re-

cevront les cartouches à balle de revolver, auxquelles ils ont droit annuellement, soit à titre
gratuit, soit à titre de remboursement, d'un régiment qui sera désigné par l'autorité militaire
régionale dans le lieu de leur résidence ou dans
une ville de garnison voisine, à désigner également.

MM. les généraux commandant les corps d'armée et MM. les gouverneurs militaires de Paris
et de Lyon auront la faculté de désigner, dans
les grandes villes, plusieurs régiments qui pourront être chargés respectivement des délivrances aux officiers de réserve et de l'armée territoriale, indépendamment du régiment affecté
aux officiers de l'armée active, sans troupes ou
détachés de leurs corps.

Les demandes individuelles de cartouches de
revolver, soit à titre gratuit, soit à titre remboursable, seront présentées, *dans le courant
du premier mois de chaque trimestre*, par les
officiers de réserve et de l'armée territoriale au
corps qui leur sera désigné, avec une attestation
de leur chef de corps ou de service, constatant
qu'ils sont pourvus du revolver réglementaire.
Les délivrances de cartouches auront lieu dans
le courant du deuxième mois de chaque trimestre ; les jours et heures auxquels les officiers
pourront les recevoir seront indiqués.

Chaque officier devra faire en une seule fois
la demande de cartouches, soit à titre gratuit,
soit à titre de remboursement, qu'il désire pour
une année.

Ces dispositions seront également applicables
aux officiers de réserve et de l'armée territoriale pendant les années où ils seront convoqués

pour des périodes d'instruction; ils toucheront leurs cartouches de revolver uniquement dans le lieu de leur résidence ou dans la ville de garnison voisine qui leur sera désignée.

Les prescriptions de la note ministérielle du 4 mars 1875 resteront en vigueur en ce qui n'est pas contraire aux dispositions qui précèdent.

Les étuis vides, provenant du tir des cartouches allouées à titre gratuit, devront être versés par les officiers *avant le 31 décembre de chaque année*, aux corps qui les leur ont délivrés.

Le Ministre de la guerre,

FARRE.

Paris, le 27 juillet 1883.

MON CHER GÉNÉRAL,

J'ai l'honneur de vous faire connaître qu'en vue de mettre tous les officiers de réserve et de l'armée territoriale à même de prendre part aux exercices de tir au revolver pendant les périodes d'instruction auxquelles ils sont convoqués, j'ai décidé que ceux de ces officiers qui ne sont pas pourvus du revolver réglementaire recevraient, à titre de prêt, pour la durée de ces exercices, un revolver modèle 1873, prélevé sur l'armement des corps où s'accomplit leur période d'instruction.

En outre, une allocation de 36 cartouches de revolver, à titre gratuit, sera faite, par les soins du corps où s'accomplit cette période d'instruction, à tous les officiers de réserve ou de l'armée territoriale, sans qu'ils soient tenus de justifier de la possession d'un revolver. Cette allocation est indépendante de celles qui peuvent leur être faites conformément à la décision ministérielle du 2 février 1880, et qui, pour l'année 1883, sont fixées à 36 cartouches, à titre gratuit, et 90 cartouches, à titre onéreux.

Je vous prie de vouloir bien donner les ordres nécessaires pour assurer l'exécution de ces dispositions.

THIBAUDIN.

Art. 219 du règlement du 30 août 1884 sur le service de l'armement et des munitions.

Délivrance de cartouches de revolver aux officiers.

Les cartouches à balle de revolver allouées annuellement, à titre gratuit, aux officiers de toutes armes, y compris les officiers de la réserve et de l'armée territoriale, sont délivrées comme il suit :

1° *Armée active.* — Aux officiers de troupes présents à leur corps, par le régiment dont ils font partie, et aux officiers sans troupe ou détachés, pourvus du revolver, par un corps désigné à cet effet par le général commandant le territoire.

2° *Réserve et Armée territoriale.* — Pendant les stages ou périodes d'instruction à tous les officiers présents, pourvus ou non du revolver réglementaire (1) par le régiment de l'armée active correspondant.

(1) Les officiers non pourvus de revolver reçoivent, à titre de prêt, pour la durée des périodes d'instruction, un revolver modèle 1873 prélevé sur l'armement des corps où s'accomplit leur période d'instruction.

En outre, pour tous les officiers pourvus du revolver, convoqués ou non, appartenant ou non à un corps de troupe, la délivrance de cartouches, soit à titre gratuit, soit à titre remboursable, est faite par un corps de l'armée active désigné par le général commandant le territoire, soit au lieu de résidence des officiers, soit dans une ville de garnison voisine.

Les demandes individuelles doivent être présentées, avec la justification de la possession du revolver, dans le courant du premier mois de chaque trimestre, au corps désigné, et comprendre la totalité des cartouches demandées pour une année.

Les corps sont couverts de ces délivrances en portant les quantités de cartouches allouées aux officiers sur l'état de demande de munitions pour les exercices de la troupe.

Outre les cartouches allouées gratuitement, il peut être délivré annuellement à chaque officier 90 cartouches à balle de revolver (5 paquets de 18), contre remboursement de leur valeur calculée d'après le prix de l'inventaire de l'artillerie.

Ces munitions remboursables sont délivrées aux officiers par le corps désigné, contre récépissé constatant le versement au Trésor de la valeur des cartouches ; elles sont inscrites à part sur l'état de demande de munitions.

Les récépissés sont remis, avec l'état de demande, aux directeurs d'artillerie.

NOTICE N° 4.

TENUE DE CAMPAGNE.

Officiers de toutes armes et services.

---

§ I.

(Extrait de la décision du 19 avril 1879 modifiée par celles du 1er décembre 1879, 15 mars 1883, 24 juillet 1883, 18 décembre 1883, etc., etc.)

1° ÉTAT-MAJOR GÉNÉRAL ET SERVICE D'ÉTAT-MAJOR.

Habillement.

Dolman (avec aiguillettes pour les officiers du service d'état-major);

Gilet (du modèle déterminé par la décision ministérielle du 1er juin 1872);

Culotte en drap garance avec bottes à l'écuyère;

Capote en drap ou en caoutchouc;

Képi.

Armement et équipement.

Epée ou sabre..............	pour les officiers
Ceinturon.................	généraux ;
Revolver et étui de revolver..	

Sabre, ceinturon..........	pour les officiers
Revolver et étui de revolver.	du service d'é-tat-major.

Nota I. — Les généraux commandant les divisions de cavalerie, les officiers de leur état-major et los généraux commandant les brigades de cavalerie légère portent, en campagne, le képi rigide ; les généraux commandant les brigades de cuirassiers portent, en campagne, le casque et la cuirasse ; les généraux commandant les brigades de dragons portent, en campagne, le casque.

Nota II. — Les officiers du service d'état-major sont, en campagne, munis d'un porte-cartes.

2° OFFICIERS D'INFANTERIE.

Habillement.

Dolman avec patte en poils de chèvre noir;
Pantalon en drap garance pour les officiers non montés ;

Culotte en drap garance avec/pour les officiers bottes à l'écuyère............(montés;

Capote en drap ou en caoutchouc (portée en sautoir par les officiers non montés ; roulée sur les fontes par les officiers montés);
Képi.

Armement et équipement.

Sabre et ceinturon avec dragonne en cuir;
Revolver avec son étui.

Nota. — Les *officiers indigènes des régiments de*

tirailleurs algériens portent en campagne : la veste, le gilet, le pantalon de drap, les bottes du modèle spécial à ces officiers et la chéchia sans turban. Leur équipement et leur armement sont les mêmes que ceux des officiers français non montés.

3° OFFICIERS DE CAVALERIE.

Habillement.

Cuirassiers,
{
Tunique ample avec épaulettes;
Culotte en drap garance avec bottes à l'écuyère ;
Capote en drap ou en caoutchouc;
Casque.
}

Dragons, cavalerie légère.
{
Dolman ;
Culotte en drap garance avec bottes à l'écuyère ;
Capote en drap ou en caoutchouc ;
Shako (casque pour les dragons).
}

Armement et équipement.

Sabre du modèle de la subdivision d'armes ;
Ceinturon et dragonne en cuir ;
Revolver avec étui ;
Cuirasse (pour les officiers de cuirassiers).

4° OFFICIERS D'ARTILLERIE
Y COMPRIS L'ARTILLERIE DE FORTERESSE.

(Corps de troupe et état-major particulier.)

Habillement.

Dolman ;
Culotte en drap avec bottes à l'écuyère;
Capote en drap ou en caoutchouc;
Shako,

Armement et equipement.

Sabre avec ceinturon et dragonne en cuir;
Revolver avec étui.

5° OFFICIERS DU GÉNIE.

(Corps de troupe et état-major particulier.)

Habillement.

Dolman avec trèfles en laine;
Culotte en drap et bottes à l'écuyère;
Capote en drap ou en caoutchouc;
Képi.

Armement et équipement :

Sabre avec ceinturon;
Revolver avec étui.

6° OFFICIERS DU TRAIN DES ÉQUIPAGES MILITAIRES.

Habillement.

Dolman;
Culotte en drap garance et bottes à l'écuyère;
Capote en drap ou en caoutchouc;
Shako ou képi, suivant que ces officiers font
ou ne font pas partie des détachements affectés
aux divisions de cavalerie indépendante.

Armement et équipement.

Sabre avec ceinturon et dragonne en cuir;
Revolver avec étui.

7° CORPS DE L'INTENDANCE MILITAIRE.

Habillement.

Dolman;

Culotte en drap garance et bottes à l'écuyère;
Capote en drap ou en caoutchouc;
Képi.

Armement et équipement.

Epée avec ceinturon;
Revolver avec étui (facultatif).

NOTA. — Les fonctionnaires du corps de l'intendance militaire sont, en campagne, munis d'un porte-cartes du modèle adopté pour les officiers du service d'état-major.

8° OFFICIERS DE SANTÉ MILITAIRES.

Habillement.

Dolman;
Culotte en drap garance et bottes à l'écuyère;
Capote en drap ou en caoutchouc;
Képi.

Armement et équipement.

Epée avec ceinturon;
Revolver avec étui (facultatif);
Giberne (pour les médecins des corps de troupe.

NOTA. — Le 29 octobre 1883, le Ministre a décidé que, sauf les modifications décrétées dans la décision du 24 juillet 1883, l'uniforme et l'armement des médecins et pharmaciens auxiliaires sont les mêmes que ceux des adjudants des corps auxquels ils sont affectés, ou des adjudants élèves d'administration, s'ils sont attachés au service des ambulances et hôpitaux.

D'après la décision du 24 juillet 1883 ci-dessus visée, l'uniforme des officiers de santé de l'armée territoriale porte une boutonnière en galon d'or semblable à celle des officiers d'infanterie, ornée d'un petit bouton à l'uniforme du corps de santé, placée de chaque côté du collet à la suite de l'attribut médical.

9° OFFICIERS D'ADMINISTRATION.

Habillement.

Dolman ;
Pantalon pour les officiers non montés ;
Culotte et bottes à l'écuyère pour les officiers montés ;
Capote en drap ou en caoutchouc ;
Képi.

Armement et équipement.

Epée avec ceinturon ;
Revolver avec étui (facultatif).

10° VÉTÉRINAIRES MILITAIRES.

Habillement.

Dolman ;
Culotte en drap garance avec bottes à l'écuyère ;
Capote en drap ou en caoutchouc ;
Képi.

Armement et équipement.

Epée ;
Revolver avec étui ;
Giberne.

§ 2.

TENUE DE MANŒUVRES.

La tenue de manœuvre est la même que la tenue de campagne.

MM. les officiers peuvent faire usage de gants en peau, *façon castor*, couleur chamois foncé.

§ 3.

TENUE DE MM. LES OFFICIERS DE RÉSERVE ET DE L'ARMÉE TERRITORIALE PENDANT LES PÉRIODES DE CONVOCATION.

Pendant leur stage et toutes les fois qu'ils sont autorisés à se mettre en uniforme, MM. les officiers de réserve et de l'armée territoriale n'ont pas d'autre tenue que la tenue de campagne.

Le port des trèfles de métal et de la dragonne à gland d'or leur est donc implicitement interdit.

En tenue de ville et pour les revues, tous les officiers doivent porter les gants blancs; les gants couleur chamois foncé ne sont tolérés que dans les circonstances ci-après, savoir :

1° *Troupes à pied.*

Pour le service intérieur, les exercices et l'équitation.

2° *Troupes à cheval.*

Pour l'instruction, les détails du service journalier et les promenades à cheval en dehors du service.

§ 4.

Décision ministérielle relative au port de la nouvelle tenue par les officiers d'infanterie de réserve et par ceux de l'armée territoriale

Paris, 6 septembre 1883.

Le Ministre de la guerre a décidé que par modification aux dispositions contenues dans le dernier § de la décision ministérielle du 15 mai 1883, les officiers de réserve et de l'armée territoriale seront autorisés à faire usage des effets d'ancien modèle *jusqu'au premier janvier mil huit cent quatre-vingt-six.*

Le port de la nouvelle tenue ne sera obligatoire qu'à cette date pour les officiers dont il s'agit.

§ 5.

Quelques renseignements sur les effets et ustensiles dont doit être pourvu un officier entrant en campagne.

Ce chapitre a été rédigé en vue de donner satisfaction aux nombreuses demandes qui nous ont été adressées relativement à la composition de l'outillage de campagne.

Les intéressés y trouveront, nous l'espérons, quelques données utiles.

Nous examinerons séparément :

1º La chaussure ;

2º L'habillement, dans lequel nous comprendrons le linge de corps ;

3º L'équipement ;

4º Le harnachement;

5º Le campement;

6º Le matériel de cuisine.

1º CHAUSSURE.

A ceux de nos correspondants qui nous ont prié de leur donner des conseils sur le choix d'une chaussure de route nous répondrons que tous les genres de chaussures sont bons pourvu que les conditions ci-après soient remplies:

Pour qu'une chaussure de fatigue puisse être considérée comme excellente, il faut qu'elle chausse bien, c'est-à-dire qu'elle ne soit ni trop juste, ni trop large, ni trop courte, ni trop longue ; le cuir doit en être souple, gros, imperméable ; la semelle large, forte et bien ferrée sans pour cela être lourde, doit déborder tout le tour de l'empeigne de quelques millimètres ; le talon, ni trop haut ni trop bas, doit être large et plat.

Quant à la forme, c'est affaire de goût et d'habitude.

Tel préfère la botte à haute tige, tel autre la demi-botte ; celui-ci le soulier à guêtres, celui-là le brodequin napolitain.

Tot capita tot sensus.

Le seul principe que nous ayons à formuler c'est celui-ci : chacun doit partir en campagne avec le genre de chaussure qu'il a coutume de porter soit pour les longues promenades, soit pour la chasse.

Aux officiers montés nous nous permettrons cependant de recommander une botte à deux fins. La botte à l'écuyère d'ordonnance est la plus atroce chaussure que l'on puisse imaginer quand il s'agit d'aller à pied ; or, en campagne, tout cavalier doit s'imposer l'obligation de faire pédestrement le tiers au moins de la route, s'il tient à conserver son cheval en haleine et ne pas trop se fatiguer lui-même.

Notre botte à deux fins est à haute tige, en cuir de Russie quadrillé, imperméable et souple, semelle large, talon plat, éperons à la chevalier.

Avec une chaussure de ce modèle, bien faite et de bonne qualité, on peut entreprendre, sans crainte une longue campagne. Bien qu'elle ne soit pas rigoureusement d'ordonnance, elle a toujours été et sera toujours tolérée.

Avec la chaussure de fatigue, il faut une chaussure de repos, destinée à être portée au cantonnement et au bivouac.

Ne pas commettre la faute de faire choix d'escarpins trop légers. La chaussure de repos doit être susceptible de remplacer au besoin, au moins momentanément, la chaussure de route.

C'est dire qu'elle doit présenter à peu près les mêmes caractères distinctifs que celle qu'elle est appelée à suppléer en cas d'accident.

Un brodequin napolitain en cuir bien souple, à semelle légèrement chevillée, constitue à nos yeux une excellente chaussure de repos, pour le cavalier comme pour le fantassin. Il ne faut pas songer à la botte pour tenir lieu de chaussure de repos. La botte a l'inconvenient de tenir trop de place dans la caisse à effets.

Quant à la pantoufle... l'expérience de la vie de campagne nous la fait proscrire. Allez donc monter à cheval, ou vous mettre en route en pantoufles, si vous êtes surpris ainsi chaussé par le boute-selle !

2° HABILLEMENT.

Outre les effets détaillés à l'article « tenue de campagne », effets que l'officier est obligé de porter sur lui pour marcher, manœuvrer et combattre, chacun possède un approvisionnement de rechange, contenu dans la caisse à bagages que transportent les fourgons régimentaires.

Vu les dimensions restreintes de ce coffre (1),
il est à peine possible d'y placer le strict indispensable en effets de rechange, savoir :

Un dolman,

Un pantalon,

Une paire de chaussures,

Deux chemises (plutôt en flanelle qu'en toile
de fil ou de coton),

Un caleçon,

Cinq mouchoirs,

Trois serviettes,

Cinq paires de chaussettes,

Une calotte de coton (pour les nuits de
bivouac).

Quant aux menus objets de toilette et de pro-
preté, il est a peu près impossible de les placer
dans la caisse. Aussi, MM. les officiers montés
les logent-ils habituellement dans les fontes ou
dans les sacoches, et MM. les officiers non
montés, dans une aumônière ou sacoche qu'ils
portent, soit en bandoulière, soit autrement.
Quelques-uns — et ce ne sont pas les plus mal
avisés — emportent toujours avec eux le linge
dont ils peuvent avoir besoin pour se changer
à l'arrivée au gîte. Cette précaution est excellente : il ne faut pas, en campagne, trop compter
sur les effets chargés sur les voitures. Les con-

(1) Hauteur, y compris le couvercle 0m,220; lon)
gueur (dans œuvre) 0m,650; largeur (dans œuvre
0m,300. Poids vide de 5 kil. 500 à 5 kil. 800. — Le
prix de cette caisse à effets est fixé à 15 fr.

MM. les officiers de réserve n'ont pas à se préoccuper de s'en procurer une. Un approvisionnement de
ces coffres existe dans tous les corps pour être distribués au moment de la mobilisation.

vois arrivent toujours tard..... quand ils arrivent ; le mieux est de s'outiller et de s'arranger de manière à se suffire à soi-même.

3° ÉQUIPEMENT.

Outre l'équipement réglementaire énuméré dans la décision ministérielle, les officiers à pied doivent être pourvus d'une sacoche de couleur noire (note du 4 juillet 1877) susceptible de renfermer, avec le linge de rechange et les menus objets de toilette, au moins une journée de vivres de toute nature.

Il faut de plus une gourde (de la contenance d'un litre) ;

Une jumelle de campagne (pas trop lourde surtout pour les fantassins) ;

Une boussole ordinaire ou une boussole déclinatoire ;

Une montre à secondes (pour évaluer les distances à l'aide du son) ;

Un porte-carte (1).

4° HARNACHEMENT.

Pour les officiers montés, quelle que soit l'arme, le harnachement comprend, savoir :

Sellerie.

Selle d'ordonnance avec fontes et sacoches ;

---

(1) Pour les officiers montés, le porte-carte peut être avantageusement remplacé par une poche en cuir ou en toile cirée, fixée sur le tapis ou sur le milieu de l'une des sacoches à l'extérieur bien entendu.

Le Ministre avait promis qu'il adopterait un modèle de porte-cartes. Son choix n'est, paraît-il, pas encore fait.

Bride d'ordonnance ;
Tapis d'ordonnance.

Accessoires.

Licol avec longe ;
Entraves avec cordeaux, et piquets de bivouac ;
Musette de pansage garnie ;
Couverture de cheval ;
Fers et clous de rechange.

5° CAMPEMENT.

Pour les troupes destinées à opérer en Algérie, en Tunisie et en général dans toutes les contrées peu peuplées, l'officier reçoit une tente de marche du modèle réglementaire.

Lorsqu'il s'agit de guerroyer en Europe, une bonne couverture de voyage ou mieux un sac de couchage en peau de mouton (la laine en dedans) compose tout le matériel de campement d'un officier.

Ces objets se placent sur la caisse à bagages dont le couvercle porte deux courroies disposées pour les recevoir.

6° MATÉRIEL DE CUISINE.

A chaque groupe d'officiers appelés à vivre en commun, il est alloué une cantine à vivres.

Cette cantine contient les objets ci-après :

1° *Ustensiles d'un usage commun.*

Lanterne, bougeoir, moulin à café, boîtes carrées (grandes), bidons carrés, marmite (avec double fond), gril, poivrière, salière, bouillotte, poêle à frire, écumoire, cuiller à pot, couteau de cuisine, tire-bouchon.

2° *Ustensiles d'un usage particulier.*

Timbales, assiettes, fourchettes, cuillers (grandes), couteaux de table.

MM. les officiers de réserve n'ont pas à se préoccuper de ce matériel dont il existe des approvisionnements dans les magasins de tous les corps et qui sera cédé contre remboursement au jour de la mobilisation.

Lorsque la cantine à vivres n'arrive pas à temps au cantonnement ou au bivouac (exception qui devient la règle dans les grandes colonnes), MM. les officiers ont recours aux ustensiles de campement portés par les hommes. Ces effets n'étant pas tous nécessaires aux ordinaires de la troupe peuvent sans inconvénient être mis à la disposition de MM. les officiers.

Dans la sacoche, il est bon d'avoir : couteau, fourchette. cuiller, timbale et assiette.

On n'est de cette façon jamais pris au dépourvu.

§ 6.

Les officiers montés de l'armée territoriale.

Un de nos correspondants nous pose la question suivante :

Est-il bon que les officiers de réserve et de l'armée territoriale qui doivent être montés en campagne, se pourvoient à l'avance des objets de sellerie et de harnachement qui leur seront alors indispensables ?

Nous allons répondre brièvement à ces deux questions dont la solution préoccupe à juste titre bon nombre d'officiers de nos cadres de réserve.

Sans nul doute, il serait à souhaiter que tous les officiers sans exception fussent, dès le temps de paix, pourvus de tous les objets et effets quelconques qui leur seront nécessaires en campagne. Mais c'est là un vœu tout platonique, car si l'autorité est en droit d'exiger cela des officiers du cadre actif, elle ne saurait imposer de semblables sacrifices à leurs collègues faisant partie des différentes réserves. Ces derniers ne recevant qu'une première mise d'équipement de réserve (quand ils en recoivent une), ne peuvent, en toute justice, être astreints à s'équiper et à s'outiller complètement à l'avance. Pourvu qu'il possèdent *une tenue de campagne*, c'est tout ce qu'on leur demande. Quant au *matériel de campagne* (sellerie, revolver, effets de cuisine, etc., etc.), ils auront à se le procurer, au moment de la mobilisation, avec l'indemnité d'entrée en campagne qui leur sera alors payée sur le même pied qu'aux officiers de même grade de l'armée active.

Donc, une partie seulement des officiers de notre armée nationale est prête en tout temps à entrer en campagne ; l'autre ne l'est pas et ne peut l'être.

Pas n'est besoin d'insister sur les nombreux inconvénients de cette situation inhérente à l'état de dos finances, inconvénients du reste que l'administration de la guerre s'est efforcée d'atténuer dans une certaine mesure, en décidant qu'en cas de mobilisation, MM. les officiers

de cavalerie de la réserve et de l'armée territoriale pourraient prendre, à titre remboursable, des harnachements de troupe dans les
magasins de leur corps.

Quant aux officiers supérieurs d'infanterie et
du génie, aux capitaines commandants et aux
adjudants-majors de ces deux armes, aux médecins, etc., etc., il n'a été pris à leur égard
aucune mesure de prévoyance. Vienne une mobilisation, ceux-ci seront condamnés à passer
sous les fourches caudines des juifs et mercantis
de tout acabit qui ne rougissent jamais de profiter de semblables aubaines pour exploiter les
malheureux que les circonstances mettent à leur
discrétion.

Exemple : 1870-1871.... Mais passons, et
terminons en engageant vivement ceux d'entre
nos camarades de la réserve qui ont les moyens
de se monter complètement dès aujourd'hui,
à faire cette petite avance à l'Etat. Le cas
échéant, ils n'auront qu'à se féliciter d'avoir
suivi notre conseil.

L'achat d'un harnachement complet de campagne représente une dépense d'environ 500 fr.
si le harnachement est neuf et seulement de 350
et même de 300 francs s'il est d'occasion.

Inutile d'ajouter qu'à tous les points de vue
une sellerie qui a servi modérément est de
beaucoup préférable à une sellerie neuve, si elle
est bien à la taille du cavalier, si elle s'adapte
en outre convenablement à sa monture.

Nous n'entrerons pas dans de plus amples détails sur cette question; nous nous abstiendrons
surtout de recommander telle ou telle maison,
tel ou tel fournisseur plus ou moins en renom.

Des affaires commerciales nous n'avons cure.

Le seul avis que nous nous permettrons de donner à nos camarades de la réserve et de l'armée territoriale disposés à s'offrir le luxe d'un harnachement de campagne, c'est celui-ci :

« Chez les maîtres selliers des corps de troupe, ils trouveront les prix les moins exagérés, les marchandises de meilleure qualité, et les fournitures les plus soignées sous le rapport de la coupe et de la confection. »

NOTICE N° 5.

---

§ I.

Changements de domicile et de résidence des officiers.

Aux termes des articles 1, 2 et 3 de la loi du 18 novembre 1875, les officiers de réserve et de l'armée territoriale sont astreints, lorsqu'ils changent de domicile ou de résidence, aux déclarations imposées par la loi ; mais, afin de simplifier autant que possible, pour la gendarmerie et les bureaux de recrutement, la transmission de ces avis, on opère de la manière suivante :

L'officier *changeant de domicile* fait à la mairie du départ et à celle de l'arrivée, verbalement ou par écrit, les déclarations prescrites par la loi; mais il lui suffit de se présenter ou d'écrire au commandant de gendarmerie de *l'arrivée*, afin que ce dernier lui délivre un extrait du carnet à souche dont il va être parlé. Lorsque la déclaration est faite par écrit, la gendarmerie peut envoyer le récépissé par lettre (non affranchie), si l'officier ne demeure pas sur le parcours des tournées.

Il en est de même en ce qui concerne la gendarmerie, lorsqu'il *change de résidence*.

Enfin, lorsqu'il *se déplace pour voyager* pendant deux mois et au delà ou pour se rendre à l'étranger, il est tenu d'accomplir les mêmes formalités à la gendarmerie du départ. Il doit également, dans ce dernier cas, faire devant le consul français les déclarations prescrites par la loi.

Dans tous les cas, il doit avoir le plus grand soin de donner l'indication exacte de la classe à laquelle il appartient, de la subdivision dans laquelle il a satisfait à la loi ; ainsi que du canton et du numéro du tirage. La gendarmerie refuse le récépissé à l'officier qui ne lui fournit pas ces renseignements ; cependant l'officier qui n'est plus astreint par son âge aux obligations militaires n'est pas tenu de fournir cette indication.

L'officier est tenu, en outre, *et cette obligation résulte de sa situation d'officier,* d'informer toujours, par lettre (1), de sa nouvelle adresse le chef du corps ou du service auquel il est affecté.

Indépendamment du contrôle général nominatif des officiers et assimilés de réserve et de l'armée territoriale appartenant aux corps ou fractions de corps stationnés sur le territoire de

---

(1) Les lettres sont rédigées conformément au modèle des correspondances officielles annexé au règlement sur le service intérieur.

la région. MM. les commandants de corps d'armée font tenir à leur état-major, soit pour l'envoi des notes ou des lettres de service, soit pour les opérations de l'inspection annuelle, une liste d'adresses des officiers de toutes provenances et de toutes régions domiciliés ou en résidence sur le territoire de leur corps d'armée.

Un extrait de cette liste existe dans chaque brigade de gendarmerie pour les officiers domiciliés ou en résidence dans la circonscription de la brigade.

Ces listes d'adresses peuvent être remplacées par une série de fiches rangées par ordre alphabétique.

Pour la tenue à jour de ce contrôle et de ces listes, il est procédé de la manière suivante :

La gendarmerie délivre à tous les officiers ou assimilés qui se déplacent *pour changer de domicile ou de résidence, pour voyager ou se rendre à l'étranger* (1), un récépissé extrait d'un carnet à souche envoyé aux commandants de brigades par le Ministre de la guerre (modèle n° 22, pages 238 et 239). La première partie à détacher de cette feuille est remise à l'officier, la seconde envoyée au commandant de recrutement de la subdivision dont relève la brigade de gendarmerie qui reçoit la déclaration, quel que soit le régiment ou service auquel appartienne l'officier.

Le commandant de recrutement adresse ce bulletin à l'état-major de son corps d'armée.

_____

(1) Le Ministre se réserve de statuer (*Bureau de l'arme*) sur les demandes de dispense et de sursis formées par les officiers ou assimilés de réserve et de l'armée territoriale à l'étranger,

L'officier supérieur chargé de la section territoriale qui reçoit cette pièce la transmet au bureau de recrutement détenteur du registre matricule, où elle est conservée comme pièce à l'appui.

Il avise, en outre, par une note, le corps d'armée dont relève le régiment ou service auquel est affecté l'officier, et le corps d'armée du dernier domicile ou de la dernière résidence, si la déclaration a été faite au point d'arrivée.

Chacun de ces corps d'armée informe de la mutation les autorités intéressées, soit le chef de corps ou de service, soit, au point de vue de l'inspection annuelle, les généraux commandant les subdivisions de la dernière et de la nouvelle résidences.

Les déclarations adressées par les maires sont conservées comme pièces d'archives par les commandants de recrutement qui les reçoivent.

§ 2.

Domicile fictif des officiers de réserve et de l'armée territoriale employés dans l'Inspection générale des finances.

195. — Les inspecteurs et adjoints pourvus du grade d'officier ne pouvant être, à ce titre, classés dans la non-disponibilité, sont l'objet de mesures spéciales.

Lorsqu'ils sont désignés comme devant entrer dans la composition des tournées annuelles ou remplir des missions spéciales en Algérie, ils sont dispensés de se présenter aux revues d'appel et aux exercices et manœuvres pendant la durée de ces tournées et missions.

Les généraux commandant les corps d'armée délivrent à ces fonctionnaires un titre de dispense sur le vu d'un bulletin d'avis individuel d'ordre de service adressé par M. le Ministre des finances, auquel le titre de dispense est directement envoyé (*Bureau de l'inspection générale*).

Les agents dont il s'agit peuvent se trouver éloignés de leur domicile par les exigences de leur service, et comme il importe cependant que les ordres de l'autorité militaire soient sûrement portés à leur connaissance, on considère le Ministère des finances (*Bureau de l'inspection générale*) comme le domicile fictif des inspecteurs et des adjoints, et l'on n'adresse que là les divers avis ou notifications les concernant.

§ 3.
Service d'état-major.

Les officiers de réserve et de l'armée territoriale, classés dans le service d'état-major sont convoqués tous les deux ans.

Le stage est de 28 jours pour les premiers, de 15 pour les seconds. Il a lieu dans un des bureaux d'état-major de la région (corps d'armée, division ou brigade).

L'initiative de ces convocations appartient au général commandant le corps d'armée.

Les sortes de stages sont subordonnées aux crédits alloués par le Ministre. La date en est ordinairement fixée dans la lettre de convocation envoyée, en temps opportun, par l'état-major du corps d'armée. Cependant les officiers affectés au service d'état-major peuvent demander à faire leur stage à l'époque qui leur convient le mieux. Ils peuvent également obtenir des dispenses. Les demandes motivées de sursis ou dispenses doivent être adressées directement par les intéressés au général commandant le corps d'armée.

Pendant leur stage, les officiers du service d'état-major sont employés à l'expédition des affaires.courantes et initiés à tous les détails du service dont ils seront chargés d'assurer le fonctionnement en cas de mobilisation.

§ 4.
Visites obligatoires et facultatives.

L'instruction du 28 décembre 1879 ne contient aucune disposition spéciale relative aux visites que les officiers territoriaux ou de réserve ont à rendre pendant leur stage.

Par suite, ces Messieurs n'ont qu'à se conformer aux règles générales édictées à ce sujet par les règlements en vigueur.

Officiers nouveaux promus.

Le jour où ils sont reçus dans leur grade, les officiers supérieurs et les capitaines reçoivent la visite des officiers qui sont sous leurs ordres immédiats ; l'officier le plus élevé en grade ou le plus ancien dans le grade le plus élevé fait la présentation. Ces visites sont faites et reçues en grande tenue de service (1).

Les officiers arrivant au régiment, ou promus à un grade supérieur dans le régiment, depuis la dernière convocation, se présentent au colonel en tenue de service, le jour où ils sont reconnus ; ils font, dans la même tenue, une visite aux officiers sous les ordres directs desquels ils sont placés.

(1) La tenue des officiers de réserve et territoriaux ne comportant ni épaulettes ni trèfles de métal, la tenue de service est pour eux la tenue ordinaire avec jugulaire sous le menton.

Dans les mêmes circonstances, les officiers supérieurs doivent faire une visite aux officiers généraux des armées de terre et de mer et aux commandants d'armes. (Art. 226 du décret du 28 décembre 1883.)

Officiers arrivant dans une place pour la période de convocation.

Tous les officiers de réserve et de l'armée territoriale, en arrivant à leur corps pour une période d'instruction, ont à remplir les obligations imposées aux officiers de l'armée active rentrant d'une position d'absence de plus de 8 jours.

En conséquence, quel que soit le grade, ils doivent se présenter le jour ou au plus tard le lendemain de leur arrivée au chef de corps. De plus, les lieutenants et sous-lieutenants doivent une visite à leur capitaine, les capitaines une visite à leur chef de bataillon. Ces visites sont rendues en tenue du jour (en bourgeois pour les officiers qui ne sont pas encore pourvus d'un vêtement d'uniforme).

Outre ces visites prescrites par l'article 226 du règlement sur le service intérieur, les officiers supérieurs en doivent une aux maréchaux, aux officiers généraux et au commandant d'armes résidant dans la garnison, en exécution des prescriptions contenues dans l'article 311 du décret du 23 octobre 1883.

Visites de départ.

En principe, il n'est pas fait de visite de départ. Cependant, les officiers qui quittent le régiment d'une manière définitive pendant la période de convocation ou à l'issue de cette période, doivent faire les mêmes visites que les nouveaux promus, mais ils sont en tenue du jour.

Visites de premier de l'an.

Aucune visite n'est obligatoire pour les officiers de réserve et de l'armée territoriale à l'époque du renouvellement de l'année. Mais cela ne doit pas s'entendre que le silence du règlement les dispense des obligations imposées aux gens bien éduqués par le code de la politesse.

Il est en effet d'usage que les officiers, dans cette circonstance, rendent une visite *en tenue* à ceux de leurs supérieurs hiérarchiques sous les ordres desquels ils sont placés et qui résident dans la même ville.

A ceux qui habitent d'autres localités, ils envoient leur carte.

Inutile d'ajouter que les relations de bonne camaraderie nouées au régiment entre officiers du même grade, imposent à tous, en quelque sorte, le devoir d'échanger leur carte à l'époque du 1er janvier.

Il est de règle également d'envoyer, à tous les officiers du corps auquel on appartient, des lettres de faire part dans tous les cas où les conventions sociales exigent qu'on en adresse à ses amis et à ses parents.

Un régiment n'est-il pas une grande famille dont tous les membres sont attachés les uns aux autres par les liens étroits de la confraternité du devoir

§·5.

Passage de MM. les officiers dans l'armée territoriale.

Conformément aux prescriptions de l'art. 293 de l'instruction du 28 décembre 1879 refondue (page 27 du présent recueil) MM. les chefs de corps ou de service doivent signaler au Ministre UN MOIS A L'AVANCE, et par l'intermédiaire des commandants de corps d'armée, les officiers qui doivent passer de la réserve dans l'armée territoriale ou doivent être rayés comme ayant intégralement accompli leurs obligations militaires.

Pour mettre leurs chefs de corps ou de service en état de fournir ce renseignement, MM. les officiers de réserve et de l'armée territoriale doivent leur adresser en temps opportun|l'une ou l'autre des deux déclarations dont le modèle suit (voir pages 240 et 241).

§ 6.

Conditions civile et politique des officiers de réserve et de l'armée territoriale.

Pour tout ce qui a trait à l'état civil, aux titres de noblesse, aux mariages, aux droits électoraux et aux fonctions de juré, se reporter aux deux volumes de la *Petite bibliothèque de l'Armée française* portant le titre de : «Conditions civile et politique des militaires » (1).

Quant à ce qui concerne MM. les lieutenants-colonels chefs de corps désignés pour remplir les

---

(1) Prix 0,60 broché; 1,20 sous toile gaufrée.

fonctions de juré, voir l'arrêt du 12 juillet 1877 de la cour de cassation, arrêt confirmé par la décision de M. le garde des sceaux en date du 13 juin 1885.

En principe, les fonctions de juré ne sont pas incompatibles avec celles d'officier de réserve ou de l'armée territoriale, voire même de chef de corps.

Quand un officier de réserve est appelé à siéger comme juré pendant la période pour laquelle il a été convoqué par l'autorité militaire, il prévient son chef de corps ou de service (le général de brigade, s'il. est chef de corps), et n'a pas à se rendre à l'ordre d'appel dont il était l'objet.

Il est alors ajourné à l'année suivante. (Circulaire du 7 juin 1882.)

En ce qui concerne le droit de vote, remarquer que si ce droit est suspendu pendant les stages *obligatoires*, il subsiste *intégralement* pendant la durée des stages volontaires. (Avis du Conseil d'Etat du 7 février 1877.)

ᵉ CORPS D'ARMÉE.

SUBDIVISION D

ᵃRIGADE DE GENDARMERIE D

CHANGEMENTS DE DOMICILE
OU DE RÉSIDENCE

Des Officiers de réserve et de l'armée territoriale.

Numéro de la présente feuille :
M. (Nom et prénoms) :
Grade :
Régiment (ou service) :
Localité qu'il quitte :
Localité qu'il va habiter :

Classe à laquelle il appartient : { recrutement.
{ mobilisation.
Subdivision dans laquelle il a satisfait à la loi :
Canton et numéro de tirage :
S'il a servi, date de sa première entrée au service :

Lorsqu'un officier adresse par écrit une déclaration de changement de domicile, il doit y inscrire très exactement tous les renseignements nécessaires à la personne chargée de remplir les blancs de la présente formule.

ᵉ CORPS D'ARMÉE.

BRIGADE DE GENDARMERIE D

MODÈLE Nᵒ 22.

ARTICLE 116 de l'Instruction ministérielle du 28 décembre 1879. (Édition refondue.)

Nᵒ de la présente feuille :

SUBDIVISION D

238

RÉCÉPISSÉ d'une déclaration de changement de domicile ou de résidence, ou de déplacement pour voyager, faite par un officier ou assimilé de réserve ou de l'armée territoriale.

Le Commandant de la gendarmerie d (1) ,
soussigné, certifie que M. (2) classé
de (3) ayant tiré au sort dans la subdivision d , canton d
numéro de tirage , entré pour la première fois
au service le , l'a informé (4) qu'il
quitte pour aller habiter à (5)
A , le 188 .

ᵉ CORPS D'ARMÉE.

SUITE DU MODÈLE Nᵒ 22.

Nᵒ de la présente feuille :

SUBDIVISION D

BRIGADE DE GENDARMERIE D

NOTIFICATION d'une déclaration de changement de domicile ou de résidence, ou de déplacement pour voyager, faite par un officier ou assimilé de réserve ou de l'armée territoriale.

(1) Ou celui qui remplit temporairement les fonctions.
(2) Nom et prénoms. — Grade. — Régiment. — Réserve ou armée territoriale.
(3) Classe de recrutement.
(4) Verbalement ou par écrit.
(5) Pour les villes, indiquer la rue et le numéro, et pour voyager, indiquer la contrée.
(6) Ce renseignement n'est obligatoire que pour les officiers encore astreints par leur âge aux obligations militaires.

Le Commandant de la gendarmerie d (1)
soussigné, certifie que M. (2) classé
de (3) ayant tiré au sort dans la subdivision d , canton d
numéro de tirage , entré pour la première fois
au service le , l'a informé (4) qu'il
quitte pour aller habiter à (5)
A , le 188 .

239

Vu et transmis à l'État-Major.

A , le 188 .

Le Commandant de recrutement,

Vu et transmis au bureau de recrutement de la matricule.

A , le 188 .

L'Officier supérieur d'état-major chargé de la section territoriale,

Articles 278-293
de l'Instruction ministérielle
du 28 décembre 1879.
(Edition refondue.)

Modèle n° 73.

DÉCLARATION

de M. (1)

(2)   *de réserve ayant atteint l'époque
de son passage légal dans l'armée territoriale*

Je soussigné (1)   (2)

de réserve au (3)   , déclare demander à (4)

A   , le   18 .

Signature :

(1) Nom et prénoms.
(2) Grade.
(3) Indiquer le corps ou le service.
(4) Rester dans le cadre des officiers de réserve ou à passer dans
l'armée territoriale.

Articles 293-294
de l'Instruction ministérielle
du 28 décembre 1879.
(Edition refondue.)

Modèle n° 74.

DÉCLARATION

de M. (1)

(2)   (3)   *ayant accompli le temps de service exigé par la loi de recrutement.*

Je soussigné (1)   (2)

a (4)

déclare demander à rester dans les cadres de (3)

A   , le   18

Signature :

(1) Nom et prénoms.
(2) Grade.
(3) *De réserve* ou *de l'armée territoriale.*
(4) Corps ou service.

Droits et Oblig.   16

NOTICE N° 6.

Les cercles d'officiers de réserve et de l'armée territoriale.

I

De l'utilité des cercles.

Ce n'est pas pendant les réunions périodiques que MM. les officiers de réserve et de l'armée territoriale peuvent se pénétrer de l'étendue de leurs obligations et acquérir les connaissances militaires dont ils auront besoin au jour de la prochaine mobilisation. Pour être à la hauteur de leurs fonctions, il faut qu'ils se tiennent au courant des progrès réalisés par leurs camarades de l'armée active ; il faut qu'unissant leurs efforts, ils travaillent en commun et ne perdent pas une occasion de s'instruire.

La création de nombreux cercles leur facilitera l'accomplissement de leur tâche. Aussi nous ne saurions trop les encourager à suivre l'exemple de leurs camarades d'Arras, de Bordeaux, de Saint-Quentin et de vingt autres petites villes de province qui se sont organisés déjà et n'ont qu'à se louer des résultats de leur intelligente initiative.

Que MM. les officiers de réserve et de la territoriale persévèrent donc dans la voie où ils se sont engagés depuis quelque temps, qu'ils se groupent, qu'ils fondent des cercles, des centres de réunion, des bibliothèques. Plus ils se fréquenteront, mieux ils se connaîtront et plus ils s'estimeront.

Si les municipalités allouent des subventions (comme à Bordeaux), c'est tant mieux ; si les compagnies de chemins de fer se décident plus tard à accorder le prix réduit aux membres convoqués pour les conférences, on aurait tort de ne pas profiter de cette bonne aubaine ; mais qu'on ne table pas sur ces éventualités, hélas ! par trop rares ; que chacun apprenne à ne compter que sur soi et ne recule pas devant un minime sacrifice pécuniaire pour s'assurer les avantages d'une participation active à une association aussi utile, nous dirions presque aussi indispensable.

A nos yeux, la création de nombreux cercles militaires est une question vitale ; plus il existera de ces centres de travail et d'étude, plus rapidement s'élèvera le niveau intellectuel et moral de notre corps d'officiers, plus se développera cette activité féconde qui fera de l'armée, ainsi que le disait le général Faidherbe, « la véritable école de la nation ».

II

L'autorité militaire a-t-elle à intervenir en matière d'organisation de cercles de cette nature ?

Telle est la question que se posèrent tout d'abord les promoteurs de cette idée féconde et qu'ils crurent devoir résoudre par l'affirmative.

Mal leur en prit. Cette voie, qu'ils croyaient la plus sûre et la plus directe, n'était qu'une impasse ; en s'y engageant, ils faillirent échouer complètement dans leur généreuse entreprise.

Voici en quelques mots l'historique de cette tentative malheureuse :

Désireux de resserrer les liens qui les unissent, de développer chez eux l'esprit de corps et de perfectionner par l'étude leur instruction professionnelle, un certain nombre d'officiers de réserve de la région d'Amiens avaient formé le projet de fonder un cercle. A cet effet, ils adressèrent une demande officielle au général commandant la subdivision territoriale, lequel général leur refusa net l'autorisation demandée, nous ne savons pas — ou plutôt nous ne voulons pas savoir — sous quels fallacieux prétextes.

A Cannes, semblable tentative aboutit au même insuccès.

Désespérés de se voir ainsi éconduits, quelques-uns des membres *in partibus* de ces deux cercles s'adressèrent à nous, en nous priant de vouloir bien leur indiquer la marche à suivre pour arriver à un résultat.

Tout d'abord, nous fûmes d'avis de leur répondre qu'ils avaient eu tort de demander une autorisation dont ils n'avaient nul besoin ; qu'en l'espèce, l'autorité préfectorale *seule* devait être consultée, et que c'était au préfet du département et non au général commandant le territoire qu'il appartenait de faire droit à leur requête ou de les débouter de leur demande.

Mais, après mûres réflexions, nous nous

abstînmes, attendu que la chose nous paraissait fort sérieuse et qu'un renseignement donné ainsi à la légère pouvait avoir des conséquences graves, s'il existait quelque part, dans quelque carton, une circulaire *très confidentielle*, accordant à l'autorité militaire des pouvoirs non définis par les règlements.

Nous procédâmes donc à une étude approfondie de la question qui nous était posée, et c'est le résultat de notre enquête que nous publions aujourd'hui, afin que chacun puisse en faire son profit.

Ainsi que nous en avions la certitude morale, dans les conditions où devaient être installés ces deux cercles, l'autorité militaire n'avait nullement à intervenir.

Voici, du reste, à l'appui de cette assertion, la copie d'une lettre adressée par le Ministre de la guerre à un groupe d'officiers de l'armée territoriale qui, eux aussi, avaient cru, par esprit de discipline, demander à leur général l'autorisation de fonder un centre de réunion et d'études.

« Bien que mes sympathies soient acquises à votre œuvre, — leur écrit le général Campenon, — je crois devoir vous faire observer que le cercle en question devant être fondé par des membres de l'armée territoriale, ne peut être considéré aux yeux de la loi que comme un établissement civil, et que, dans ce cas, c'est à M. le préfet du département qu'il appartient de droit d'en autoriser l'ouverture.

» Néanmoins, à titre de témoignage de bienveillance, et pour faciliter l'instruction de MM. les officiers de la réserve et de l'armée territoriale de votre région, je serai heureux, le cas échéant, de mettre à leur disposition un certain nombre de cartes et de livres militaires.

« *Je regrette de ne pouvoir mieux témoigner l'intérêt que je porte aux réunions de ce genre dont le but est de resserrer les liens de la camaraderie et d'étendre les connaissances militaires.* »

C'est net, clair et catégorique.

Lorsque des officiers de réserve ou de l'armée territoriale sont dans l'intention de fonder un cercle, ils n'ont qu'à s'adresser à l'autorité préfectorale; à elle seule est dévolu le pouvoir d'octroyer ou de refuser cette autorisation.

III

Quelles sont les démarches à faire et les formalités à remplir pour fonder un cercle?

Lorsqu'un groupe d'officiers de réserve ou de l'armée territoriale s'est mis d'accord pour fonder un cercle, il choisit, dans son sein, parmi ceux qui disposent de quelque loisir, un certain nombre d'hommes de bonne volonté pour en former un *comité d'initiative*.

La mission des membres de ce comité est d'abord de réunir le plus grand nombre d'adhésions.

Pour arriver à ce résultat, il ne s'agit que d'envoyer des circulaires à tous les officiers et assimilés de réserve et de l'armée territoriale ayant leur résidence dans la région.

En attendant l'effet de cette première démarche, le comité d'initiative s'occupe de rechercher un local pour les réunions et d'élaborer le projet du règlement qui devra être soumis à l'approbation des futurs sociétaires à la première assemblée générale.

Dès que le nombre des adhésions est jugé suffisant pour assurer le fonctionnement du cercle en voie d'organisation, les adhérents sont convoqués en assemblée générale.

Dans cette première réunion, on élit d'abord un *bureau* dont le président est chargé de diriger la discussion à laquelle on doit procéder sur le projet de règlement présenté par le comité d'initiative.

Après qu'a été adopté le texte du futur règlement, les sociétaires élisent une commission exécutive.

A cette commission est dévolue la mission : 1° de remplir les formalités nécessaires pour obtenir l'autorisation d'ouverture du cercle ; 2° cette autorisation obtenue, d'exécuter les décisions prises dans l'assemblée générale relativement à la location et à l'aménagement du local choisi ; 3° enfin de préparer les voies et moyens pour que l'inauguration ait lieu à une époque fixée à l'avance.

A cet effet, elle adresse à l'autorité préfectorale, sur papier timbré et en double expédition, une demande d'autorisation relatant très explicitement :

1° Le but que se proposent les sociétaires en fondant ce cercle ;

2° La dénomination exacte qui lui sera donnée ;

3° La désignation du local où sera établi le siège social de la société ;

· 4º Le nom et les adresses des membres de la commission exécutive et de son président ;

5º Le nombre des sociétaires.

A cette demande doivent être joints également en double expédition, *mais sur papier libre*, les documents ci-après :

1º Liste des sociétaires, indiquant la condition sociale et le domicile légal de chacun.

2º Les statuts du cercle et son règlement intérieur.

Toutes ces pièces, ainsi que la demande, sont signées par tous les membres de la commission exécutive, et les signatures sont légalisées par qui de droit.

Lorsque l'autorisation préfectorale a été délivrée et que l'installation du local est complète ou tout au moins assez avancée pour permettre d'inaugurer dignement le nouveau cercle, des lettres de convocation sont adressées aux sociétaires ainsi qu'aux autorités civiles et militaires et aux corps d'officiers de l'armée active que les membres ont décidé d'inviter à cette solennité.

L'inauguration peut aussi se faire « en famille » si les ressources de la société naissante sont limitées. Du reste chacun fait comme il veut ou comme il peut. Une fois constitués, les cercles d'officiers de la réserve et de l'armée territoriale jouissent des mêmes prérogatives que les cercles civils et n'ont pas d'autres obligations à remplir que celles qui leur sont imposées par les règlements préfectoraux et municipaux sur la police de ces sortes de sociétés essentiellement civiles.

Cependant, il est de règle que, par déférence

pour l'autorité militaire dont relèvent les sociétaires, le président du cercle notifie verbalement ou par écrit au général commandant la subdivision territoriale, dans tous les cas, et au commandant d'armes ainsi qu'au major de la garnison si le cercle est établi dans une ville de garnison, la constitution de la société naissante. Il leur fait connaître également la date fixée pour l'inauguration et leur adresse, avec la liste des sociétaires, un exemplaire des statuts dès qu'ils ont été imprimés ou lithographiés.

Mais, nous le répétons, ces formalités ne sont nullement obligatoires, et messieurs les officiers de réserve et de l'armée territoriale, bien que groupés ainsi en corps, n'en demeurent pas moins entièrement libres d'adopter tel *modus vivendi* qu'ils jugent convenable.

Telle est à grands traits la marche à suivre pour arriver promptement à fonder un cercle.

Si ces données ne paraissent pas suffisantes aux lecteurs intéressés, qu'ils s'adressent hardiment au directeur de la *France Militaire*.

Il attache une importance trop grande à la bonne organisation et au fonctionnement régulier de ces utiles institutions pour ne pas se mettre avec empressement au service des comités d'initiative qui voudront bien l'honorer de leur confiance.

IV.

Quelques mots au sujet des conférences.

Pour développer sûrement et rapidement l'instruction technique de MM. les officiers de réserve, il n'est pas de meilleur moyen que de les réunir, en dehors des périodes d'exercices, dans un local quelconque (cercle ou amphithéâtre), pour leur permettre d'y entendre traiter, par une voix autorisée, quelques-unes des nombreuses questions à l'ordre du jour.

Bien mieux que la lecture des ouvrages didactiques les plus sérieux, une conférence bien faite facilite la compréhension des abstractions les moins tangibles.

Nous ne saurions donc trop engager MM. les chefs de corps à faire leur possible pour organiser de nombreuses réunions de ce genre.

Très certainement qu'en s'adressant euxmêmes au Ministre par l'intermédiaire des généraux, ils parviendraient à obtenir que la malencontreuse décision du 19 janvier 1885 soit rapportée à tout jamais.

Depuis dix ans, en effet, tous les Ministres qui se sont succédé rue Saint-Dominique, se sont montrés chauds partisans du système d'éducation que nous préconisons.

Un seul — précisément celui que nous aurions cru le mieux disposé en faveur des conférences — a été assez mal inspiré pour enrayer le mouvement juste au moment ou il s'accélérait au point de donner confiance aux plus sceptiques.

Heureusement, ce grand réformateur n'a fait que passer après avoir en quelques jours fait s'évanouir toutes les illusions auxquelles avait donné naissance son arrivée au pouvoir ; le général Lewal a dû abandonner le portefeuille de la guérre trop lourd, beaucoup trop lourd pour la main habituée plutôt à manier la plume que l'épée.

De ses velléités de réformes, que reste-t-il aujourd'hui ?

Rien. Rien que cette néfaste décision du 19 janvier, que le général Campenon semble vouloir laisser subsister seule comme un témoignage de cette absence de tout esprit pratique qui caractérisait si bien son prédécesseur.

Espérons que bientôt disparaîtra cette dernière trace du passage aux affaires d'un homme animé certainement de bonnes intentions, mais, certainement aussi, incapable de faire œuvre viable.

La fameuse circulaire n° 2 du 19 janvier 1885 a fait trop de bruit pour que nous ne lui accordions pas une place dans ce recueil; nous la reproduisons donc ici avec toute sa sécheresse, mais auparavant nous tenons à mettre sous les yeux du public le texte des deux documents dont elle est la contre-partie.

Au lecteur à juger de quel côté est le bon sens, la justice et l'équité.

Voici la première :

« *Au sujet des réunions des officiers de l'armée territoriale.* — Versailles le 21 décembre 1876. — Mon cher général, dès que les cadres de l'armée territoriale on été en partie constitués, mon prédécesseur s'est occupé d'assurer aux officiers de cette armée les moyens de mettre leur instruction militaire à hauteur des grades dont ils avaient été revêtus.

» Tel a été le but de la circulaire du 10 mai 1876, qui a autorisé ces officiers à faire un stage dans les régiments de l'armée active et qui a institué des cours pratiques pour ceux auxquels leur occupations ne permettaient pas de faire un stage. L'entrée des bibliothèques de garnison a été en outre assurée, en tous temps, à tous les officiers de l'armée terrritoriale, et dans un grand nombre de villes on a même organisé à leur intention des cours spéciaux professés par des officiers de l'armée active.

» L'ensemble de ces mesures a produit de bons résultats. Dans certaines régions, les officiers ont mis un véritable empressement à profiter des facilités qui leur étaient ainsi données pour leur instruction. Certains chefs de corps de l'armée territoriale ont même tenu à joindre leur action à celle de leurs camarades de l'armée active et ont cherché, dans des réunions périodiques, à perfectionner l'instruction théorique de leurs officiers et à les exciter au travail.

» Je verrais avec plaisir que cet exemple fût suivi dans tous les corps d'armée. Le concours des officiers de l'armée active sera longtemps encore nécessaire, mais l'intervention des officiers supérieurs de l'armée territoriale peut rendre les progrès bien plus rapides : ils peuvent stimuler le zèle de leurs officiers et compléter l'instruction que ceux-ci ont pu acquérir, soit pendant leurs stages, soit aux cours théoriques ou pratiques auxquels ils ont assisté.

» J'attache donc le plus grand prix aux réunions des officiers de l'armée territoriale. Indépendamment de l'impulsion qu'elles peuvent donner à l'instruction, elles établiront entre les officiers d'un même régiment, d'un même bataillon, des relations très profitables à l'esprit de corps. On arrivera ainsi à créer de *véritables corps d'officiers* de l'armée territoriale; c'est le but vers lequel nous devons tendre.

» Ces réunions, auxquelles les officiers pourront se rendre en uniforme, ne sauraient, bien entendu, être que facultatives ; plus fréquentes dans les villes que dans les campagnes, elles seront plus ou moins nombreuses, suivant les facilités de communications ; dans certains pays, les officiers se réuniront par régiment; dans d'autres, par bataillon.

» Je ne saurais vous tracer de règles fixes à cet égard, mais je suis persuadé qu'il vous suffira de faire appel au dévouement des chefs de corps de l'armée territoriale pour qu'ils arrivent à grouper autour d'eux, sinon la totalité, du moins la plus grande partie des officiers· de leur régiment. Vous devrez leur donner toutes les facilités à cet égard et mettre, partout où il vous sera possible de le faire, des locaux à leur disposition. »

Voici maintenant le plus important, il est daté de Versailles, 4 avril 1877 :

« Mon cher général, j'ai l'honneur de vous informer que la commission supérieure des chemins de fer ayant fait appel au concours des six grandes Compagnies pour obtenir le transport, au quart du tarif, des officiers de l'armée territoriale, se rendant aux réunions d'instruction, le syndicat a adressé à ladite commission la réponse suivante :

« Lorsqu'il y aura lieu de réunir les officiers
» de l'armée territoriale pour suivre les cours
» d'instruction militaire, le chef de corps adres-
» sera, à Paris, au siège de la Compagnie, ou,
» en province, à l'agent délégué qui lui aura été
» désigné par chaque compagnie, une liste indi-
» quant les noms, les parcours de ces officiers,
» et les dates exactes de l'aller et du retour.

» La Compagnie leur enverra alors des bons

» de réduction nominatifs, que le chef de corps
» fera parvenir aux intéressés. »

» Je vous prie, en conséquence, de vouloir bien
inviter les chefs de corps de l'armée territoriale
sous vos ordres à se mettre immédiatement en
relations avec les administrations centrales des
compagnies de chemin de fer, qui leur feront
connaître les agents délégués, Recevez, etc. »

Il ne nous reste plus qu'à donner la parole au
général Lewal.

Voici quelle est la teneur de la lettre-circu-
laire qu'il adressait, le 19 janvier 1885, à tous
les généraux pourvus en France d'un commandement actif :

CIRCULAIRE Nᵒ 2.

*Au sujet des transports, sur les chemins de
fer, des officiers de l'armée territoriale se
rendant à des réunions d'instruction.*

« Mon cher général, la circulaire ministérielle
du 4 avril 1877, relative aux transports sur le
chemin de fer des officiers de l'armée territoriale se rendant à des réunions d'instruction, est
rapportée.

» Les officiers de l'armée territoriale n'auront
droit au quart du tarif que lorsqu'ils seront convoqués, conformément aux règlements en vigueur, par les généraux commandant les corps
d'armée.

« Signé : LEWAL ».

Comme on le voit, on ne pouvait en moins de
mots causer plus de préjudice à l'institution
naissante des cercles d'officiers de réserve, on

ne pouvait plus brutalement fermer la porte des *salles* de conférences.

Nonobstant, grâce au dévouement de quelques-uns, grâce au bon vouloir de la presque majorité des officiers de réserve et territoriaux, les cercles n'ont cessé de prendre chaque jour une plus grande extension, et l'année 1885 peut être, quand même, comptée au nombre de celles où le plus grand nombre de conférenciers ont développé les plus intéressants sujets devant l'assistance la plus compacte, la mieux choisie et la plus attentive.

Espérons donc qu'on ne s'arrêtera pas en si bon chemin.

All right!

NOTICE N° 7.

LES SOCIÉTÉS DE TIR DE L'ARMÉE TERRITORIALE
DANS LE PRÉSENT ET DANS L'AVENIR.

Préambule.

Ce livre n'eût pas été complet sans cette
notice, car, au nombre des obligations imposées
aux officiers de tous grades — mais surtout aux
officiers supérieurs — de notre armée territoriale, figure en première ligne celle de développer,
par tous les moyens en leur pouvoir, l'instruction comme tireurs des hommes placés sous
leurs ordres.

Telle est du moins notre opinion. Aussi
n'avons-nous pas reculé devant l'inconvénient
d'ajouter encore quelques chapitres à ce recueil
déjà plus volumineux que nous ne l'avions cru
et qui ne rapportera pour tout bénéfice au directeur de la *France Militaire* que la satisfaction
intime d'avoir rendu service à un grand nombre
de ses abonnés.

Dans cette notice, simple travail de compilation, dont les circulaires ministérielles et
l'*Annuaire des sociétés de tir* nous ont fourni
les éléments, nous nous sommes efforcé d'abord
de faire ressortir l'utilité des sociétés de tir
purement militaires, ensuite de fournir à qui de
droit les moyens de donner une plus grande

extension aux sociétés existantes, enfin de faciliter la tâche des hommes de bonne volonté désireux de participer à l'œuvre patriotique commencée par leurs collègues en allongeant de quelques lignes la liste des écoles territoriales de tir déjà instituées et florissantes.

Puisse ce triple but être atteint ! Puisse la publication de ces quelques pages inspirées par le plus pur et le plus ardent patriotisme, inaugurer pour les sociétés de tir militaires de notre armée de seconde ligne, une ère de progrès incessants et de prospérité féconde.

Tel est notre vœu le plus cher. Tel doit être aussi le *desideratum* de tous les bons Français qui, comme nous, se souviennent, se recueillent, travaillent et espèrent.

CHAPITRE Ier.

COUP D'ŒIL D'ENSEMBLE SUR LA QUESTION.

Ce qui a été fait.

Avant d'entrer dans le vif de la question, nous croyons devoir payer notre tribut d'éloges à ceux des chefs de corps territoriaux dignes d'être signalés à leurs concitoyens pour l'impulsion intelligente et vigoureuse qu'ils ont eu le bon esprit de donner aux sociétés de tir militaires de leur région.

En tête de liste, nous inscrirons donc les lieutenants-colonels commandant les 48e et 41e régiments territoriaux dont le zèle, le dévouement et l'initiative ont enfanté des prodiges. Dans le premier de ces corps, on ne compte pas moins de quatorze sociétés de tir, toutes parfaitement organisées et donnant d'excellents résultats. Dans le second, dix sociétés présentant un effectif total de 3,560 membres sont en pleine prospérité.

Quels splendides résultats! et combien il serait à désirer que tous les lieutenants-colonels territoriaux s'inspirassent de ces modèles et suivissent ces exemples!

Immédiatement après ces deux régiments types viennent : le 44ᵉ avec 8 sociétés, le 111ᵉ avec 4, le 55ᵉ avec 3 sociétés et 3 succursales. Toutes ces institutions sont prospères; toutes sont florissantes, toutes fonctionnent très régulièrement et comptent dans leur sein un nombre fort respectable de tireurs d'élite.

A noter ensuite, par rang de bataille dans chaque classe, les 17ᵉ, 18ᵉ, 22ᵉ 24ᵉ, 39ᵉ, 43ᵉ, 52ᵉ et 109ᵉ avec chacun 3 sociétés; puis les 24ᵉ, 39ᵉ, 70ᵉ, 106ᵉ, 110ᵉ, 114ᵉ, 119ᵉ, 137ᵉ et 142ᵉ avec deux sociétés; enfin les 1ᵉʳ, 3ᵉ, 4ᵉ, 5ᵉ, 8ᵉ, 10ᵉ, 20ᵉ, 21ᵉ, 23ᵉ, 27ᵉ, 33ᵉ, 36ᵉ, 40ᵉ, 42ᵉ, 45ᵉ, 46ᵉ, 49ᵉ, 50ᵉ, 54ᵉ, 58ᵉ, 62ᵉ, 67ᵉ, 68ᵉ, 73ᵉ, 77ᵉ, 80ᵉ, 85ᵉ, 87ᵉ, 89ᵉ, 91ᵉ, 94ᵉ, 98ᵉ, 102ᵉ, 105ᵉ, 108ᵉ, 130ᵉ, 140ᵉ, 144ᵉ, 5ᵉ et 6ᵉ bataillons territoriaux de zouaves, chacun avec une seule société.

Enfin, pour clore la liste, signalons les 71ᵉ et 72ᵉ régiments qui ont fusionné et ne forment ensemble qu'une société de tir.

Soit en tout 60 corps territoriaux dans lesquels fonctionne au moins une école de tir en dehors des périodes de convocation.

En ajoutant à ce chiffre quelques sociétés essentiellement militaires, mais composées d'officiers et d'hommes appartenant à divers régiments, et 57 sociétés mixtes, c'est-à-dire moitié civils, moitié militaires, on arrivera à un ensemble de 182 (1).

Ce qui reste à faire.

Comme on le voit, beaucoup a été fait déjà. Il reste cependant encore beaucoup à faire pour ariver à cette organisation complète et régulière des exercices de tir dont le général Berthaut désirait si ardemment voir doter notre armée de seconde ligne.

Voici, en effet, ce qu'écrivait le regretté général, alors Ministre de la guerre, à la date du 14 avril 1877 : .

Versailles, le 14 avril 1877.

« Mon cher général,

» J'attache la plus grande importance à encourager l'exercice du tir dans l'armée territoriale, par tous les moyens dont dispose l'administration de la guerre.

» En présence de l'organisation encore incomplète de cette armée et de l'insuffisance des ressources budgétaires, je dois surtout faire appel au zèle et au dévouement des lieutenants-colonels territoriaux pour développer le goût du tir chez leurs subordonnés et arriver progressi-

---

(1) Ces renseignements nous ont été fournis par l'*Annuaire* des sociétés de tir (année 1885). Ils donnent l'état de cette institution au 31 décembre 1884. Si, par hasard, il s'était glissé dans cette énumération quelques erreurs ou quelques omissions, nous serions reconnaissants à ceux de nos lecteurs qui auraient l'amabilité de nous les signaler.

vement à une organisation régulière de cet exercice.

» On est déjà redevable à l'initiative de quelques chefs de corps, de la fondation de plusieurs
sociétés de tir qui fonctionnent avec succès et
auxquelles l'appui de l'administration n'a jamais
fait défaut.

» Il y a tout lieu d'espérer qu'en leur prêtant
notre concours dans une plus large mesure, il
sera possible d'assurer l'extension des sociétés
existantes, et même de faciliter la création de
sociétés nouvelles dans les subdivisions qui n'en
sont pas encore dotées. . . . .

» Je vous prie donc de vouloir bien inviter les
chefs de corps territoriaux sous vos ordres à étudier quels seraient les meilleurs moyens d'organiser l'enseignement du tir dans leurs subdivisions
ainsi que l'ont déjà fait quelques-uns d'entre eux.

» L'appui qui leur sera donné par l'administra-
tration de la guerre leur permettra, en facilitant
leur tâche, soit de créer de nouvelles sociétés,
soit de trouver un concours efficace dans les
sociétés existantes.

» Vous voudrez bien, en me rendant compte
du résultat de ces études, me faire parvenir vos
propositions relatives à la garde des cartouches
tant par la gendarmerie que par les corps de
troupes stationnés à proximité des centres de
réunion.

» *Le Ministre de la guerre,*

» Signé : BERTHAUT. »

En reproduisant ce chaleureux appel au patriotisme de MM. les lieutenants-colonels territoriaux, nous avons le consolant espoir qu'il

sera entendu et que les retardataires s'empres-
seront d'y répondre.

Comme jadis noblesse, aujourd'hui position
oblige.

Que les sceptiques prennent confiance; que les
indifférents secouent leur torpeur; que ceux
qui nient l'utilité des sociétés de tir se rendent
à l'évidence; que tous se mettent à l'œuvre
résolument, énergiquement, sans marchander
leurs peines, sans s'effrayer des difficultés à
vaincre ni des obstacles à surmonter.

Lorsqu'ils auront accompli leur tâche, la satisfaction du devoir accompli et la reconnaissance
de la patrie les paieront, et au delà, de leurs
sacrifices.

Or, le but élevé auquel doivent tendre leurs
efforts, c'est de faire de tous les citoyens inscrits
sur les contrôles de nos réserves des tireurs
d'élite.

Quant aux moyens de l'atteindre, ils se résu-
ment à mettre le tir en honneur, et à multiplier
autant que possible les *sociétés militaires* de tir.

Il faut arriver à ce que tous les soldats réservistes et territoriaux brûlent, chaque année,
autant de cartouches que leurs camarades de
l'armée active.

Non seulement chaque régiment territorial
doit avoir son école de tir; mais encore chaque
ville importante et même chaque chef-lieu de
canton doit posséder son stand où deux fois au
moins par mois les soldats réservistes et territoriaux viendront, sous la direction d'un officier
ou d'un sous-officier, s'exercer à la pratique du
tir *avec des fusils d'ordonnance*, s'entretenir la
main, retremper leur courage.

Malheur à nous si nous nous endormons dans une quiétude trompeuse !

Comme l'a dit si éloquemment Edgard Quinet : « Prenons garde ; ne comptons que sur nous. La maison de Hohenzolern est toujours en vedette et l'Europe n'est plus qu'un corps sans âme à la merci d'un troupeau de uhlans ! »

CHAPITRE II.

ORGANISATION ET FONCTIONNEMENT DES SOCIÉTÉS DE TIR DANS LES RÉGIMENTS D'INFANTERIE TERRITORIAUX.

———

Des diverses catégories de sociétés de tir.

Les sociétés de tir reconnues comme ayant une existence légale en France, sont de trois espèces :

Les sociétés purement civiles,
Les sociétés mixtes,
Les sociétés militaires.

Nous ne citons ici les premières que pour mémoire, attendu que si, en tant que citoyen, nous avons le devoir de nous intéresser à tout ce qui les touche de près ou de loin, en tant que militaires, nous n'avons absolument rien à voir à ce qui se passe dans leurs stands.

Quant aux sociétés mixtes, bien que l'élément militaire prédomine en général, nous ne nous en occuperons pas d'une manière spéciale. A notre avis, elles n'offrent pas les garanties désirables d'un fonctionnement régulier ; malgré la bonne volonté de leurs membres, malgré le dévouement de leurs comités directeurs.

elles ne sont pas appelées à un brillant avenir. Ne présenteraient-elles que l'unique inconvénient de relever à la fois et de l'autorité militaire et de l'autorité préfectorale, que nous ne commettrons pas l'imprudence de faire en leur faveur la moindre propagande. A nos yeux ce dualisme, source de froissements, de tiraillements, de conflits, les condamne fatalement à l'impuissance.

En principe, nous proscrivons donc d'une façon formelle et radicale ce genre hybride seulement acceptable lorsqu'il n'est pas possible d'adopter un *modus vivendi* plus rationnel, plus logique et surtout plus simple.

Sous un jour bien autrement favorable, nous apparaissent les sociétés militaires. Exclusivement composées d'officiers, de sous-officiers et de soldats appartenant à l'armée territoriale, instituées sous le contrôle de l'autorité militaire, présidées par les lieutenants-colonels régionaux, celles-ci nous semblent les seules viables, les seules susceptibles d'atteindre le but visé et de concourir avec efficacité à la défense nationale.

Aussi, tous nos efforts tendront-ils à donner à cette institution féconde en résultats le plus d'extension possible.

Avantages concédés aux sociétés de tir purement militaires.

Deux circulaires ministérielles, l'une en date du 14 avril 1877, l'autre en date du 16 décembre 1878, corroborent de tout point le jugement que nous avons porté dans le paragraphe précédent sur les sociétés mixtes. En n'octroyant d'immunités et de prérogatives qu'aux sociétés essentiellement militaires, c'est-à-dire fondées sous le patronage des chefs de corps de l'armée territoriale, le Ministre a clairement manifesté sa prédilection pour ces dernières et, par suite, établi l'incontestable supériorité de celles-ci sur celles-là.

Nous ne nous attarderons donc pas à développer cette thèse et nous nous bornerons à reproduire *in extenso* les passages de ces deux documents officiels énumérant les avantages concédés aux sociétés de tir de l'armée territoriale.

« Les avantages que je suis disposé à accorder à toutes les sociétés fondées sous le patronage des chefs de corps de l'armée territoriale sont les suivants :

» Concession d'un certain nombre de fusils modèle 1866, à titre de prêt, et sans exiger, comme cela a été pratiqué jusqu'ici, le dépôt de leur valeur à la Caisse des dépôts et consignations. Ces armes resteront à la gendarmerie en dehors des exercices ; elles seront soumises à une inspection annuelle et leur entretien sera seul laissé à la charge des sociétés ; ces fusils seront remplacés ultérieurement par des armes modèle 1874, lorsque l'état d'avancement de la fabrication du nouveau fusil le permettra (1).

» Livraison gratuite et annuelle aux hommes de l'armée territoriale, membres de sociétés disposant d'un champ de tir d'au moins 300 mètres de long sur 100 de large, de 18 cartouches

---

(1) Aujourd'hui toutes les sociétés de tir ont reçu des armes de ce dernier modèle et il n'en est plus délivré d'autres aux nouvelles sociétés.

jusqu'à concurrence des crédits inscrits de ce chef au budget.

» Concession à ces mêmes sociétés, au prix de fabrication, des munitions dont elles feront la demande.

» Lorsque le tir sera exécuté par des sociétaires appartenant à l'armée territoriale et sous la direction d'un officier de cette arme, celui-ci pourrait disposer sur mon ordre d'un matériel de cibles du corps d'armée.

» Droit au prix de tir et aux marques honorifiques instituées pour l'armée active, étendu aux hommes appartenant à l'armée territoriale. A cet effet, dans chaque société, un officier de l'armée territoriale sera chargé de tenir un contrôle des hommes de cette armée faisant partie de la société et de fournir un compte-rendu de l'emploi des munitions accordées par l'Etat à titre gratuit, ainsi qu'un relevé des résultats du tir.

» Enfin, un certain nombre de prix spéciaux et exceptionnels seront décernés aux hommes appartenant à la partie active de l'armée territoriale ayant tiré toutes les cartouches allouées par l'Etat et ayant obtenu un pour cent déterminé.

» Le bénéfice de la *demi-place* sera désormais concédé, en cas d'appel (1), aux hommes de l'armée territoriale faisant partie des sociétés de tir régulièrement constituées. Ces hommes, quand ils se déplaceront pour se rendre aux réunions, seront tenus de présenter aux agents des gares un *bulletin de convocation* (2) visé

(1) Entendre par *appel*, une convocation à un exercice ou à un concours de tir.
(2) Le modèle de ce bulletin est donné page 321.

par l'autorité militaire. — *Chaque homme de troupe, détenteur du bulletin de convocation, devra toujours être porteur de son livret individuel.* Ces militaires paieront place entière au départ; mais il leur sera délivré gratuitement un billet de retour, sur le vu d'une attestation de l'officier dirigeant le tir et constatant que le porteur a assisté à la séance. » (1)

L'importance et la multiplicité des avantages concédés exclusivement aux sociétés de tir militaires suffiraient, comme on le voit, à leur donner le pas sur les sociétés mixtes si la nature de leur recrutement, leur excellente organisation et la direction ferme et uniforme qui leur est imprimée ne leur assuraient déjà une supériorité incontestable sur leurs émules.

Bases de l'organisation des Sociétés de tir militaires.

Les Sociétés de tir de l'armée territoriale sont militairement organisées. Ne peuvent en faire partie que des citoyens comptant à l'effectif d'un corps territorial, conformément aux prescriptions contenues dans une circulaire ministérielle du 25 octobre 1876. Le lieutenant-colonel régional est *de droit* président *effectif* de toutes les sociétés de tir organisées dans la région avec des fractions de son régiment. — Les membres du conseil d'administration sont choisis parmi les officiers faisant partie de la société.

(1) Les dispositions de cette circulaire ont été rappelées dans une circulaire du 2 juillet 1879 et sont toujours en vigueur.

Ce conseil d'administration se compose, outre le président :

D'un vice-président directeur de l'école de tir ;

D'un trésorier ;

D'un officier de tir remplissant en même temps les fonctions de secrétaire ;

De trois membres.

Il est nommé par le général commandant le corps d'armée.

C'est également le général commandant le corps d'armée qui autorise la création des sociétés de tir et en approuve les statuts.

Armes et munitions de guerre.

Les règles à suivre pour obtenir délivrance d'armes et de munitions sont consignées dans l'extrait ci-après de la circulaire ministérielle du 6 juin 1878 :

« Les demandes d'armes et de munitions de ces sociétés doivent être établies par les chefs de corps de l'armée territoriale, dans la forme adoptée pour les demandes de l'armée, et mentionner le nombre d'hommes composant la société.

» MM. les généraux commandants des corps d'armée transmettent ces demandes en les accompagnant de leur avis.

» Les armes qui peuvent être délivrées sont les suivantes :

» Fusils modèle 1866 ou 1874 ; revolvers modèle 1873.

» Elles sont délivrées à titre de prêt et prélevées sur l'armement de mobilisation. Elles doivent être réintégrées à la diligence des chefs de corps, et sans nouvel avis, dans les magasins d'où elles ont été tirées.

» Les cartouches sont livrées aux prix ci-après :

> Cartouches modèle 1866,   50 fr. le mille;
> Cartouches modèle 1874,   100   —
> Cartouches pour tir réduit(1)50   —
> Cartouches pour revolvers, 60   —

» Les sociétés de tir de l'armée territoriale n'ont pas à rembourser au Trésor le bénéfice à réaliser sur le prix de la poudre ; en outre, il peut être mis à leur disposition dix-huit cartouches par homme, mais *seulement dans la limite des crédits ouverts chaque année à ce titre au budget.*

» Les demandes d'armes et de munitions faites par les sociétés de tir doivent être adressées sous le timbre de la 3e direction, 2e bureau, 4e section au Ministre qui se réserve de les examiner et d'y faire donner la suite qu'elles comportent.

» Aucun versement au Trésor ne doit être fait par une société avant qu'elle ait reçu avis que sa demande est accordée.

» Les diverses sociétés de tir ne se trouvant pas à la même distance des établissements d'artillerie susceptibles de leur délivrer des munitions, il en résulte une situation fâcheuse pour celles qui en sont éloignées, en raison des frais de transport parfois très onéreux. En consé-

___

(1) Voir ci-après la circulaire du 8 avril 1882.

quence, les cartouches accordées, soit à titre gratuit, soit à charge de paiement, aux sociétés de tir de toutes catégories, leur seront, soit délivrées par un corps de troupe, désigné par le Ministre dans chaque cas particulier et auquel des instructions sont adressées pour chaque délivrance, soit expédiées gratuitement par les transports de la guerre, suivant que ces sociétés auront ou n'auront pas leur centre dans une localité où il existe un dépôt de corps de troupe, et que ce dépôt disposera ou ne disposera pas de cartouches du modèle demandé. »

Telles sont les règles adoptées pour les délivrances d'armes et de munitions.

Formalités à remplir pour le versement des étuis métalliques (1).

Les étuis métalliques provenant de cartouches livrées *à titre gratuit* devront être versés dans les magasins de l'établissement d'artillerie ou dans ceux du corps de troupe par lequel elles ont été délivrées.

Les étuis métalliques provenant de cartouches livrées *contre remboursement* pourront être repris sur la demande des sociétés de tir et sans ordre ministériel spécial au prix de 1 fr. 50 le kilogramme ; ces étuis devront être également versés dans les magasins de l'établissement d'artillerie ou dans ceux du corps de troupe par lequel elles ont été délivrées.

L'évaluation du poids des étuis dont la reprise est demandée contre payement, n'aura lieu qu'après le nettoyage de ces étuis.

---

(1) Circulaire ministérielle du 22 avril 1879.

Les étuis provenant de cartouches pour revolver, délivrées, à titre gratuit, à des sociétés de tir de l'armée territoriale, devront également être versés dans les magasins qui les ont délivrés, mais ils ne devront être l'objet d'aucune manipulation de la part des corps ou des établissements de l'artillerie, la direction de Vincennes exceptée.

Les étuis provenant de cartouches pour revolver cédées à charge de remboursement ne seront pas repris au poids. .

A l'avenir, toute demande de délivrance d'un nouveau lot de cartouches, à titre gratuit, faite par une société de tir, devra parvenir au Ministre accompagnée d'une pièce justifiant de la réintégration dans les magasins de l'Etat, sinon de la totalité, *des trois quarts, au moins,* des étuis de même modèle, compris dans la livraison précédente qui a été faite à cette société.

Par application des dispositions contenues dans une circulaire du 3 décembre 1880, l'officier de tir de chaque école de l'armée territoriale devra, à chaque séance de tir, prendre note de la provenance des cartouches (nom de l'établissement de chargement et date de la fabrication) et consigner sur sa situation les ratés, les ruptures et les éclatements...

Distribution d'effets d'habillement à des sous-officiers directeurs de tir dans les centres d'instruction de tir de l'armée territoriale.

« Le Ministre a décidé, le 15 novembre 1878, qu'il serait délivré à quatre sous-officiers directeurs de tir dans chacune des réunions de tir régulièrement organisées par les chefs de corps de l'armée territoriale, les effets militaires ci-après indiqués :

Capote
Pantalon de drap } Neufs ou en bon état.
Képi

» Les capotes seront revêtues de galons de grade en cours de durée, mais en bon état. Voici quelles sont les règles spéciales à observer pour la distribution, l'emploi et la réintégration de ces effets :

» Les distributions seront effectuées dans le corps de l'armée active gestionnaire du magasin territorial. Les effets seront considérés comme étant en service entre les mains des militaires de l'armée territoriale.

» Les bons seront établis par le capitaine-major territorial et visés par le chef de corps territorial. Les détenteurs resteront en possession des effets aussi longtemps qu'ils conserveront leurs fonctions de directeur de tir.

» En cas de décès ou de mutation des détenteurs, les mêmes effets seront, autant que possible, délivrés aux sous-officiers nouvellement désignés, qui pourront d'ailleurs faire opérer à leurs frais les retouches nécessaires.

» Aucune durée n'est applicable dans la circonstance, puisqu'il ne sera pas fait usage journellement des effets. Lorsqu'ils seront complètement hors de service, ils pourront être échangés sur la demande du capitaine-major, visée par le chef de corps et approuvée par le sous-intendant militaire qui s'assurera de l'état des effets et du temps pendant lequel ils auront servi.

» Les résultats de cette constatation seront l'objet d'un procès-verbal, que transmettra au

Ministre l'intendant militaire du corps d'armée, après l'avoir revêtu de son approbation, s'il y a lieu. Les effets reconnus hors de service par suite d'user naturel, seront, *sans imputation*, réintégrés au magasin du corps distributeur.

» Les détériorations provenant de la faute des détenteurs aussi bien que les pertes régulièrement constatées, seront à la charge des sociétés de tir. Le versement du montant de ces pertes ou détériorations sera poursuivi à la diligence du chef de corps. Le capitaine-major tiendra le contrôle des sous-officiers détenteurs des effets, avec indication des dates de distribution.

» En cas de convocation pour les périodes d'instruction prévues par la loi, les sous-officiers se rendront au corps pourvus des effets dont ils seront en possession. »

CHAPITRE III.

Circulaires ministérielles intéressant les sociétés de tir de l'armée territoriale.

Organisation des sociétés de tir, avantages qui leur sont concédés.

Versailles, 14 avril 1877.

Mon cher général,

J'attache la plus grande importance à encourager l'exercice du tir dans l'armée territoriale par tous les moyens dont dispose l'administration de la guerre.

En présence de l'organisation encore incomplète de cette armée et de l'insuffisance des ressources budgétaires, je dois surtout faire appel au zèle et au dévouement des lieutenants-colonels des régiments territoriaux pour développer le goût du tir chez leurs subordonnés et arriver progressivement à une organisation régulière de ces exercices.

On est déjà redevable à l'initiative de quelques chefs de corps, de la fondation de plusieurs sociétés de tir qui fonctionnent avec succès et auxquelles l'appui de l'administration n'a jamais fait défaut. Il y a donc tout lieu d'espérer qu'en leur prêtant notre concours dans une plus large mesure, il sera possible d'assurer l'extension des sociétés existantes, et même de

Droits et Oblig.

faciliter la création de sociétés nouvelles, dans les subdivisions qui n'en sont pas encore dotées.

Les avantages que je suis disposé à accorder à toutes les sociétés fondées sous le patronage des chefs de corps de l'armée territoriale sont les suivants :

Concession d'un certain nombre de fusils modèle 1866, à titre de prêt et sans exiger, comme cela a été pratiqué jusqu'ici, le dépôt de leur valeur à la Caisse des dépôts et consignations. Ces armes resteront à la gendarmerie en dehors des exercices ; elles seront soumises à une inspection annuelle et leur entretien sera seul laissé à la charge des sociétés ; ces fusils seront remplacés ultérieurement par des armes modèle 1874 lorsque l'état d'avancement de la fabrication du nouveau fusil le permettra.

Livraison gratuite et annuelle, aux hommes de l'armée territoriale, membres de sociétés disposant d'un champ de tir d'au moins 300 mètres de long sur 100 de large, de 18 cartouches modèle 1866, jusqu'à concurrence des crédits inscrits de ce chef au budget.

Concession à ces mêmes sociétés, aux prix de fabrication, des munitions dont elles feront la demande.

Mise à la disposition des sociétés de tir des champs de tir des garnisons.

Lorsque le tir sera exécuté par des sociétaires appartenant à l'armée territoriale et sous la direction d'un officier de cette arme, celui-ci pourrait disposer, sur votre ordre, d'un matériel de cibles du corps d'armée.

Droit au prix de tir et aux marques honorifiques instituées pour l'armée active étendu aux hommes appartenant à l'armée territoriale. A cet effet, dans chaque société, un officier de l'armée territoriale sera chargé de tenir un contrôle des hommes de cette armée faisant partie de la société et de fournir un compte rendu de l'emploi de munitions accordées par l'Etat à titre gratuit ainsi qu'un relevé des résultats du tir.

Enfin, un certain nombre de prix spéciaux et exceptionnels seront décernés aux hommes appartenant à la partie active de l'armée territoriale ayant tiré toutes les cartouches allouées par l'Etat et ayant obtenu un $^o/_o$ déterminé.

Je vous prie de vouloir bien inviter les colonels des régiments territoriaux sous vos ordres, à étudier quels seraient, d'après ces données, les meilleurs moyens d'organiser l'enseignement du tir dans leurs subdivisions, ainsi que l'ont déjà fait quelques-uns d'entre eux.

L'appui qui leur sera donné par l'administration de la guerre leur permettra, en facilitant leur tâche, soit de créer de nouvelles sociétés, soit de trouver un concours efficace dans les sociétés existantes.

Vous voudrez bien, en me rendant compte du résultat de ces études, me faire parvenir vos propositions relatives à la garde des cartouches tant par la gendarmerie que par les corps de troupe stationnés à proximité des centres de réunion.

Recevez, mon cher général, l'assurance de ma haute considération.

Le Ministre de la guerre,
Général A. BERTHAUT.

Délivrance de matériel (armes et munitions)
aux différentes catégories de sociétés de tir.

Versailles, le 6 juin 1878.

Mon cher générai,

Le nombre des sociétés de tir s'étant considérablement accru dans ces derniers temps, et les demandes d'armes et de munitions des modèles en service dans l'armée active s'étant multipliées d'une façon très notable, il m'a paru nécessaire de résumer dans une même circulaire les diverses conditions à remplir par les sociétés de tir pour obtenir de l'Etat des armes et des munitions, et les dispositions suivant lesquelles ces délivrances de matériel peuvent avoir lieu.

Les sociétés sont de trois espèces :

Les sociétés de tir purement civiles ;

Les sociétés de tir composées exclusivement d'hommes appartenant à l'armée territoriale et instituées sous le contrôle de l'autorité militaire ;

Enfin, les sociétés mixtes, composées d'éléments de ces deux catégories.

Les dispositions arrêtées et la marche à suivre pour éviter les retards et des difficultés dans les délivrances de matériel demandées par ces trois espèces de société sont indiquées ci-après :

Sociétés de tir civiles.

Les demandes d'armes et de munitions à prendre dans les magasins de l'Etat, faites par les sociétés de tir civiles, doivent être établies sur papier timbré et remises au préfet du département, qui vous les transmet avec son avis.

Ces demandes me sont adressées par vos soins avec votre avis.

Les délivrances aux sociétés de tir civiles ne peuvent dépasser 10 fusils modèle 1866 et 5 fusils modèle 1874. Les fusils sont délivrés par les établissements de l'artillerie, moyennant le dépôt à la Caisse des dépôts et consignations de 65 francs par arme; ils sont expédiés, s'il y a lieu, par les transports de la guerre (1).

Les munitions sont cédées contre le remboursement de leur valeur, c'est-à-dire 100 francs le mille pour les cartouches modèle 1874, 50 francs pour celle du modèle 1866.

A ce prix, il faut ajouter le montant du bénéfice à réaliser par le Trésor sur le prix de la poudre contenue dans les cartouches, soit 9 fr. 075 par mille.

La délivrance des cartouches se fait conformément aux dispositions que vous trouverez indiquées ci-après.

L'administration de la guerre ne délivre pas de poudre libre aux sociétés de tir civiles. Les demandes de cette nature doivent être transmises par MM. les préfets à M. le Ministre des finances, à qui il appartient d'y donner suite.

Sociétés de tir de l'armée territoriale.

Les demandes d'armes et de munitions de ces sociétés doivent être établies par les chefs de corps de l'armée territoriale, dans la forme adoptée pour les demandes de l'armée, et

(1) Voir ci-après les circulaires du 21 octobre 1881 et 11 janvier 1882.

mentionner *le nombre d'hommes* composant la société. MM. les généraux commandants des corps d'armée transmettent ces demandes en les accompagnant de leur avis.

Les armes qui peuvent être délivrées sont les suivantes :

Fusils modèle 1866 ou 1874 ;

Revolvers modèle 1873.

Elles sont délivrées à titre de prêts et prélevées sur l'armement préparé pour le corps en cas de mobilisation. Dans ce cas, elles doivent être réintégrées à la diligence des chefs de corps et sans nouvel avis dans les magasins d'où elles ont été tirées.

Les cartouches sont livrées aux prix ci-après :

Cartouches modèle 1866, 50 fr. le mille ;

Cartouches modèle 1874, 100 fr. le mille ;

Cartouches pour revolvers, 60 fr. le mille (1).

Les sociétés de tir de l'armée territoriale n'ont pas à rembourser au Trésor le bénéfice à réaliser sur le prix de la poudre ; en outre, il peut être mis, à titre gratuit, à leur disposition 18 cartouches par homme, mais dans la limite des crédits ouverts chaque année à ce titre au budget.

Sociétés mixtes.

Les demandes de ces sociétés doivent être distinctes, suivant la catégorie des tireurs qu'elles concernent. Ces demandes doivent, d'ailleurs, être présentées dans la forme ci-dessus indiquée, suivant qu'elles s'appliquent aux membres

(1) Voir les circulaires des 8 avril 1882 et 22 juin 1885.

civils des sociétés ou bien aux membres appartenant à l'armée territoriale. Les chefs de corps de cette armée ne doivent pas perdre de vue que toute demande de délivrance de munitions à titre gratuit engage leur responsabilité en ce qui concerne la consommation des munitions obtenues dans ces conditions.

OBSERVATIONS. — Les demandes *d'armes et de munitions* faites par les sociétés de tir doivent m'être adressées sous le timbre de la 3e direction (2e bureau, 4e section). Je me réserve.de les examiner et d'y faire donner la suite qu'elles comportent.

Aucun versement au Trésor ne doit être fait par une société avant qu'elle ait reçu avis que sa demande est accordée.

Les demandes ayant pour but d'obtenir la concession de prix en nature ou en argent, doivent faire l'objet de dépêches spéciales et m'être adressées sous le timbre « Cabinet. — Correspondance générale ».

Les diverses sociétés de tir ne se trouvant pas à la même distance des établissements d'artillerie susceptibles de leur délivrer des munitions, il en résulte une situation fâcheuse pour celles qui en sont éloignées, en raison des frais de transport parfois très onéreux. J'ai décidé, en conséquence, que les cartouches accordées, soit à titre gratuit, soit à charge de payement, aux sociétés de tir de toutes catégories, leur seront, soit délivrées par un corps de troupe que je me réserve de désigner dans chaque cas particulier et auquel des instructions seront adressées pour chaque délivrance, soit expédiées gratuitement par les transports de la guerre, suivant que ces sociétés auront ou n'auront pas leur centre dans une localité où il existe un dépôt de corps de troupe et que ce dépôt disposera ou ne disposera pas de cartouches du modèle demandé.

Telles sont les règles adoptées pour les déli·vrances d'armes et de munitions.

J'ai l'honneur de vous prier de vouloir bien les porter à la connaissance des sociétés de tir organisées dans l'étendue de la région que vous commandez, et de veiller à ce que les demandes que vous me transmettrez soient établies suivant les indications énoncées dans la présente circulaire, de manière à ce qu'il puissse être statué à leur sujet aussitôt qu'elles parviennent au ministère de la guerre.

Recevez, mon cher général, l'assurance de ma haute considération.

Le Ministre de la guerre,
Général Borel.

———

Transport, au demi-tarif, des militaires de l'armée territoriale convoqués aux exercices de tir. — Bulletin de convocation (1).

Versailles, le 16 décembre 1878.

Messieurs, en raison de l'importance sans cesse croissante des sociétés de tir, je me suis préoccupé d'assurer le transport à prix réduit, sur les voies ferrées, aux militaires de l'armée territoriale, qui sont convoqués par leurs chefs

(1) Voir en outre les circulaires des 4 avril 1879, 2 juillet 1879 et 10 novembre 1880.

de corps à des exercices de tir; et, sur ma demande, le syndicat des compagnies de chemins de fer a bien voulu prendre la décision suivante :

« Le bénéfice de la *demi-place* sera désormais
» accordé, en cas d'appel, aux hommes de l'ar-
» mée territoriale faisant partie des sociétés de
» tir régulièrement constituées. Ces hommes,
» quand ils se déplaceront pour se rendre aux
» réunions, seront tenus de présenter aux agents
» des gares un *bulletin de convocation* visé
» par l'autorité militaire. Ils paieront place en-
» tière au départ, mais il leur sera délivré gra-
» tuitement un billet de retour sur le vu d'une
» attestation de l'officier dirigeant le tir et cons-
» tatant que le porteur a assisté à la séance. »

Les exercices de tir de l'armée territoriale étant facultatifs, les convocations ne pouvaient, sans inconvénient, être faites sous forme d'un ordre d'appel qui, émanant d'une autorité militaire, impliquerait nécessairement l'idée d'obligation. Il y aurait eu à craindre, par suite, que nombre d'hommes, confondant la nature des convocations qui leur parviennent, se crussent autorisés, en se basant sur ce qui se passe pour le tir, à ne plus tenir compte des vrais ordres d'appel. (Voir la circulaire du 4 avril 1879.)

Il a donc paru nécessaire d'adopter, sous la dénomination de *bulletin de convocation*, un titre particulier qui différât de l'ordre d'appel ordinaire et qui spécifiât que le *tir est facultatif.*

Le modèle de ce bulletin est joint à la présente circulaire. Il s'appliquera également aux officiers et aux hommes de troupe (sous-officiers et soldats). Quand il s'agira d'un officier,

les mots « *immatriculé dans le ᵉ régiment* »
seront remplacés par l'indication du grade et du
numéro du régiment.

*Bien que les compagnies de chemins de fer
n'aient pas la pensée de revenir sur la concession faite aux officiers à l'occasion des conférences* (1), et qui a été notifiée par la circulaire
ministérielle du 4 avril 1877, il n'a pas été
possible d'obtenir du syndicat que les officiers
fussent traités autrement que la troupe pour les
réunions de tir.

Le modèle de bulletin de convocation indique
d'une manière claire et explicite les conditions
auxquelles devra satisfaire l'homme à qui il
aura été délivré. Aussi son emploi ne paraît-il
devoir donner lieu, dans la pratique, à aucune
difficulté. J'appellerai, toutefois, votre attention
sur la disposition complémentaire suivante :

« *Chaque homme de troupe, détenteur du*
» *bulletin de convocation, devra toujours être*
» *porteur de son livret individuel.* »

Cette formalité est destinée à donner aux compagnies de chemins de fer le moyen de constater l'identité des individus, et elle a été jugée
d'autant plus nécessaire que les sociétés de tir
de l'armée territoriale comprennent des membres appartenant à la disponibilité et à la réserve
de l'armée active, le syndicat ayant reconnu
équitable de faire bénéficier cette dernière catégorie de sociétaires du transport au demi-tarif.

---

(1) Le général Borel, en rédigeant ce paragraphe,
était loin de se douter qu'un de ses successeurs pro-
voquerait lui-même l'abrogation des dispositions contenues dans cette circulaire !

Je vous prie, Messieurs, d'assurer, chacun en ce qui vous concerne, l'exécution des dispositions contenues dans la présente circulaire qui sera insérée au *Journal militaire officiel* (partie supplémentaire) et au *Bulletin officiel du ministère de l'intérieur* (service militaire) :

Messieurs les chefs de corps, commandant les régiments territoriaux, sont autorisés à me faire la demande (*Bureau des Réserves et de l'Armée territoriale*) des imprimés de bulletins de convocation qu'ils estimeront leur être nécessaires.

Agréez, etc.

Le Ministre de la guerre,
Signé : Gal BOREL.

Demande de prix de tir.

Paris, le 28 février 1879.

Mon cher général,

Des sociétés civiles de tir m'adressent chaque année des demandes à l'effet d'obtenir des prix à l'occasion des concours qu'elles organisent.

Jusqu'ici, la plupart de ces demandes me sont parvenues directement, sans renseignements précis sur la société, souvent à une époque trop rapprochée des concours, et il ne m'a pas toujours été possible de recourir, en temps opportun, à votre avis que je tiens cependant à connaître avant de donner satisfaction aux sociétés.

Il me paraît utile de suivre à l'avenir une voie plus régulière et plus sûre, et j'ai invité en conséquence MM. les Préfets, par lettre du 28 février 1879, à notifier aux intéressés que toute société de tir qui se croira des titres à l'obtention d'un prix, devra faire passer sa demande par votre intermédiaire et vous l'envoyer un mois au moins avant l'époque fixée pour le concours.

Ces demandes devront me parvenir accompagnées de votre avis sur la suite qu'elles vous paraîtront susceptibles de recevoir, en raison des renseignements que vous aurez recueillis sur la composition de la société, son importance dans la localité et les services qu'elle peut rendre.

Dans l'appréciation que je vous demande, je vous prie de ne pas perdre de vue que je dois réserver de préférence les crédits dont je puis disposer, pour stimuler le zèle et les efforts des sociétés de tir de l'armée territoriale qui fonctionnent sous la direction de l'autorité militaire; et que mes témoignages d'intérêt ne peuvent porter, en ce qui concerne les sociétés civiles, que sur celles qui contribuent réellement à propager le goût des exercices de tir, et entretiennent des relations cordiales avec les autorités militaires, tant de l'armée active que de l'armée territoriale.

Les sociétés civiles de tir ont d'ailleurs été avisées par la lettre précitée que leurs demandes, quelle qu'en soit la nature, doivent toujours me parvenir par votre intermédiaire.

Recevez, mon cher général, l'assurance de ma haute considération.

Le Ministre de la guerre,

Signé : H. GRESLEY.

Convocation par voie d'affiche aux séances de tir.

Paris, le 4 avril 1879.

Mon attention a été appelée sur les moyens employés dans certaines régions par les chefs de corps de l'armée territoriale pour convoquer aux séances de tir les militaires qui font partie des sociétés fondées avec mon approbation dans un grand nombre de régiments.

Le mode par voie d'affiches paraissant un des plus pratiques, je me suis préoccupé d'en faciliter l'exécution aux sociétés territoriales de tir, et, sur ma proposition, M. le Ministre des finances a bien voulu me faire connaître, par dépêche en date du 20 février 1879, que toutes les affiches de cette nature, sur lesquelles sera apposée la signature d'un chef de corps de l'armée territoriale, pourront être rangées dans la catégorie des documents concernant les gens de guerre, et considérées, par suite, comme exemptes du droit et de la formalité du timbre, en vertu de l'article 16, § 1 (n° 9) de la loi du 13 brumaire an VII.

Mais tout en cherchant à faciliter aux sociétés de tir de l'armée territoriale, les moyens de se réunir, j'ai cru devoir aussi prendre les précautions nécessaires, afin d'éviter que les affiches apposées pour les réunions de cette nature, qui sont facultatives, puissent être confondues avec les affiches placardées pour des convocations obligatoires, telles que les appels ou la mobilisation.

Il m'a paru, par suite, indispensable d'adopter, pour les réunions de tir, une affiche spéciale qui ne devra jamais être de couleur blanche et dont le modèle est joint à la présente note.

MM. les chefs de corps commandant les régiments territoriaux, qui ont l'intention d'employer ce mode de convocation, de préférence à celui visé par la note du 16 avril 1877 (*J. M.*, P. R.) sont autorisés à m'adresser (bureau des Réserves et de l'Armée territoriale) les demandes d'imprimés d'affiches (1) qu'ils jugeront leur être nécessaires.

Formalités à remplir pour opérer le VERSEMENT DES ÉTUIS MÉTALLIQUES.

Paris, le 22 avril 1879.

Messieurs, aux termes des prescriptions ministérielles en vigueur, les étuis provenant des cartouches métalliques, modèle 1874, consommées dans les exercices de tir des corps de troupes, doivent être versés dans les magasins de l'artillerie, après avoir été soumis à certaines manipulations spéciales de la part des chefs armuriers, auxquels il est alloué une indemnité pour cet objet.

J'ai arrêté les mesures suivantes en ce qui concerne les étuis métalliques provenant des cartouches, modèle 1874, accordées, soit à titre gratuit aux sociétés de tir de l'armée territoriale, soit à charge de remboursement à ces mêmes sociétés et aux sociétés de tir civiles :

1° Les étuis métalliques provenant de cartouches livrées *à titre gratuit* devront être ver-

---

(1) Voir le spécimen au chapitre IV, page 320.

sés dans les magasins de l'établissement d'artillerie ou dans ceux du corps de troupe par lequel elles ont été délivrées ;

2° Les étuis métalliques provenant de cartouches livrées *contre remboursement* pourront être repris sur la demande des sociétés de tir *et sans ordre ministériel spécial*, au prix de 1 fr. 50 cent. le kilogramme ; ces étuis devront également être versés dans les magasins de l'établissement d'artillerie ou dans ceux du corps de troupe par lequel elles ont été délivrées.

Le payement de la valeur des étuis repris au poids sera effectué :

1° Par les établissements de l'artillerie, au titre du chapitre 18, article 1er du budget ordinaire de l'exercice courant ;

2° Par les corps de troupe, sur les fonds de l'armement.

Cette dépense sera, dans ce dernier cas, justifiée dans le compte de gestion de l'armement (finances) des corps de troupe par un certificat de prise en charge des étuis dont il s'agit, portant quittance de la société de tir à laquelle les étuis auront été payés.

Les étuis versés, soit dans les magasins d'un établissement d'artillerie, soit dans ceux d'un corps de troupe, devront être soumis, aussitôt leur versement, aux opérations décrites dans l'instruction ministérielle du 13 janvier 1876 et le supplément à cette instruction, en date du 18 mars 1878.

Les étuis versés dans les magasins d'un corps de troupe seront portés en entrée sur le livret de munitions. Ils donneront lieu pour le chef armurier, lors de leur versement à l'artillerie, aux mêmes perceptions que ceux provenant des cartouches tirées au corps.

L'évaluation du poids des étuis dont la reprise est demandée contre payement n'aura lieu qu'après le nettoyage de ces étuis.

Les étuis provenant de cartouches pour revolver, délivrées, à titre gratuit, à des sociétés de tir de l'armée territoriale, devront également être versés dans les magasins qui les ont délivrés, mais ils ne devront être l'objet d'aucune manipulation de la part des corps ou des établissements de l'artillerie, *la direction de Vincennes exceptée.*

Les étuis provenant de cartouches pour revolver cédées à charge de remboursement ne seront pas repris au poids.

A l'avenir, toute demande de délivrance d'un nouveau lot de cartouches, *à titre gratuit,* faite par une société de tir, devra me parvenir accompagnée d'une pièce justifiant de la réintégration dans les magasins de l'État, sinon de la totalité, *des trois quarts au moins,* des étuis de même modèle, compris dans la livraison précédente qui a été faite à cette société.

Tout corps ou établissement qui aura délivré à une société de tir des cartouches métalliques à titre gratuit et à titre onéreux, devra s'abstenir de tout remboursement d'étuis, tant que le nombre des étuis versés par cette société ne sera pas supérieur à celui des étuis qui lui ont été remis à titre gratuit. Cet excédent pourra seul être remboursé au poids.

Les corps et les établissements de l'artillerie devront me rendre compte le premier jour de chaque trimestre, sous le timbre de la présente dépêche, des différentes réintégrations d'étuis métalliques faites dans leurs magasins par des sociétés de tir, pendant le trimestre écoulé.

J'ai l'honneur de vous prier de vouloir bien, chacun en ce qui vous concerne, assurer l'exécution des différentes dispositions, qui devront être portées par MM. les commandants de corps à la connaissance des diverses sociétés de tir civiles ou de l'armée territoriale, organisées dans l'étendue de leur commandement.

Recevez, Messieurs, l'assurance de ma haute considération.

Le Ministre de la guerre,
GRESLEY.

Transport au demi-tarif des militaires convoqués à des concours ou à des exercices de tir.

Paris, le 2 juillet 1879.

Mon cher général,

Les dispositions de la circulaire ministérielle du 16 décembre 1878, relative au transport à prix réduit sur les voies ferrées, des hommes de l'armée territoriale, de la réserve et de la disponibilité de l'armée active se rendant aux exercices de tir, ont donné lieu aux observations suivantes :

1º La concession du demi-tarif faite par les compagnies constitue un faible avantage, en raison du peu d'écart qui existe entre ce demi-tarif et le prix des billets d'aller et retour;

2º Le mode de convocation impose aux chefs

de corps de l'armée territoriale des écritures
trop nombreuses et les oblige à des frais de
correspondance, attendu qu'ils doivent d'abord
s'assurer quels sont les hommes qui désirent
prendre part aux exercices, puis leur faire parvenir des bulletins d'invitation.

En ce qui concerne la première observation,
je ne crois pas qu'il soit possible de s'y arrêter,
d'autant plus que, sur beaucoup de lignes, il
n'existe pas de billets d'aller et retour, et,
comme les compagnies n'ont consenti à cette
réduction de tarif qu'à titre exceptionnel, il n'est
pas douteux que des négociations reprises dans
ces conditions, pour arriver à une nouvelle réduction, ne recevraient aucune suite favorable.

Un moyen m'avait été proposé pour éviter les
inconvénients que présente le mode de convocation, et réduire sensiblement les frais de correspondance. Il consistait à obtenir des compagnies que dans chaque gare fussent déposés des
bulletins de convocation; chaque homme, muni
de son livret, pourrait ainsi réclamer un de ces
bulletins.

Ce moyen ne m'a pas paru pouvoir être adopté;
car il aurait pour résultat d'obliger les compagnies à se charger d'un travail qui est du
domaine exclusif de l'autorité militaire et qui
amènerait leurs agents à contrôler les demandes
formées par des militaires. Mais il semble que
les chefs de corps pourraient envoyer à l'avance
des bulletins signés aux officiers sous leurs
ordres; ces derniers, et même au besoin les sous-
officiers, se chargeraient ensuite de faire la distribution aux hommes domiciliés dans la même
localité, après avoir rempli les imprimés. Les

mesures à prendre à cet égard ne semblent pas devoir être plus difficiles à organiser que celles déjà adoptées relativement aux distributions et affichages d'imprimés.

Les inconvénients signalés seraient ainsi atténués; quant aux abus, ils ne seraient point à redouter, puisque la réduction de tarif ne porte que sur le retour et que, dans tous les cas, le visa de l'officier, qui a dirigé la séance de tir, est nécessaire pour ouvrir le droit au transport gratuit.

En définitive, je ne vois donc aucun motif urgent pour faire modifier, avant d'en avoir fait complètement l'essai, le mode d'opérer prescrit par la circulaire du 16 décembre 1878. Il vous appartient d'ailleurs, mon cher général, de rechercher les mesures de détail qui vous paraîtront les plus propres à assurer l'exécution des dispositions édictées par cette circulaire.

Recevez, mon cher général, l'assurance de ma haute considération.

Le Ministre de la guerre,
H. GRESLEY.

Transport au demi-tarif des hommes se rendant aux exercices de tir (1).

Paris, le 10 novembre 1880.

Une circulaire du 16 décembre 1878, insérée au *Journal Militaire* officiel (partie réglementaire, page 428), a réglé les dispositions prises

_____

(1) Se reporter aux circulaires des 16 décembre 1878, 4 août 1879 et 2 juillet 1879.

de concert avec les six grandes compagnies de
chemins de fer pour le transport à demi-tarif
des hommes de l'armée territoriale, de la réserve et de la disponibilité de l'armée active qui
se rendent à des exercices de tir.

Préoccupé d'assurer à des conditions analogues le transport de ces mêmes hommes sur
toutes les lignes du réseau français, j'ai fait demander aux compagnies secondaires d'intérêt
général, ainsi qu'aux compagnies concessionnaires de chemins de fer d'intérêt local, si elles
seraient disposées à adopter sur leurs lignes
respectives la mesure adoptée par le syndicat.

Toutes les compagnies ont répondu affirmati-
vement à l'exception, toutefois :

1° De la compagnie des Dombes et du Sud-
Est qui a refusé toute réduction, aussi bien sur
ses lignes d'intérêt général que sur ses lignes
d'intérêt local ;

2° Des compagnies de Velu-Bertincourt à
Saint-Quentin, de Boileux à Marquion et de Ba-
paume à Marcoing (ces trois compagnies d'intérêt local ont subordonné leur adhésion à l'obtention d'une subvention par l'Etat) ;

3° Enfin sur la compagnie des chemins de fer
de Lyon au faubourg Saint-Just. Sur cette ligne,
le prix des places ne dépasse pas 0 fr. 15 c. par
voyageur.

Toutes les compagnies concessionnaires, sauf
les cinq compagnies indiquées ci-dessus, ont
donc adhéré à la proposition qui leur a été faite
d'accorder le bénéfice de la demi-place aux
membres des sociétés de tir ; et elles ont donné
des instructions à leurs agents pour rendre immédiatement applicables les facilités de circu-

lation qu'elles ont gracieusement consenties.

J'invite particulièrement MM. les chefs de légion de gendarmerie et les officiers sous leurs ordres, ainsi que les chefs de corps de l'armée territoriale, à porter cette décision des compagnies à la connaissance des intéressés.

Signé : FARRE.

Au sujet du réglage du tir d'après la qualité des cartouches employées.

Paris, le 3 décembre 1880.

Messieurs, il a été délivré en 1880, par homme d'infanterie de l'armée active, trente cartouches à balle, modèle 1879, à valoir sur les allocations fixées pour les exercices de tir.

La régularité du chargement, la forme de la balle, l'adoption de la bourre en cire, permettent d'obtenir avec la cartouche modèle 1879 une trajectoire plus tendue qu'avec la cartouche modèle 1874, et il en résulte que les hausses du fusil, trop faibles avec cette dernière cartouche, lorsqu'elle a perdu de ses qualités, peuvent paraître un peu trop fortes avec la cartouche modèle 1879 de fabrication récente.

Parmi les corps de troupes qui viennent de faire usage de la nouvelle cartouche, un petit nombre signale ce fait, mais la plupart des autres sont d'avis que la graduation actuelle des hausses répond exactement aux distances de tir.

Il y a lieu de remarquer d'autre part que les cartouches modèle 1879 sont de fabrication toute récente, et que, malgré les soins apportés dans leur fabrication, la nature même des éléments qui entrent dans la fabrication d'une cartouche ne permet pas d'assurer qu'elles ne perdront pas de leur vitesse avec le temps. Les hausses signalées par quelques corps comme trop fortes aujourd'hui pourront par suite leur sembler trop faibles plus tard.

Dans l'état actuel des choses et eu égard au nombre restreint des cartouches modèle 1879 qui ont été tirées dans les corps, toute modification apportée à la graduation de la hausse serait prématurée.

Le résultat capital obtenu dans la fabrication nouvelle, et confirmé par tous les rapports qui me sont parvenus, est une uniformité complète dans les produits, et, par suite, une augmentation très grande dans la justesse du tir.

Il serait regrettable que ce résultat fût diminué dans l'avenir, ce qui arriverait certainement si les corps n'apportaient un soin particulier dans le classement des cartouches employées pour l'exécution de leurs tirs journaliers et dans la détermination des hausses d'essai.

J'ai arrêté en conséquence les mesures suivantes :

Dorénavant les cartouches seront groupées *par lots provenant du même établissement de chargement et portant la même date de fabrication.* On ne tirera, à chaque séance, que des cartouches de même origine et de même ancienneté ; mention de cette origine et de cette ancienneté sera faite suivant le cas, à la gauche ou dans la colonne « Observations » des différentes situations et des différents registres de tir ; l'inscription en sera faite aussi au bas de chacun des tableaux du rapport annuel sur les écoles régimentaires de tir.

Les prescriptions de l'article 2 du chapitre 5 du Manuel de l'instructeur de tir devront être strictement observées, et les officiers de tir détermineront la hausse à employer non seulement à chaque distance de tir, mais encore à chaque changement de lots de cartouches.

J'ai l'honneur de vous prier de vouloir bien assurer, en ce qui vous concerne, l'exécution de ces prescriptions.

FARRE.

Au sujet du dépôt de garantie exigé des Sociétés de tir.

Paris, le 21 octobre 1881.

Mon cher général,

Une lettre collective du 26 juillet 1881, n° 31-11, vous a fait connaître que le dépôt de garantie à réaliser par les sociétés de gymnastique pour les armes qui leur sont prêtées par les magasins de l'Etat était réduite à 25 francs par arme.

Cette mesure m'ayant paru devoir être équitablement étendue aux sociétés civiles de tir, j'ai décidé, à la date de ce jour, que ces sociétés n'auraient plus à consigner qu'une somme de 25 francs par arme à la Caisse des dépôts et consignations.

Toutes les autres dispositions concernant ces sociétés, qui sont énumérées dans la circulaire du 6 juin 1878, n° 39, continueront d'ailleurs à être appliquées dans leur forme et teneur.

FARRE.

Compte-rendu annuel des tirs exécutés,
à fournir par les chefs de corps.

Mon cher général,

Conformément aux décisions de mes prédécesseurs, en date du 14 avril 1877 et du 6 juin 1878, des sociétés de tir organisées sur l'initiative du lieutenant-colonel chef de corps, fonctionnent dans un grand nombre de régiments territoriaux.

Dans le but de me rendre compte des résultats obtenus, je vous prie de vouloir bien prescrire aux lieutenants-colonels commandant ces régiments, d'établir un rapport conforme au modèle ci-joint, sur le fonctionnement de leurs sociétés de tir en 1881.

Ces rapports devront me parvenir (1re division, 2e bureau) en même temps que les rapports sur les écoles régimentaires de tir du corps de l'armée active, c'est-à-dire avant le 25 décembre prochain.

Pour le Ministre et par son ordre ;
Le Général directeur,
Signé : THIBAUDIN.

Inscription sur les états de service des militaires, des prix de tir obtenus dans les concours civils.

Paris, le 7 décembre 1881.

Mon cher général,

L'armée ayant intérêt à recevoir des hommes possédant un commencement d'instruction militaire, il m'a paru utile d'encourager les efforts des sociétés civiles autorisées qui, à un enseignement spécial, ajoutent celui du tir et des exercices militaires.

En conséquence, lorsque des jeunes gens à leur arrivée au corps présenteront un brevet d'instruction militaire délivré par une de ces sociétés, leurs chefs directs pourront tenir compte de ce livret pour la formation des classes d'instruction des jeunes soldats, telle qu'elle est prescrite par la circulaire ministérielle du 31 octobre 1878.

Cette disposition sera portée à la connaissance des sociétés intéressées par l'intermédiaire de M. le Ministre de l'intérieur.

Je vous prie, en ce qui vous concerne, de vouloir bien donner aux troupes sous vos ordres les instructions nécessaires pour en assurer l'exécution.

Pour le Ministre et par son ordre :

Le général de division chef d'état-major général,

DE MIRIBEL.

Au sujet du dépôt de garantie exigé des Sociétés de tir civiles.

Paris le 11 janvier 1882.

Mon cher général,

Par deux lettres collectives du 26 juillet dernier, n° 31-11, et 21 octobre suivant, n° 40-15, mon prédécesseur vous a fait connaître que le dépôt de garantie à réaliser par les sociétés de gymnastique et de tir pour les armes qui leur sont prêtées par les magasins de l'Etat, était réduit à 25 fr. par arme.

Il m'a paru convenable, pour donner à ces sociétés une nouvelle preuve de la bienveillance de l'administration de la guerre, d'abaisser encore le montant de ce dépôt, et j'ai décidé, à la date de ce jour, que ces sociétés n'auraient plus à consigner à l'avenir qu'une somme de 15 fr. par arme à la Caisse des dépôts et consignations.

Des mesures vont être prises pour la régularisation des dépôts antérieurement effectués à ce titre par les diverses sociétés.

E. CAMPENON.

Au sujet de la délivrance de cartouches pour le tir réduit.

Paris, le 8 avril 1882.

Mon cher général,

Tous les corps de troupe sont pourvus aujourd'hui du matériel nécessaire pour se préparer au tir de la cartouche réglementaire par des exercices de tir réduit exécutés conformément à l'instruction ministérielle du 27 janvier 1882.

Outre la faculté qu'il donne aux hommes de tirer avec l'arme qui leur est affectée, le tir réduit offre le grand avantage d'exiger seulement une ligne de tir d'une étendue restreinte (15 à 40 mètres), d'utiliser les lignes de mire réglementaires et surtout d'être peu dispendieux.

Quant à la cartouche spéciale à ce genre de tir, elle se compose :

1o D'un étui vide de cartouche modèle 1874, pouvant être rechargé un grand nombre de fois ;

2o Des divers élé-
ments nécessai-
res au charge-
ment.

⎧ Une amorce ;
⎪ Un couvre-amorce ;
⎨ Une balle sphérique en plomb
⎪   de 8 g. 7 ;
⎩ Une charge de poudre F,
     de 0 g. 04.

J'ai pensé qu'il y aurait un intérêt réel à mettre les sociétés de tir ou de gymnastique à même
de se livrer également à des exercices de tir réduit et que cette mesure contribuerait à développer le goût du tir dans la population.

J'ai pris, en conséquence, à la date de ce jour,
la décision suivante :

Dans chaque subdivision de région, l'autorité
militaire désignera un corps de troupe qui sera
chargé de fournir des cartouches aux sociétés
de tir ou de gymnastique qui désireront pratiquer
le tir réduit.

Le prix de cession de l'étui est fixé à 0 fr. 04.

Celui du chargement, y compris le nettoyage
des étuis et la fourniture des divers éléments qui
le composent, à 0 fr. 009 par cartouche.

Après les tirs, les étuis vides susceptibles d'être
utilisés pourront être rapportés aux corps désignés, pour être rechargés par ses soins, ou, s'il est
possible, échangés immédiatement contre un
même nombre d'étuis tout chargés. (Dépense
0 fr. 009 par cartouche à la charge des sociétés.)

Il est alloué aux corps par cartouche livrée aux
sociétés précitées une somme de 0 fr. 002, dont
0 fr. 001 pour frais de combustible, etc., et
0 fr. 001 pour le personnel subalterne qui procède au chargement.

Les demandes de délivrance de cartouches de tir réduit ou de chargement d'étuis, établies en double expédition, devront être adressées par les présidents des sociétés aux généraux commandant les subdivisions de région, qui les transmettront pour exécution aux corps désignés à cet effet. Elles devront être accompagnées du récépissé et de la déclaration de versement au Trésor de la somme correspondante. Le récépissé devra porter la mention de la somme versée qui doit faire retour au budget de l'artillerie.

L'une des expéditions sera conservée par le corps livrancier, qui la mettra avec la déclaration de versement à l'appui du relevé des dépenses annuelles effectuées pour le service de l'armement. Il y joindra un état dressé par ses soins des sommes payées pour frais de combustible et de chargement, et émargé par le sous-officier chargé de l'atelier de chargement.

La seconde expédition, accompagnée du récépissé de versement au Trésor, sera envoyée par le corps au Ministre (3º direction, 2º bureau, 4º section.)

Les deux expéditions porteront le reçu de la société destinataire. Mention des étuis, amorces, couvre-amorces, balles et poudre, livrés dans ces conditions devra être faite sur le carnet de munitions du corps.

Les corps demanderont à la direction d'artillerie chargée de les approvisionner, les étuis, amorces, etc., dont ils jugeront avoir besoin pour être toujours en mesure de satisfaire à bref délai aux demandes qui leur seront adressées. Ils veilleront à ce que les cartouches destinées aux sociétés de tir ou de gymnastique soient confectionnées avec le même soin que celles qu'ils doivent employer eux-mêmes.

Je vous prie de vouloir bien donner les ordres nécessaires pour assurer l'exécution de ces prescriptions dans l'étendue de votre commandement.

BILLOT.

———

Au sujet des formalités à remplir pour rembourser à l'Etat le prix des munitions délivrées aux sociétés de tir.

Paris, le 11 novembre 1882.

Mon cher général,

Aux termes d'une circulaire adressée le 10 novembre 1880 par M. le Ministre des finances à MM. les trésoriers-payeurs généraux et les receveurs des finances, les versements effectués au Trésor en remboursement des cessions faites à des tiers par les magasins de l'Etat doivent être appuyés *d'un ordre de reversement* délivré par l'ordonnateur de la dépense, ordre qui sert de titre de perception.

Cette prescription n'étant pas observée en général pour les versements effectués par les différentes sociétés auxquelles des munitions sont délivrées contre remboursement, j'ai l'honneur de vous faire connaître les dispositions qui devront, pour ce cas particulier, être suivies à l'avenir :

Lorsque les délivrances de munitions auront lieu par les soins d'un établissement de l'artillerie, l'ordre de reversement devra être établi par le directeur de cet établissement, qui le fera parvenir à la société intéressée.

Quand, au contraire, la délivrance sera effectuée par un corps de troupe, l'ordre de versement devra être établi par le fonctionnaire de l'intendance chargé de la police administrative du corps et être adressé par ce fonctionnaire à la société intéressée.

Avis des délivrances de munitions autorisées en faveur des sociétés dont il s'agit sera à l'avenir et suivant le cas adressé directement, par les soins de l'Administration centrale, soit à MM. les intendants militaires, soit à MM. les directeurs des établissements de l'artillerie.

En ce qui concerne les cartouches de tir réduit que les sociétés de tir ou de gymnastique peuvent recevoir sans ordre ministériel spécial, en exécution de la lettre collective n° 24 du 8 avril 1882 (3° direction. — 2° bureau), ces sociétés devront, dans chaque cas, s'adresser directement au fonctionnaire de l'intendance chargé de la police administrative du corps livrancier pour obtenir l'ordre de reversement correspondant.

D'une manière générale, toutes les sociétés devront attendre, pour effectuer un versement quelconque au Trésor, qu'elles aient reçu l'ordre de reversement correspondant. Cette recommandation ne s'applique pas aux dépôts de garantie exigés des sociétés pour les armes qui leur sont remises à titre de prêt.

BILLOT.

Défense d'accepter des prix de tir en argent.

Paris, le 25 juin 1883.

Mon cher général,

Par analogie avec les prescriptions contenues dans les diverses circulaires réglant la participation de l'armée aux concours et aux courses des sociétés hippiques, j'ai décidé que les militaires qui seront autorisés à prendre part aux concours organisés par les sociétés de tir ou de gymnastique ne pourront, en aucun cas, recevoir de prix en argent.

Je vous prie de vouloir bien assurer, en ce qui vous concerne, l'exécution de cette décision.

THIBAUDIN.

CHAPITRE IV.

Comptabilité et modèles divers.

§ 1ᵉʳ. — COMPTABILITÉ DES DENIERS ET DU MATÉRIEL.

La comptabilité des sociétés de tir doit être aussi simple que possible.

Le trésorier, comptable|des fonds, tient simplement un registre-journal où il inscrit au jour le jour ses recettes et ses dépenses. Ce registre est arrêté chaque trimestre. (Voir modèle D.)

Les factures et mémoires soldés sont conservés par le trésorier, numérotés et classés par trimestre. Ces pièces lui servent de justification pour ses dépenses.

Les souches du carnet de reçus justifient de ses recettes.

Le secrétaire, comptable du matériel, tient les différents registres énumérés ci-après.

Il est chargé de faire exécuter les réparations aux armes et au matériel.

Il établit les diverses situations et demandes de munitions ou d'armes que le président de la société a seul pouvoir de signer.

En fin d'année, il adresse à son chef de corps

(lequel les signe comme président du conseil d'administration) les inventaires et situations de l'existant au 31 décembre, pièces dont le règlement du 30 août 1884 prescrit l'établissement.

Le chapitre III contient tous les renseignements propres à faciliter la gestion de ce comptable.

§ 2. — COMPTABILITÉ DU TIR.

Elle se résume à la tenue d'un registre et à l'établissement de quelques situations et comptes-rendus.

Registre de tir.

Ce registre est établi, pour la première fois, au moyen des listes d'adhésion (modèle G); il est renouvelé ensuite à l'aide du registre de l'année précédente.

Il comporte le contrôle de tous les sociétaires et l'inscription de tous les résultats obtenus pendant les tirs de l'année.

Le modèle F, bien que non réglementaire, est en usage dans un grand nombre de corps. Il est, de tous les modèles qui nous ont été communiqués, le plus simple, le plus commode, le plus facile à tenir. Nous en conseillons l'adoption par toutes les sociétés qui ne le possèdent pas encore.

État de situation à établir à chaque séance.

L'état de situation (modèle A) est tenu par l'officier de tir. Cet officier y inscrit les résultats obtenus à mesure qu'ils sont signalés, en se conformant aux prescriptions du Manuel de tir (articles 174, 259 et 260).

Le tir terminé, l'officier de tir porte la somme des écarts vis-à-vis le nom des tireurs qui ont obtenu le même nombre de points. Il fait tirer une balle supplémentaire aux tireurs qui ont le même nombre de points et la même somme d'écart. Il additionne le nombre de balles tirées, le nombre de balles mises, le nombre des points en déduit le %, et procède ensuite au classement des tireurs.

Compte-rendu des séances.

Après chaque séance d'application, le directeur de l'école de tir établit pour le chef de corps un compte-rendu de la séance (modèle B) indiquant le nombre de tireurs ayant pris part au tir, le nombre de balles tirées et mises, le %, et enfin les circonstances atmosphériques, la provenance des cartouches (circulaire du 3 décembre 1880), les ratés, les crachements, les difficultés d'extraction, en un mot tous les incidents dignes d'être notés, survenus pendant la séance de tir. Enfin, un rapport annuel (modèle C) est adressé par le directeur de l'école de tir à M. le Ministre de la guerre.

Ce rapport, sorte d'état récapitulatif des comptes-rendus adressés aux chefs de corps pendant l'année, comprend tous les renseignements intéressant l'école de tir : organisation et fonctionnement de l'école de tir, résultats des séances de tir, récapitulation des munitions consommées : 1° à titre gratuit; 2° à titre remboursable; enfin observations de tout genre jugées utiles.

§ 3. — RENSEIGNEMENTS DIVERS.

Registres nécessaires aux sociétés de tir.

Registre de correspondance (1).
Registre journal (2).
Carnet de reçus à souches (2).
} Tenus par le trésorier.

Registre de correspondance (1).
Registre des entrées et sorties du matériel (3).
Carnet de munitions (3).
Registre de tir de la société (2).
Carnet d'enregistrement des incidents survenus pendant le tir et imputables aux cartouches (3).
} Tenus par le secrétaire.

Formules imprimées nécessaires aux sociétés de tir.

Affiches pour convocations (3).
Bulletins de convocation.
} Modèles annexés à la présente notice (4).

Listes d'adhésion pour la formation de la société.
Situations nominatives pour le tir à la cible.
Compte-rendu de la séance.
Rapport annuel sur l'instruction du tir du régiment.
} Modèles annexés à la présente notice.

(1) Copie lettre commercial. (2) Modèles D, E, F ci-joints.

(3) Modèle de l'armée, à prendre dans les règlements.

(4) Ces formules sont fournies par le Ministre ; les frais d'achat de toutes les autres, ainsi que des registres, incombent à la caisse des sociétés. — On trouvera tous ces registres et imprimés, à des prix très avantageux, à la librairie H. Charles-Lavauzelle.

Etat de situation des munitions
au 31 décembre.

Etat de situation de l'armement
au 31 décembre.

Etat de demandes d'armes.

Mémoire des réparations à exécuter
par un chef armurier.

Etat de demandes de munitions
d'exercice.

Etat des armes à envoyer en manu-
facture pour y être réparées.

} Modèles an-
nexés au
règlement
du 30 août
1884.

Rapports divers à l'autorité militaire.

Formules de correspondance.

Bordereaux d'envoi.

} Modèles an-
nexés au
décret du
28 décem-
bre 1883
sur le ser-
vice inté-
rieur.

*Placards à afficher dans les pavillons des
stands.*

Règlement intérieur de la société.

Règlement
du
30 août
1884.

} Instruction sur le démontage, le
remontage et l'entretien du fusil
mle 1874.

Instruction sur le démontage, le
remontage et l'entretien du revolver
mle 1873.

Instruction sur la conservation
des munitions dans les magasins.

*Ouvrages indispensables aux bibliothèques
des stands.*

Annuaire des sociétés de tir.

Règlement du 11 novembre 1882 sur l'instruction du tir dans les régiments d'infanterie.

Règlement du 30 août 1884 sur le service de l'armement et les munitions de guerre dans les corps de troupe.

Instruction ministérielle, idem.

Règlement du 1er mars 1880 sur la comptabilité-matières.

Étude sur le tir des armes portatives en France et à l'étranger.

Les cartouches et le caisson d'infanterie.

Décret du 28 décembre 1883 sur le service intérieur.

Décret du 23 octobre 1883 sur le service dans les places de guerre et villes de garnison.

§ 4. — MODÈLES DE REGISTRES ET FORMULES
NÉCESSAIRES AUX SOCIÉTÉS DE TIR.

Nous donnons ci-après ceux de ces modèles qui ne figurent pas dans les règlements dont les sociétés de tir doivent posséder un exemplaire dans leur bibliothèque de stand.

Pour les autres, se reporter aux indications portées au § 3 du présent chapitre.

MODÈLE A.

ÉCOLE DE TIR D

SITUATION *pour le tir à la cible du*

* RÉGION

* Régiment Territorial d'infanterie.

Tir à .... mètres.

NUMÉRO d'ordre.	NOMS et PRÉNOMS	GRADES	CIRCONSTANCES atmosphériques. Barom. Therm.	1.ᵉʳ coup.	2.ᵉ coup.	3.ᵉ coup.	4.ᵉ coup.	5.ᵉ coup.	6.ᵉ coup.	TOTAL des balles.	TOTAL des points.	ÉCARTS
	TOTAL............											

Nombre de tireurs. . .
Nombre de balles tirées.

Nombre de balles mises. .
Pour cent. . . .

A .... le   188

L'Officier de Tir,

Vu : Le Directeur de l'École de Tir,   Le Lieutenant-Colonel, président,

^e RÉGION

—

^eRÉGIMENT TERRITORIAL
d'Infanterie.

ÉCOLE DE TIR D (1)

MODÈLE B.

—

Exécution de la
circulaire ministérielle
du 3 décembre 1880.

(1) Indiquer la Société.
(2)   —   la date.
(3)   —   le grade du
        signataire.

COMPTE-RENDU DE LA SÉANCE DU (2)

§ 1.

NOMBRE DE TIREURS.	NOMBRE DE balles tirées		RÉSULTAT.					CIRCONSTANCES atmosphériques.	
	à titre gratuit.	à titre remboursable.	nombre de balles mises.	nombre de points.	écart moyen.	0/0		Barométriques.	Thermométriques.

§ 2.

PROVENANCE DES CARTOUCHES			Observations relatives aux ratés, aux crachements, difficulté d'extraction, rupture d'étui, etc., etc.
DÉSIGNATION de l'atelier de chargement.	DATE de fabrication.	MODÈLE	

§ 3.
Accidents et événements survenus pendant la séance.

§ 4.
Dégradations constatées aux armes avant, pendant et après la séance.

A   le   18 .

Le (3)   *Directeur du Tir.*

A Monsieur le lieutenant-colonel Président des Sociétés de Tir du
^e régiment territorial à ....

Modèle C.

Exécution de la circulaire ministérielle du 15 novembre 1881.

CORPS D'ARMÉE — MODÈLE DU RAPPORT ANNUEL A FOURNIR AU MINISTRE

e division.

e BRIGADE

RÉGIMENT TERRITORIAL D'INFANTERIE

École de tir de

NOMBRE DE SOCIÉTÉS				MATÉRIEL DE CIBLES dont il est fait usage.	CHAMPS DE TIR, leur étendue (Indiquer s'ils sont communs à la garnison ou spéciaux à la Société).	NOMBRE des Sociétaires inscrits.				SÉANCES.		ARMES à la disposition des Sociétés.			MUNITIONS CONSOMMÉES		RÉSULTAT				CONCOURS ANNUEL				NOMBRE de SOUS-OFFICIERS adjudants et officiers de tir, pourvus d'effets d'habillement.	Observations.
Localités des différentes Sociétés	Créées en	Créées en	Créées en			Officiers.	Sous-Officiers.	Caporaux et soldats.	Civils.	Nombre.	Chif. moyen des prés.	Nombre.	Modèles.	Lieux de dépôt.	A titre gratuit.	A titre remboursable.	Distances.	Balles tirées.	Balles mises.	Pour cent.	Dates.	Chiffre des présents.	Prix offerts par les Sociétaires.			

MODÈLE D.

MODÈLE D'UN ARRÊTÉ TRIMESTRIEL DU REGISTRE-JOURNAL TENU PAR LE TRÉSORIER

N° D'ORDRE des recettes.	N° D'ORDRE des dépenses.	DATES.	DÉTAIL DES OPÉRATIONS.	MONTANT DES recettes.	MONTANT DES dépenses.
				fr. c.	fr. c.
135	»	1885. 26 mars.	Report........ Cotisation de M. X..............	1241 70 6 »	849 40 » »
»	49	27 id.	Réparations à l'armement.........	»	12 60
»	50	id.	Versé au Trésor pour cartouches reçues à titre remboursable, récépissé n° 11,455..............	»	215 20
			Totaux...... Report des dépenses......	1247 70 1077 20	1077 20
		31 mars.	Il reste en caisse la somme de cent soixante-dix francs cinquante centimes.................... A Paris, le 31 mars 1885. *Le Trésorier,* X. Vu et vérifié sur pièces les recettes et dépenses effectuées depuis le 1er janvier 1885 jusqu'à ce jour, de la balance desquelles il résulte un excédent de recette de la somme de cent soixante-dix francs cinquante. A Paris, le 15 avril 1885. *Les Membres du Conseil d'administration,* X. Y. Z. ZZ. Vu et approuvé : *Le lieutenant-colonel Président,* YY.	170 50	
	»	1885. 1er avril.	2e TRIMESTRE 1885. Report de l'encaisse au 1er avril 1885. etc., etc.	170 50	»

NOTA. — La série des nos des recettes et dépenses (colonnes 1 et 2) est renouvelée le 1er janvier de chaque année et se suit sans interruption jusqu'au 31 décembre.

MODÈLE DE CARNET A SOUCHE POUR SOCIÉTÉ DE TIR.   MODÈLE E.

N° 1.

Détail des sommes ver—sées par M.....

A   le   188

Savoir..... { Cotisation 188......... / Amende........... / Valeur de cartouches / Don volontaire....... }

Total........

SOMME.

N° 2.

Détail des sommes ver—sées par M.....

A   le   188

Savoir..... { Cotisation 188......... / Amende........... / Valeur de cartouches / Don volontaire....... }

Total........

SOMME.

N° 1.

Reçu de M... la somme de

A   le   188

Le Trésorier,

DÉTAIL.	SOMME.
Cotisation p. 188....	
Amende............	
Valeur de cartouches	
Don volontaire.......	
Total égal.....	

N° 2.

Reçu de M... la somme de

A   le   188

Le Trésorier,

DÉTAIL.	SOMME.
Cotisation p. 188....	
Amende............	
Valeur de cartouches	
Don volontaire.......	
Total égal.....	

On peut mettre 5 ou 10 reçus par page.

MODÈLE F.

e RÉGIMENT TERRITORIAL

SOCIÉTÉ DE TIR

de

(1)

REGISTRE DE TIR

DE LA SOCIÉTÉ

ANNÉE 188

NOTA. — Ce modèle n'est pas réglementaire, chaque directeur est libre d'adopter celui qui lui convient le mieux. Nous n'avons pas moins cru devoir faire connaître celui-ci qui est simple, et suffisamment complet.

mises dans les tirs de l'année.

RÉSULTATS individuels DE L'ANNÉE.				MUTA-TIONS et OBSERVA-TIONS.
BALLES		0/0 (1)		
tirées.	mises.			
				décédé.

(1) Le pour cent est établi d'après le nombre des balles tirées réellement. Il n'est pas inscrit de résultat pour ceux qui ont tiré moins de 18 balles.

Contrôle pour l'inscription des balles

Dates des séances de Tir........
Position des tireurs........
Distances........
Nombre de balles tirées à chaque séance........

NOTA. — Un 0 indique que le sociétaire a pris part au tir, mais n'a pas mis de balles dans la cible. Un trait horizontal (—) qu'il n'a pas assisté à la séance.

N° d'ordre.	N° matricule.	NOMS des Sociétaires.	GRADES.	ADRESSES.	4 jan. deb. 100 mét. 6 balles mises.	1er fév. à gen. 200 mét. 6 balles mises.	1er mar. à gen. 300 mét. 5 balles mises.	1er avr. 4 balles mises.	3 mai. 3 balles mises.
1	1749	Laurent	Sergent	Sennecé	4	3		0	8
2	1916	Lambert	Soldat	Mâcon		2	0	1	
3	3746	Sty	Id.	Lyon, quai de l'hôpital, n° 6	0	3			3
4									
5									
6									
7									
8									
9									
10									
11									
12									
13									
14									
15									
16									
17									
18									

A REPORTER........

(1) Il n'est tenu compte ici que du nombre des balles mises ; abstraction faite du nombre de points obtenus.

RÉCAPITULATION DES TIRS DE L'ANNÉE.

N° d'ordre.	SÉANCES. Dates.	POSITION du Tireur et distances	Balles tirées par chaque position.	NOMBRE DE tireurs.	BALLES tirées.	mises.	0/0 géné-ral.	OBSERVATIONS DIVERSES
1	4 janvier.	debout 100 m.	6	86	516	129	25	Vent de gauche. Brumeux.
2	1er février	à genou 200 m.	6	105	630	210	33.3	Temps clair. Vent de bout.
3	1er mars.	à genou 300 m.	5	72	360	180	50	Brumeux. Calme.
4								
5	etc.	etc.						etc., etc.
6								
7								
8								
9								
10								
11								
12								
	RÉSULTATS DE L'ANNÉE.			2.340	11.700 (1)	5.850	50	

A   le

(1) *Dont:*
Fournies par l'Etat.... 2.600 }
Achetées par la Société. 9.100 }

Le Directeur du Tir.

MODÈLE G.

° RÉGIMENT
TERRITORIAL.

SOCIÉTÉ DE TIR DE

*Adhésions recueillies par le (grade) (nom) de la
° compagnie du ° bataillon du ° régiment territorial.*

N° DES		N° matricule au régiment.	NOM.	GRADE.	ADRESSE très exacte (I).	OBSERVATIONS.
bataillons.	compagnies.					

NOTA. — Cette liste est envoyée au secrétaire du comité d'initiative chargé de centraliser les adhésions. — Elle sert à l'établissement
du contrôle des membres de la Société, lorsque cette Société est
constituée.

. (1) Indiquer la rue et le n° pour
les sociétaires domiciliés dans une
ville de plus de 3,000 habitants.

A   le

L

CORPS D'ARMÉE

SUBDIVISION DE RÉGION

de

(1) Numéro du régiment.
(2) Régiment, bataillon ou compagnie.
(3) Dates des séances.
(4) Heure.
(5) Matin ou après-midi.
(6) Localité du tir.
(7) Localité de l'affichage.

AVIS

ARMÉE TERRITORIALE

Société de tir du (1) ° régiment d'infanterie.

TIR A LA CIBLE

Le lieutenant-colonel commandant le (1)   régiment territorial d'infanterie, informe les membres de la Société de Tir d (2)   que le tir à la cible aura lieu les (3)   , à (4)   heures d (5)   au champ de tir d (6)

Bien que ces réunions soient facultatives, le lieutenant-colonel engage tous les militaires du régiment en résidence dans la commune de (7)   à prendre part aux tirs.

Pendant les séances, ces militaires devront se conformer aux différents articles des statuts établis par la Société.

Ils seront porteurs de leurs livrets individuels.

S'ils ont à se servir des voies ferrées pour se rendre de leur domicile au lieu de réunion, ils recevront un bulletin individuel d'invitation ; munis de ce bulletin, ils paieront place entière au départ, le retour sera gratuit.

LE LIEUTENANT-COLONEL,

Commandant le (I)   territorial d'infanterie

Président des Sociétés de tir du régiment.

° CORPS D'ARMÉE.

Subdivision de région

d

ARMÉE

TERRITORIALE.

(1) Numéro du régiment.
(2) Localité de la réunion.
(3) Noms, prénoms, grade.
(4) Indication du corps.
(5) Date de la réunion.
(6) Heure de la réunion.
(7-8) Numéros de la compagnie et du bataillon.

Société de Tir du (1)   ° régiment d'infanterie.

BULLETIN D'INVITATION

pour se rendre à (2)

Modèle s'appliquant indistinctement aux officiers de l'armée territoriale, aux hommes de troupe de la disponibilité, de la réserve de l'armée active et de l'armée territoriale, faisant partie des sociétés de tir.

Le lieutenant-colonel commandant le (1)   ° régiment territorial d'infanterie, invite le sieur (3)   domicilié à   canton d   département   immatriculé dans le (4)   ° à assister à la séance de tir à la cible qui aura lieu le (5)   à (6)   pour les hommes de la (7)   ° compagnie du (8)   ° bataillon, au champ de tir d (2)
Cette réunion est facultative.
Le sieur   sera porteur de son livret individuel.
Muni du présent bulletin, il payera place entière sur les chemins de fer pour son transport au lieu de réunion ; mais il aura droit au retour gratuit, en se conformant aux formalités indiquées ci-dessous.
Ce bulletin sera valable pour l'aller, la veille et le jour de la séance de tir, et, pour le retour, jusqu'au lendemain de cette séance inclusivement.
Le Lieutenant-Colonel commandant le ° territorial.
Président des Sociétés de tir du régiment.

VISA			NOTA.
de la gare de départ (aller).	de l'officier chargé de diriger le tir.	de la gare de départ (retour).	Faire remplir ci-contre :
A	**B**	**C**	1° En partant, la case A. 2° Sur le champ de tir, la case B. 3° Pour le retour, la case C.
Classe du billet délivré. Timbre à date.	L'officier soussigné certifie que le porteur du présent bulletin a pris part aux exercices de tir.	Timbre à date.	AU DÉPART, le détenteur du bulletin prend un billet ordinaire et paye place entière. AU RETOUR, il n'aura rien à payer, mais il doit voyager dans la même classe de voiture qu'à l'aller ; le bulletin, revêtu des trois visas, tient lieu de billet de retour, et il est rendu comme tel à l'agent du chemin de fer.

SUPPLÉMENT

REMONTE
DES OFFICIERS DE RÉSERVE
ET DE
L'ARMÉE TERRITORIALE

Autorisation accordée aux officiers supérieurs de l'armée territoriale d'emmener avec eux, en cas de mobilisation, un ou plusieurs chevaux leur appartenant.

Versailles, le 22 juin 1877.

Mon cher général,

Un certain nombre d'officiers supérieurs de l'armée territoriale ont manifesté le désir d'emmener avec eux, en cas de mobilisation, un ou plusieurs chevaux leur appartenant. Il y a tout avantage pour le service à favoriser ces bonnes dispositions.

En conséquence, la mention : « voyageant avec les chevaux auxquels ils ont droit » sera, par votre ordre et par les soins des officiers ou fonctionnaires que vous désignerez à cet effet, ajoutée sur la lettre de service, tenant lieu de feuille de route, des officiers de l'armée territoriale qui exprimeront le désir d'emmener leurs chevaux.

Toutefois, comme les compagnies de chemin de fer sont tenues d'assurer, avant tout, les transports de mobilisation de l'armée active, ces compagnies ne transporteront les chevaux des officiers supérieurs de l'armée territoriale, se rendant de leur domicile au lieu de mobilisation, que lorsque cela pourra se faire sans nuire en aucune façon aux transports de l'armée active.

Vous voudrez bien appeler sur ces dispositions l'attention des officiers supérieurs de l'armée territoriale appartenant à la région que vous commandez.

Recevez, mon cher général, l'assurance de ma haute considération.

Le Ministre de la guerre,

Gal A. BERTHAUT.

———————

Les officiers de réserve qui doivent occuper des emplois montés sont autorisés à emmener avec eux, suivant leur grade, un ou plusieurs chevaux leur appartenant en propre, lorsqu'ils sont convoqués, soit pour les grandes manœuvres, soit en cas de mobilisation.

Versailles, le 5 février 1878.

Messieurs, par une circulaire du 22 juin dernier, les officiers supérieurs de l'armée territoriale ont été autorisés à emmener avec eux, en cas de mobilisation, un ou plusieurs chevaux leur appartenant, en se renfermant toutefois dans les limites fixées pour leur grade par les tableaux annexés à la loi des cadres (13 mars 1875).

Je viens d'être consulté sur la question de savoir si, par analogie avec les dispositions de cette circulaire, il n'y aurait pas lieu d'autoriser également les officiers de réserve qui doivent remplir des emplois montés (officiers de cavalerie ou d'artillerie, officiers à la suite pour le service d'état-major, etc.) à emmener avec eux un cheval ou des chevaux leur appartenant, en cas de mobilisation, de manœuvres ou de revues.

Comme il y a avantage, pour le service en général, à faciliter aux officiers de réserve dont il s'agit l'usage des chevaux qui leur appartiennent en propre, et que cette mesure a pour conséquence d'alléger les charges incombant aux corps de cavalerie, dont l'effectif en chevaux est restreint à ce qui est nécessaire aux besoins du service courant, j'ai décidé que la mention : *Voyageant avec un cheval ou des chevaux leur appartenant* (le nombre des chevaux variant suivant le grade et la proportion fixée par les tableaux annexés à la loi des cadres), serait inscrite sur la feuille de route des officiers de réserve placés dans les conditions ci-dessus indiquées et qui en feront la demande.

Par suite de cette mention, ces officiers auront droit à titre gratuit, pour le cheval ou les chevaux qu'ils auront ainsi emmenés avec eux, à la ration réglementaire de fourrages pour le temps de leur présence au corps, conformément, d'ailleurs, aux prescriptions des circulaires du 24 juillet et du 21 août 1875.

Le transport de ces chevaux (aller et retour) s'effectuera, sur les voies ferrées, au quart du tarif, ainsi qu'il résulte de l'état A', joint à l'arrêté du 15 avril 1876.

En ce qui concerne le transport, *à prix réduit*, des chevaux de ceux des officiers de réserve qui ont à se rendre de France en Algérie ou en Corse, et réciproquement, en cas de mobilisation, l'autorisation de transporter leurs chevaux ne peut leur être accordée s'ils ne sont pas officiers supérieurs, attendu que les officiers inférieurs recevant au lieu de mobilisation, c'est-à-dire en Algérie ou en Corse, des chevaux de réquisition, il n'y a aucun intérêt pour l'Etat à ce qu'ils emmènent les leurs. Quant aux officiers supérieurs, ceux qui en feront la demande auront la faculté de faire transporter *à leurs frais, à prix réduit,* soit au même prix qu'aurait payé l'Etat à la compagnie, les chevaux leur appartenant en propre, lors de leur déplacement de France en Algérie ou en Corse, en cas de mobilisation.

Je vous prie d'assurer, en ce qui vous concerne, l'exécution des dispositions prescrites par cette circulaire, qui sera insérée au *Journal militaire officiel.*

Agréez, etc.

Le Ministre de la guerre,

Signé : Général BOREL.

Transport des chevaux des officiers de réserve et des officiers de l'armée territoriale.

Versailles, le 25 avril 1878.

Messieurs, les compagnies de chemins de fer ont donné des instructions à leurs agents pour que les chevaux que les officiers de l'armée territoriale sont autorisés à emmener avec eux, lors de la prochaine convocation (par application de l'article 37 de l'instruction ministérielle du 12 février 1878), soient transportés au mêmes tarifs réduits que les chevaux des officiers de l'armée active.

Il est indispensable que les fonctionnaires de l'intendance aient soin de mentionner sur les feuilles de route des officiers de l'armée territoriale que ces officiers sont accompagnés de leurs chevaux, avec indication sommaire du signalement et de la couleur de la robe.

Restait à résoudre la question de savoir si la dépense du transport à prix réduit des chevaux serait à la charge des officiers ou au compte de l'Etat.

J'ai décidé le 25 avril courant qu'en cas de manœuvres ou de revues, la dépense, au prix militaire, du transport des chevaux d'officiers montés, de tous grades, de l'armée territoriale, serait à la charge de l'Etat, dans les conditions et sous les réserves imposées aux officiers de l'armée active par la décision ministérielle du 7 septembre 1875 (*Journal militaire*, partie réglementaire, page 347), c'est-à-dire si le déplacement est d'au moins 50 kilomètres.

En cas de mobilisation, la dépense du transport des chevaux est au compte de l'Etat.

Cette même décision est applicable au transport des chevaux d'officiers de réserve.

J'ai l'honneur de vous prier de vouloir bien porter ces dispositions à la connaissance des troupes et des fonctionnaires sous vos ordres et en assurer l'exécution.

Recevez, etc.

Le Ministre de la guerre,
Signé : Général BOREL.

Dispositions complémentaires relatives au transport des chevaux d'officiers de l'armée territoriale ou de réserve.

Versailles, le 6 mai 1878.

La recommandation contenue dans ma circulaire du 25 avril 1878, de mentionner sur les feuilles de route des officiers de l'armée territoriale que ces officiers sont accompagnés de leurs chevaux a été diversement interprétée.

Afin de faire cesser toute incertitude à cet égard, je m'empresse de vous rappeler les dispositions de l'article 3 de l'arrêté du 15 juin 1866, inséré au *Journal militaire officiel* (édition refondue, tome 11, page 359) et qui règle l'application des tarifs sur les voies ferrées ; cet article est ainsi conçu ;

« La feuille de route peut être suppléée par
» les sauf-conduits, congés, permissions *ou*
» *ordres de service*, délivrés par l'autorité com-
» pétente, *et ce qui est applicable à la feuille*
» *de route, est également applicable à ces dif-*
» *férents titres.* »

Il est donc hors de doute que les ordres de convocation qui ont été adressés par vos soins aux officiers, doivent leur tenir lieu de feuilles de route, qu'ils remplacent, ainsi que l'indique expressément, d'ailleurs, l'article 5 de l'instruction du 12 février 1878, sur l'administration des corps de troupe de l'armée territoriale.

En outre, et afin d'éviter les opérations de remboursement à faire aux officiers qui auront amené des chevaux, il conviendra, toutes les fois que cela sera possible, de délivrer à ceux qui sont appelés à faire partie des deux dernières séries d'instruction, des bons de chemins de fer destinés à assurer le transport de ces animaux aux frais de l'État.

Quant aux officiers qui auront déjà fait transporter leurs chevaux sur les voies ferrées au quart du tarif, mais à leurs frais, ils seront remboursés de l'avance qu'ils ont faite, par les soins du service de l'intendance militaire, sur la production d'un décompte quittancé par eux. Cette pièce restera à l'appui du rapport de liquidation à établir (*Dépenses diverses, formule* 128 *de la nomenclature*).

Par suite, il n'y a pas lieu de retirer les ordres de convocation pour les remplacer par des feuilles de route; mais on peut soit mentionner, sur l'ordre de convocation, l'autorisation d'emmener les chevaux, soit délivrer une feuille de route pour les chevaux ou, de préférence, un bon de chemin de fer, comme il est dit ci-dessus, pour éviter les remboursements.

J'ai l'honneur de vous prier de vouloir bien assurer l'exécution des présentes dispositions.

Recevez, etc.

Le Ministre de la guerre,
Signé : Général BOREL.

ENVOI

D'UNE NOUVELLE NOTICE

Indiquant les conditions d'admission aux emplois d'officiers de réserve et de l'armée territoriale attachés à l'intendance.

Paris, le 30 septembre 1885.

Messieurs, les résultats obtenus depuis la mise en vigueur de la notice du 31 août 1880 sont loin d'atteindre le but cherché, c'est-à-dire de doter le service de l'intendance d'un cadre de fonctionnaires auxiliaires permettant de se compléter à l'effectif du pied de guerre.

L'effectif actuel du cadre auxiliaire présente, en effet, un déficit important et ne permet pas de pourvoir aux besoins prévus.

Pour remédier à cette situation, il m'a paru indispensable d'élargir les bases du recrutement, telles qu'elles ont été prévues dans la notice rappelée ci-dessus.

D'un autre côté, la revision de cette notice s'impose, puisque, d'une part, certaines de ses dispositions ne sont plus d'accord avec les dispositions postérieures de la loi du 16 mars 1882 et que, d'autre part, les programmes qui y font suite ne sont plus en harmonie avec la réglementation en vigueur.

En conséquence, je vous informe qu'à la date du 30 septembre 1885, j'ai approuvé une nouvelle notice et de nouveaux programmes dont l'application sera faite, le cas échéant, au concours de novembre prochain.

J'ai l'honneur de vous prier de vouloir bien donner à cette notice la plus grande publicité possible.

Signé : E. CAMPENON.

NOTICE

SUR LE RECRUTEMENT

ET LA NOMINATION

DES OFFICIERS DE RÉSERVE

ET DE L'ARMÉE TERRITORIALE

Attachés à l'Intendance militaire

Paris, le 30 septembre 1885.

OFFICIERS DE RÉSERVE.

I. — Au mois d'avril et au mois de novembre de chaque année, il sera ouvert, au chef-lieu de chaque corps d'armée, un concours pour l'admission aux emplois d'officiers de réserve attachés à l'intendance militaire (1).

Les examens seront subis devant une commission présidée par l'intendant militaire et dans la composition de laquelle entrera un officier supérieur du corps d'armée.

---

(1) Les demandes des candidats devront parvenir aux généraux commandant les subdivisions dans l'étendue desquelles ils résident, avant les 10 mars et 10 octobre de chaque année.

Les opérations des commissions locales sont définitives ; elles sont adressées au Ministre qui fait établir par le comité consultatif de l'intendance le classement général, par ordre de mérite, de tous les candidats admis par les commissions.

Les connaissances exigées des candidats sont indiquées dans le programme nº 1 ci-annexé.

Les épreuves comprendront :

1º Une composition écrite, dont le sujet sera adressé aux commissions locales par le comité consultatif de l'intendance ;

2º Un examen oral.

II. — Sont admis à prendre part au concours :

1º Les anciens officiers et les anciens officiers d'administration appartenant à la disponibilité ou à la réserve de l'armée active ;

2º Les officiers de réserve ;

3º Les anciens sous-officiers appartenant à la réserve de l'armée active, ainsi que ceux qui appartiennent à la disponibilité et qui se trouvent dans les six mois qui précèdent leur passage dans la réserve.

Les candidats appartenant aux positions indiquées sous les numéros 2º et 3º doivent être, autant que possible, pourvus du diplôme de licencié en droit ; il sera tenu compte de la possession de ce titre dans le classement général.

III. — Les candidats déclarés admissibles sont, jusqu'à concurrence du nombre de places disponibles et suivant l'ordre de leur classement, nommés officiers de réserve attachés à l'intendance militaire, et ils ont droit, en cas de mobilisation, aux allocations du grade de sous-lieutenant, à l'exception des anciens officiers de l'armée active qui auraient été revêtus d'un grade supérieur et qui ont droit à la solde et au grade correspondant à leur ancienne situation.

Toutefois, les anciens sous-officiers qui appartiennent à la disponibilité ne peuvent être nommés officiers de réserve qu'au moment du passage dans la réserve de la classe dans laquelle ils comptent.

IV. — Dans l'année qui suit leur nomination, les officiers de réserve attachés à l'intendance sont tenus de faire, dans les bureaux d'une sous-intendance et dans une place de leur choix, un stage de deux mois qui peut, s'ils le désirent, être partagé en deux périodes d'un mois chacune.

Toutefois, si la place désignée n'est pas la place qu'ils doivent rejoindre ou dans laquelle ils doivent exercer leurs fonctions, en cas de mobilisation, il ne leur est attribué que l'indemnité de route due pour se rendre dans cette dernière. De plus, ils ne peuvent prétendre à l'indemnité de résidence allouée dans la place de leur choix.

Ils prennent part à toutes les grandes manœuvres des corps d'armée dont ils font partie et sont dispensés de tous autres appels.

ARMÉE TERRITORIALE.

V. — Sont nommés fonctionnaires de l'intendance de l'armée territoriale :

1° Les anciens fonctionnaires de l'intendance retraités dans les conditions de la loi du 22 juin

1878, durant une période de cinq ans, après leur admission à la pension de retraite ;

2° Les officiers de réserve attachés à l'intendance au moment du passage dans l'armée territoriale de la classe à laquelle ils appartiennent, à moins qu'ils ne soient maintenus, sur leur demande, dans le cadre des officiers de réserve.

VI. — Peuvent être nommés, sur leur demande, fonctionnaires de l'intendance de l'armée territoriale (1) :

1° Ceux des fonctionnaires désignés ci-dessus qui désireraient être maintenus au delà de la période durant laquelle ils sont soumis à l'obligation du service ;

2° Les anciens fonctionnaires de l'intendance retraités antérieurement à la loi du 22 juin 1878 ou démissionnaires ;

3° Les anciens officiers retraités ou démissionnaires, depuis le grade de sous-lieutenant jusqu'à celui de lieutenant-colonel et les officiers d'administration des bureaux de l'intendance des subsistances militaires, des hôpitaux militaires et de l'habillement et du campement, depuis le grade d'officier d'administration adjoint de 2° classe, jusqu'à celui d'officier d'administration principal ;

---

(1) Les demandes d'admission sont adressées aux généraux commandant les subdivisions dans lesquelles résident les candidats. Celles des officiers de réserve passant dans l'armée territoriale et des candidats compris dans le dernier paragraphe du présent article doivent leur parvenir avant les 10 mars et 10 octobre de chaque année.

4° Les anciens officiers de l'inspection et du commissariat de la marine retraités ou démissionnaires ;

5° Les anciens fonctionnaires de l'intendance auxiliaires ou provisoires (1870-1871) ;

6° Les anciens officiers, sous-officiers et soldats de la garde mobile ou des corps mobilisés (article 41 de la loi du 24 juillet 1873) qui appartiennent à l'armée territoriale ou à sa réserve, sous la condition qu'ils soient pourvus du diplôme de licencié en droit ou qu'ils aient exercé, pendant trois ans au moins, les fonctions de sous-préfet ou de conseiller de préfecture.

VII. — Les anciens fonctionnaires de l'intendance du cadre d'activité et les anciens officiers de l'inspection et du commissariat de la marine, sont admis sans condition d'examen.

Pour les autres candidats, un concours est ouvert au mois d'avril et au mois de novembre de chaque année, dans la forme indiquée pour l'admission des officiers de réserve. Les connaissances exigées sont indiquées dans le programme n° 2 ci-annexé.

VIII. — Les anciens fonctionnaires de l'intendance du cadre d'activité sont nommés à des grades égaux ou immédiatement supérieurs à ceux dont ils étaient pourvus dans l'armée active.

Les anciens officiers de l'armée active et ceux de l'inspection et du commissariat de la marine reçoivent des grades correspondant à ceux dont ils étaient pourvus dans le cadre d'activité. Toutefois, les lieutenants et les aides-commissaires sont nommés adjoints à l'intendance.

Les anciens fonctionnaires de l'intendance

auxiliaires ou provisoires sont nommés sous-intendants de 3ᵉ classe s'ils ont été pourvus en 1870-1871 d'un grade supérieur ou équivalent ; autrement ils sont nommés adjoints à l'intendance.

Les autres candidats qui ont pleinement satisfait aux examens sont nommés adjoints à l'intendance.

Les officiers de réserve passent dans l'armée territoriale avec leur grade. Toutefois, ceux qui auront, sur leur demande, subi avec succès les épreuves indiquées au dernier paragraphe de l'article VII ci-dessus, pourront être nommés adjoints à l'intendance militaire de l'armée territoriale.

IX. — A l'exception des anciens fonctionnaires de l'intendance du cadre d'activité, tous les membres de l'intendance de l'armée territoriale sont astreints, dans les trois mois qui suivent leur nomination, à faire un stage d'un mois dans le service auquel ils seraient attachés en cas de mobilisation.

Ceux dont les classes font partie de l'armée territoriale sont, en outre, astreints à faire, tous les deux ans, un stage d'un mois dans une place de leur choix, jusqu'à l'époque du passage de leur classe dans la réserve de l'armée territoriale.

Toutefois, si la place désignée n'est pas la place qu'il doivent rejoindre ou dans laquelle ils doivent exercer leurs fonctions, en cas de mobilisation, il ne leur est attribué que l'indemnité de route due pour se rendre dans cette dernière. De plus, ils ne peuvent prétendre à l'indemnité de résidence allouée dans la place de leur choix.

Ces stages les dispenseront de tous autres appels.

PROGRAMME N° 1.

Règlement du 23 octobre 1883.

Attributions de l'intendance dans les places de guerre. — Préséances. — Honneurs. — Mot d'ordre.

Règlement du 26 octobre 1883.

Topographie.

Lecture des cartes. — Signes conventionnels. — Echelles.

Loi du 19 mai 1834.

Etat des officiers.

Loi du 27 juillet 1872.

Dispositions générales. — Listes du contingent. — Service militaire. — Engagements et rengagements. (Articles 1 à 7, 31, 36 à 58.)

Loi du 24 juillet 1873.

Notions générales sur l'organisation de l'armée.

Lois des 13 mars et 15 décembre 1875.

Notions générales sur la constitution des cadres de l'armée.

Règlement du 3 avril 1869.

Budget. — Délégation des crédits. — Marchés. — Liquidation. — Ordonnancement. — Payement. — Avances. — Ventes. (Articles 1 à 4, 28, 29, 50 à 68, 70 à 75, 96 à 157, 158 à 176, 247 à 252.)

Règlement du 10 mai 1844. — Décrets du 7 août 1875 et du 1er mars 1880. — Décret du 28 décembre 1883.

Notions générales sur les conseils d'adminis-

tration et leurs agents (10 mai 1844, titres I,
II et III). Administration intérieure d'une compagnie : situation journalière, prêt, ordinaires,
perception et distribution des prestations en
nature, des effets et armes, masse individuelle,
registre de compagnie, feuilles de journées,
feuilles de décompte.

Règlement du 8 juin 1883.

Notions générales. — Prestations en nature.
(Titre III.) Payement de la solde.

Règlement du 26 mai 1866. — Titre VIII.

Service des subsistances en campagne.

Loi du 3 juillet 1877 et règlement du 2 août 1877.

Des réquisitions.

Equitation.

PROGRAMME N⁰ 2.

Règlement du 23 octobre 1883.

Attributions de l'intendance dans les places
de guerre. — Honneurs. — Préséances. — Mot
d'ordre.

Règlement du 26 octobre 1883.

Topographie.

Lecture des cartes. — Signes conventionnels.
— Echelles.

Loi du 19 mai 1834.

Etat des officiers.

Lois du 27 juillet 1872, du 4 décembre 1875 et du
22 juin 1878. — Décret du 30 novembre 1872.

Recrutement. — Engagements et rengagements. — Intervention des sous-intendants
militaires.

Instruction du 6 novembre 1875.
Congés de réforme n° 1 et n° 2.

Loi du 24 juillet 1873.
Organisation de l'armée.

Lois des 13 mars et 15 décembre 1875.
Constitution des cadres de l'armée.

Règlement du 3 avril 1869.
Des crédits. — Exécution des services. — Liquidation. — Ordonnancement, payement, écritures. — Ventes. (Articles 1er à 204, 223 à 231, 247 à 252.)

Règlement du 19 novembre 1871 et instruction du 15 mars 1872. — Règlement du 10 mai 1844 et décrets du 7 août 1875 et du 1er mars 1880.

Notions générales sur la comptabilité-matières. — Classement du matériel. — Entrées. — Sorties. — Recensements. — Journal. — Compte de gestion. — Administration des corps de troupe.

Règlement du 8 juin 1883. — Décrets des 10 octobre 1874 et 25 décembre 1875.

Solde et revues. — États de solde. — Mandats. — Ordonnancements. — Feuilles de journées. — Revues de liquidation. — Responsabilité des sous-intendants militaires.

Règlement du 26 mai 1866.
Services des subsistances à l'intérieur.

Loi du 3 juillet 1877 et règlement du 2 août 1877.
Des réquisitions.

Règlement du 12 juin 1867.
Règles d'allocation des frais de route. — Or-

donnancement. — États de remboursement. — Responsabilité de l'intendance.

Traité du 22 décembre 1879.

Service des transports. — Ordres de transport. — Lettres de voiture. — Formalités au départ et à l'arrivée.

Règlement du 3 juillet 1855.

Notions générales sur la remonte des officiers.

Règlement du 30 juin 1856.

Du casernement. — Intervention de l'intendance.

Règlement du 2 octobre 1865.

Lits militaires. — États d'effectifs. — États de réintégration. — Intervention de l'intendance.

Lois des 11 avril 1831, 25 juin 1861. 20 et 22 juin 1878, 18 août 1879. Ordonnance du 2 juillet 1831. — Instruction du 28 septembre 1831.

Instruction des pensions de retraite. — Intervention de l'intendance.

Instruction des 24 décembre 1864 et 28 août 1873.

Gratifications renouvelables. — Intervention de l'intendance.

Il est entendu que, pour ce qui concerne les programmes nᵒˢ 1 et 2, si un nouveau règlement est substitué en tout ou en partie à l'un des règlements cités dans ce programme, le candidat devra posséder la connaissance de ce nouveau règlement.

TABLE DES MATIÈRES

CHAPITRE Ier.

DISPOSITIONS GÉNÉRALES.

APPENDICE

NOTICE N° 1.

Recrutement des cadres. — Avancement. — Régime disciplinaire.

NOTICE N° 2.

Assimilations.

NOTICE N° 3.

Droit aux prestations diverses.

NOTICE N° 4.

Des différentes tenues.

NOTICE Nº 5.

Renseignements divers.

NOTICE Nº 6.

Les cercles d'officiers de réserve et de l'armée territoriale.

NOTICE Nº 7.

Les sociétés de tir de l'armée territoriale dans le présent et dans l'avenir.

CHAPITRE Iᵉʳ

COUP D'ŒIL D'ENSEMBLE SUR LA QUESTION.

CHAPITRE IV.

COMPTABILITÉ ET MODÈLES DIVERS.

Paris et Limoges. — Imp. militaire H. Charles-Lavauzelle.

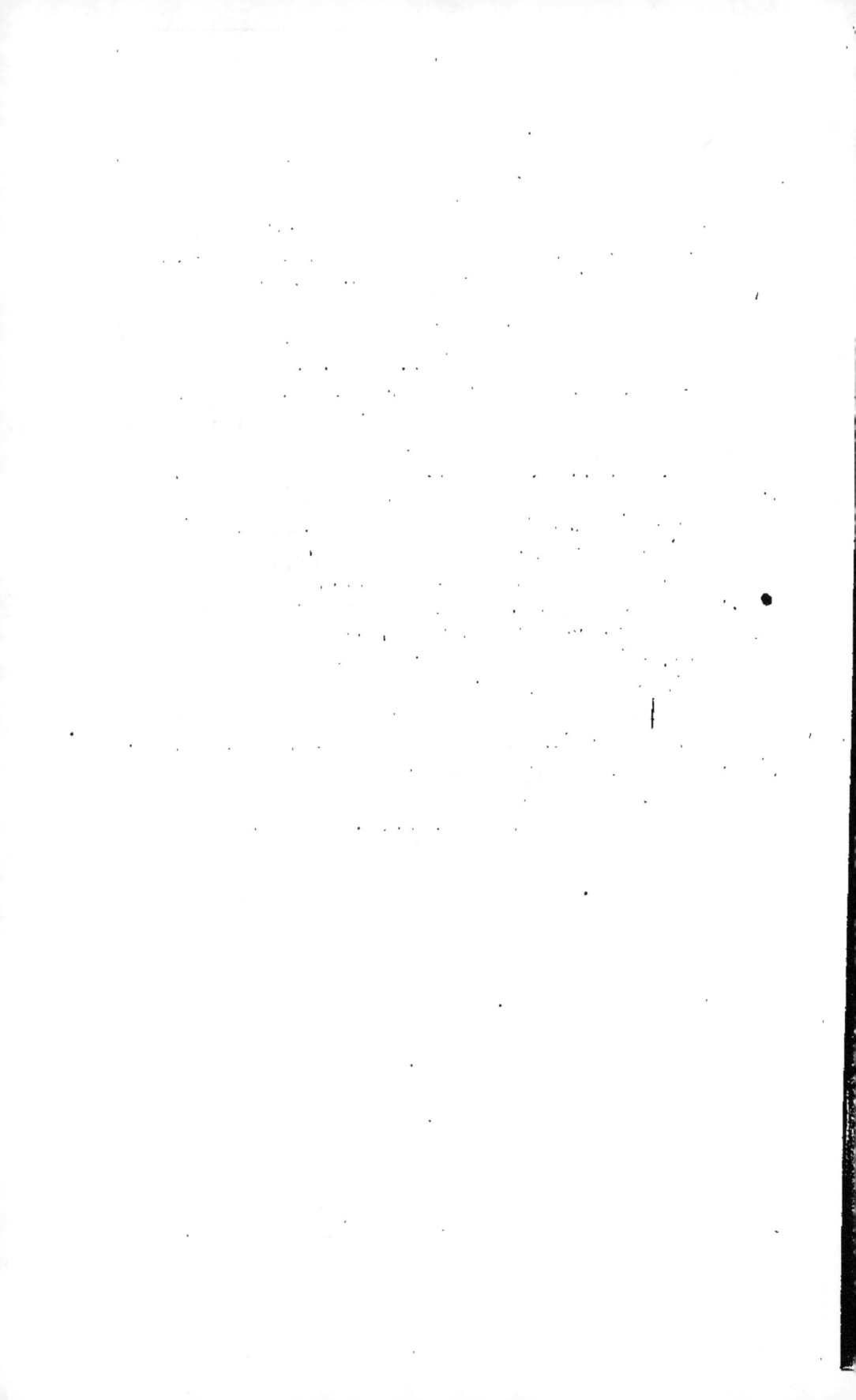

rieur, alimentation, uniformes, système défensif. —
1 vol. de 96 pages.

L'Armée anglaise, histoire et organisation actuelle,
par A. GARÇON. — Volume de 146 pages.

La marine anglaise, histoire, composition, organisation actuelle, par A. GARÇON. — Vol. de 96 pages.

Lieutenant-colonel DOMINÉ. — Journal du siège
de Tuyen-Quan (23 novembre 1884, 3 mars 1885).
— Volume de 102 pages.

Étude militaire sur l'Égypte, campagne des An-
glais en 1882. — Volume de 32 pages sur fort papier
vélin.

Précis de la Guerre du Pacifique (entre le Chili
d'une part, le Pérou et la Bolivie de l'autre.) —
Vol. de 72 pages, suivi d'une carte planimétrique de
la côte du Pacifique et d'un plan des principales ba-
tailles.

L'Éducation et la discipline militaires chez les
anciens, par Marcel POULLIN. — 1 vol. de 114 pages.

Étude sur le tir des armes portatives (en France
et à l'étranger.) — Méthode d'instruction. — Pratique du tir. — Tir de guerre. — 1 vol. de 88 pages,
orné de 43 gravures, 2e édition.

Rôle, organisation, attaque et défense des places
fortes. — Vol. de 112 pages avec figures

Manuel d'instruction militaire, par un officier général. Vol. de 160 pages, orné de 27 gravures.

Guide du sous-officier et du caporal d'infanterie sur la
place d'exercice, en terrain varié et sur le champ de
bataille. Manuel rédigé en vue de répondre aux
questions ci-après des programmes annexés à la circulaire du 3 septembre 1882, savoir : 1° Principes de
discipline et d'éducation morale; 2° École de guides
à l'École de compagnie et à l'École de bataillon;
— 3° Fonctions des caporaux dans la colonne de
route; — 4° Place et fonctions des caporaux et
sous-officiers dans les revues et défilés; — Rôle et

devoirs des caporaux et des sous-officiers dans le combat en ordre dispersé (2ᵉ partie de l'Ecole de compagnie). — Vol. de 128 pages (2ᵉ édition)

Cours de topographie, à l'usage des officiers et sous-officiers, rédigé conformément aux programmes officiels du 30 septembre 1874, par A. LAPLAICHE, professeur à la Société de topographie de France, membre de la Société française de physique, de la Société nationale de topographie pratique, etc., ancien professeur de l'Université. — 2 volumes in-32 (4ᵉ édition).
Le 1ᵉʳ de 120 pages, orné de 140 figures; le 2ᵉ de 128 pages, orné de 66 figures.

Les outils du pionnier d'infanterie, d'après l'instruction ministérielle du 8 août 1880, complétée et rectifiée à l'aide des documents officiels les plus récents sur le port, le chargement, l'entretien et l'emploi des outils. — 25 figures intercalées dans le texte. — Volume de 84 pages.

Les cartouches et le caisson d'infanterie, suivi d'une instruction pour le ravitaillement des munitions sur le champ de bataille, avec figures. — Volume de 100 pages.

Les travaux de campagne, guide théorique et pratique du pionnier d'infanterie, d'après les cours professés à l'Ecole des travaux de campagne et les ouvrages les plus autorisés publiés à l'étranger. — Tome 1ᵉʳ, partie théorique, 140 pages, avec 63 gravures.

Notions sur la viande fraîche (destinée à la troupe).
TOME I. — Généralité sur l'alimentation; achat de la viande sur pied; connaissances professionnelles. Volume in-32 de 92 pages, orné de nombreuses gravures;

TOME II. — Marchés; abattoirs; boucheries; distributions; espèces de viande; transport et entretien du bétail. — Volume de 96 pages, avec gravures.

Code-Manuel des réquisitions militaires, textes officiels annotés et mis à jour par de L..., licencié en droit, et l'intendant militaire A. T... — 3 volume in-32.

Tome I". — Exposé des principes. — Textes de la loi du 3 juillet 1877 et du règlement du 2 août 1877, avec notes et commentaires. — Volume in-32 de 112 pages.

Tome II. — Recensement et réquisition des chevaux et voitures. — Volume in-32 de 96 pages.

Tome III. — Guide pratique des diverses autorités et commissions pour l'application de la loi du 3 juillet 1877. — Formules et modèles. — Volume in-32 de 96 pages.

Conditions civile et politique des militaires. (Recueil complet des lois, décrets, ordonnances, instructions, décisions et dispositions diverses actuellement en vigueur et relative aux). — 2 vol. in-32 de 128 pages.

Recueil complet avec notes et commentaires des lois, décrets, circulaires, décisions et instructions ministérielles en vigueur, établissant les droits des sous-officiers en matière de rengagement et de mariage, retraite et admission aux emplois civils. — Vol. de 140 pages

Droits et devoirs du soldat de l'armée active, de la réserve et de l'armée territoriale d'après les lois, décrets et règlements les plus récents (1863), par A. DE LA VILLATTE, lieutenant-colonel du 4e régiment d'infanterie, officier d'académie. Ouvrage adopté par le ministère de l'instruction publique pour les bibliothèques scolaires et populaires. 2e édition entièrement refondue et mise au courant jusqu'en avril 1885. — Volume de 96 pages.

Résumé des dispositions législatives et administratives concernant les sous-officiers rengagés et commissionnés. — Vol. in-32 de 112 pages,

Décret du 18 juin 1884 portant règlement sur la

concession des **Congés et Permissions.** — Volume in-32 de 64 pages, avec modèles.

Décret du 24 avril 1884 sur la comptabilité des corps de troupe en campagne. — Volume in-32 de 88 pages avec modèles (*broché et relié*).

Chants militaires (chansons de route et refrains du bivouac), par le capitaine DU FRESNEL, du 62e de ligne. — 1 volume in-32 de 56 pages.

Historique du 2e régiment d'infanterie. — Amérique, 1779-1783. — Fleurus, 1794. Neuvied, 1797. — Zurich, 1799. — Gênes, 1800. — Friedland, 1807. — Essling, Wagram, 1809. — Polotsk, 1812, — Fleurus, 1815. — Espagne, 1829. — Algérie. 1842-1848. — Italie, 1859. — Volume de 128 pages (*broché et relié*).

Historique du 56e de ligne, rédigé par le capitaine TELMAT. — Volume de 120 pages (*broché et relié*.)

Historique du 62e de ligne, rédigé d'après les ordres du colonel PRÉVOT, commandant le régiment, par une commission composée de : MM. LACOMBE, chef de bataillon, président; RAYNAUD, capitaine; GUÉRIN, capitaine; DU FRESNEL, capitaine, secrétaire; GAILLARD, sous-lieutenant. — Volume in-32 de 96 pages.

Historique du 3e régiment du génie, publié avec autorisation du Ministre de la guerre; 3 volumes.

LA COLLECTION COMPRENDRA 300 VOLUMES

MODE DE SOUSCRIPTION. — Chaque volume de la *Petite Bibliothèque de l'Armée française,* ne coûtant que 0,30 (0,35 *franco* par la poste), il importe au plus haut point d'éviter des frais supplémentaires de correspondance.

On peut y souscrire en adressant à l'Editeur une liste des ouvrages choisis ou une demande de 20, 30, 40 volumes (à expédier au fur et à mesure qu'ils paraîtront), accompagnée du mandat postal représentant leur prix à raison de 0,35 centimes l'un.

MM. les Officiers désireux ne venir en aide à notre Comité d'étude et de rédaction sont priés de nous faire connaître le sujet qu'ils sont décidés à traiter, aussitôt que leur choix sera définitivement arrêté.

Les manuscrits écrits lisiblement, et au RECTO SEULEMENT, *devront être adressés à l'Editeur comme papiers d'affaires recommandés.*

LA FRANCE MILITAIRE

Journal non politique des Armées de Terre & de Mer
et de l'Armée Territoriale

Paraissant le Jeudi et le Dimanche

RÉDACTION ET ADMINISTRATION :

PARIS, place Saint-André-des-Arts, 11.

Propriétaire-Gérant : Henri CHARLES-LAVAUZELLE.

Les abonnements partent du 1er jour de chaque mois et coûtent :

	3 mois.	6 mois.	1 an.
France, Corse, Algérie.....	3 »	5 50	10 »
Étranger..................	4 »	7 »	13 »

Le N° 10 c., en vente dans les gares des villes de garnison.

On s'abonne sans frais à tous les bureaux de poste.

La Rédaction de la *France Militaire*, composée d'écrivains spécialistes, servant ou ayant servi dans toutes les armes, est à même de traiter *ex professo* toutes les questions militaires.

Grâce aux intelligences qu'elle s'est ménagée dans le Parlement et dans le Sénat, elle reçoit tous les renseignements relatifs à la marche des travaux des Commissions et même des Comités techniques.

Elle ne manque donc pas d'éléments d'informations pour remplir sa tâche à la satisfaction générale.

En outre, elle publie à sa partie officielle, bien avant le *Journal Militaire*, non-seulement les nominations et promotions, mais encore toutes les circulaires, décrets et lettres ministérielles dont la connaissance est toujours utile et souvent indispensable à MM. les Officiers.

Il est répondu, à l'article Petite Correspondance, à toute demande de renseignements *signée et accompagnée d'une bande du Journal.*

Les manuscrits communiqués ne sont pas rendus. *Ils sont détruits.*

Les réclames et annonces sont reçues, 11, place Saint-André-des-Arts, Paris.

Les avis des conseils d'administration, permutations, offres et demandes, coûtent 2 fr. l'insertion.

LE
MONITEUR DE LA GENDARMERIE

JOURNAL NON POLITIQUE

Créé spécialement pour la défense des intérêts
de l'arme.

PARAISSANT LE DIMANCHE

PARIS, place Saint-André-des-Arts, 11.
HENRI CHARLES-LAVAUZELLE, Propriétaire-Gérant.

Les abonnements sont pris pour un an et com-
mencent le premier jour de chaque trimestre ; ils
coûtent :

France, Corse et Algérie......... 6 fr. 50
Colonies et Étranger............. 8 fr.

On s'abonne sans frais à tous les Bureaux de poste.

Les innombrables lettres de félicitations que je
reçois de toutes parts me donnent l'assurance que
cette feuille est devenue indispensable aujourd'hui
dans la Gendarmerie.

La rédaction continuera à combattre les abus inté-
rieurs, à soutenir les intérêts de l'arme et à main-
tenir dans les brigades ce bel esprit de discipline et
de dévouement qui a toujours fait l'honneur de la
Gendarmerie française.

Les résultats acquis me donnent l'espoir que nous
arriverons tous ensemble, en nous groupant, à obtenir du pays ce que le temps et la négligence ont fait
perdre à un corps qui devrait être le premier et qui
est au contraire le dernier servi dans l'armée.

Il est important que les abonnements collectifs
soient au nom des brigades, afin d'éviter des changements d'adresse.

Il est répondu sommairement, à la petite Correspondance, à toutes les demandes de renseignements
signées et accompagnées d'une bande du Journal.

Les communications et manuscrits sont détruits.

MINISTÈRE DE LA GUERRE

SERVICE

GÉOGRAPHIQUE DE L'ARMÉE

(DÉPOT DE LA GUERRE)

M. le ministre de la Guerre a, par décision du 29 juin 1882, nommé M. Henri CHARLES-LAVAUZELLE, libraire-éditeur militaire à Paris, 11, place Saint-André-des-Arts, et à Limoges, rue Manigne, 18, agent direct, chargé de la vente des produits de la Guerre (*Service géographique*); MM. les officiers et militaires de tous grades pourront donc se procurer dans cette maison toutes les cartes d'état-major qui leur seront nécessaires.

Adresser les demandes à M. HENRI CHARLES-LAVAUZELLE, libraire-éditeur militaire à Paris, 11, place Saint-André-des-Arts.

LES MEILLEURES PLUMES

www.ingramcontent.com/pod-product-compliance
Lightning Source LLC
Chambersburg PA
CBHW060120200326
41518CB00008B/879